读懂元典

姜建设 著

《尚书》与中国文化

华夏出版社

图书在版编目(CIP)数据

《尚书》与中国文化／姜建设著．--北京：华夏出版社有限公司，2022.10

(读懂元典)

ISBN 978-7-5222-0258-7

Ⅰ．①尚… Ⅱ．①姜… Ⅲ．①《尚书》－研究②中华文化－研究 Ⅳ．① K221.04 ② K203

中国版本图书馆 CIP 数据核字 (2022) 第 011651 号

《尚书》与中国文化

著　　者	姜建设
责任编辑	董秀娟
封面设计	殷丽云
责任印制	周　然

出版发行	华夏出版社有限公司
经　　销	新华书店
印　　装	三河市少明印务有限公司
版　　次	2022年10月北京第1版 2022年10月北京第1次印刷
开　　本	787×1092　1/32
印　　张	11
字　　数	245千字
定　　价	59.00元

华夏出版社有限公司　地址：北京市东直门外香河园北里4号　邮编：100028
　　　　　　　　　　网址：www.hxph.com.cn　电话：（010）64663331（转）
若发现本版图书有印装质量问题，请与我社营销中心联系调换。

弘扬元典　走向未来
——序《读懂元典》丛书

华夏出版社的《读懂元典》丛书就要和读者见面了，这是一件值得庆贺的事，我很高兴有机会和读者朋友就这个选题说几句话，聊聊对元典文化的一些想法。

20世纪90年代，我曾主编过一套《元典文化丛书》，当时"元典"这个概念还不十分流行，有朋友问我，为什么要用"元典"，而不是人们习以为常的"经典"。我当时是想写一篇小文来谈谈这个问题，一直没有合适的机会，就放下了。现在就借机来谈一点简单的想法。

中国历史上的先秦时代和秦汉之际的社会变革时期，产生了一批影响中国历史、中国文化和中国民族性格的基础性文化典籍，如《周易》《诗经》《尚书》《春秋》《老子》《论语》等等。由于从汉代起儒家研习的先秦《五经》被国家确立为全体国民都必须遵循的思想法则，《五经》获得了在社会政治和社会文化生活中不可质疑的神圣性，一直延续至宋《十三经》，在中国思想文化的发展史上，就形成了一批只能被尊奉而不能怀疑和批判的文献典籍。汉以后研习《五经》《十三经》的学问，被称为"经学"；经学典籍《十三经》，即被称为经书、经典。"经典"二字，代表着典籍的神圣和尊严。

近代以来，马克思主义传入中国。马克思主义哲学本质的革命性和批判性，教会我们以科学理性的态度对待传统文化，改变了我们对经典只能遵循而不能分析和质疑的思想态度，传统《十三经》成为我们研读、分析和思考的对象，而失去了不可分析的思想权威属性。所以，在马克思主义普及的今天，把传统文化典籍当作"经典"而盲从的传统积习，应该改变。虽然我们已经习惯了"经典"二字，但在科学而理性的文化研究和文化传播活动中，尽可能地避开不科学的做法，是文化学者应该考虑的问题。

于是，我们选择以"元典"来指称《周易》《诗经》等等这批古老的文化典籍，并一般性地称之为"中华元典"。"元典"是什么意思呢？

元者，始也，首也，意谓"第一"和"初始"。这是中国最早的一批文化典籍，对以后思想文化的发展，具有初始意义。

元者，大也，意谓宏大而辽阔。这批文化典籍提供的思想场域，涵盖了后世中国思想发展的诸多问题意识，具有全覆盖的特点。

元者，善也，吉也，有美好、宝贵和嘉言之意。这批文化典籍提供了后世中国最宝贵、善良和美好的思想修养资源。

元者，基也，根也，具有基础、根本、本源之意。这批文化典籍是后世中国文化的基础和出发点，一切思想元素都来源于此，一切思想的发展都以此为根基。

元者，要也，有主要、重要之意。这批文化典籍不是中国文化典籍的全部，但却是中国文化中最重要、最核心的部分。

总之，"元典"包含有始典、首典、基本之典及大典、善典、宝典等意蕴，"元典"称谓，既在某种程度上包含了传统的圣典、经典之义，又避开了对传统典籍非理性尊崇的嫌疑。这是我们对"元典"称谓的简要说明。

先秦和秦汉之际产生的"中华元典"包含了后世中国思想文化的各种因子，历史地决定了后世中国历史与文化发展的方向、性质和特征。中国所以是中国，所以是今天这样的文化面貌，所以在文化精神、民族性格的方方面面都迥异于西方，即是由它们所奠基的。读懂元典，对于我们今天认识自身的文化面貌，了解文化国情，理解中国历史文化发展道路的特殊性，具有极其重要的意义。

中华元典诞生在春秋战国和秦汉之际的社会大变革时期，是对社会转型、社会变革所提出的一系列重大的基础性问题的回答。两千多年后的今天，中国又处在一个历史的转型期。传统社会向现代社会的过渡，必然要求以文化的变革为先导、为前提，同时也作为最终巩固经济、政治变革成果的牢固根基。然而，任何一个民族的文化变革，都不可能是对先前文化传统的革除，而恰恰相反，民族文化的每一次更新，都是对原有文化传统精髓在更高层次上的发扬和转换，是将原有文化传统在其开端时已蕴涵着的文化意蕴在新形势下重新发现，重新唤起，并赋之以新的生命活力。唯有如此，文化才有更新，才有发展；唯有如此，文化也才有绵延不断的统绪，也才能为全体民族成员认同和承袭。这就是在两千年后我们还要重温元典的历史根据。历史昭明，再读元典并读懂元典，对当今社会的历史进步，具有多么重要的意义。也正是在这个意义上，我欣赏华夏出版社的这套丛书！

我了解丛书的部分书稿，知道它可以实现丛书组织者的初衷。

读懂元典，首先是要了解元典本身所蕴含的思想意义。丛书在这方面有充分的解读。

但读懂元典的真正含义，还不止于此。元典所以是元典，是被历史所证明的，是被历史选择出来的，它真正对后世历史起到了根本性的影响和奠基作用。所以，读懂元典，还需要了解这些元典典籍对中国文化、中国历史的发展道路，对中国国民性格的塑造，怎样起到了一种奠基性、支配性的作用；进而还需要知道我们的民族精神之来源，以及民族文化传统形成和发展的来龙去脉，从而站在今天的历史高度，对民族文化的发展史，作出清醒的考察和历史的反思。弄清这些问题，是读懂元典的深层次要求。所以，丛书作者也都着力于此，尽可能去梳理中华元典对后世中国文化的全方位历史影响。丛书的最大篇幅，都用在了读懂元典的这个方面。

这套丛书是有特色的，相信它可以受到读者的欢迎。希望丛书发挥出它强大的指引与激励作用，最终可以帮助当代青年认识我们的文化国情，了解中国文化的发展道路和文化特色，进而以清醒的头脑面对传统、走向未来。

李振宏

2021.9.27

目 录

《尚书》源流   1
  《书》与《尚书》   3
  《今文尚书》与《古文尚书》   25
  《伪古文尚书》的现世及其辨识   50

《尚书》与现实生活   63
  内容提要   64
  《尚书》的传播历程   89
  现实生活中的《尚书》   121

《尚书》与中国传统政治   129
  "王敬作，所不可不敬德"——《尚书》与中国德治传统   131
  "上帝引逸"——《尚书》与古代的勤政爱民   150
  "明明扬侧陋"——《尚书》与古代的贤人政治   170

《尚书》与中国传统思想　191

"皇天既付中国民越厥疆土于先王"
——《尚书》与君权神授学说　192

"天子作民父母,以为天下王"
——《尚书》与家天下观念　212

"天聪明,自我民聪明"
——《尚书》与传统民本思想　233

《尚书》与中国传统法制　255

"虽畏勿畏,虽休勿休,惟敬五刑,以成三德"
——《尚书》与古代的德主刑辅　256

"轻重诸罚有权。刑罚世轻世重,惟齐非齐,有伦有要"——《尚书》与传统刑罚灵活原则　279

《尚书》与中国史学　299

"我不可不监(鉴)于有夏,亦不可不监(鉴)于有殷"——《尚书》与传统史学中的鉴戒意识　300

《尚书》在传统史学中的地位　317

主要参考书目　341

《尚书》源流

马克思说过,历史发展是不平衡的,有时候一天等于二十年,有时候二十年等于一天。雅斯贝斯则说,从公元前9世纪到公元前3世纪的七百年间,是人类文明的"轴心"时代。这都是在讲历史发展的差异性问题。不同历史时期向后世显示意义的大小在不同领域里显然是有差别的。对于中国思想文化史来讲,周秦时代具有特殊的意义。今天所谓的"传统文化",其核心内涵和基本特征差不多都是在这个时期凝聚成形的,因此,记录这一时期思想文化演进历程的历史典籍,自然备受历代研究者的关注。当代有的文化史研究者把它们称为"文化元典",竭力探究其中蕴涵的"文化元",目的在于为今天的社会生活提供借鉴。这件工作显而易见是有意义的。在这些文化元典中,《尚书》无疑属于"元中之元",地位显得特别突出和重要。唐代著名史学家刘知幾在《史通·断限》篇中对此有一个十分明确的说法:

> 夫《尚书》者,七经之冠冕,百氏之襟袖。凡学者必先精此书,次览群籍。譬夫行不由径,非所闻焉。

"七经"是指儒家学派的七部经典,在刘知幾生活的初唐时期,被尊奉为"经"的儒家著作已经从五种扩展到七种,故称为"七经";而"百氏"则是指战国时代的诸子百家及其以后各位思想家们的著作。事实上,刘知幾在这里是用"七经"和"百氏"来总括古代学术的。由于《尚书》是一切学术的渊薮,所以正确的学习次序是,先把《尚书》读熟,然后再读其他著作。平心而论,刘知幾的这个说法是很有见地的,《尚书》理应受到人们的重视。至于后来围绕《尚书》而出现的今古文之争及其真伪之辨等等,则是文化元典迷人魅力的一个个具体表现形式,也应该有个历史的说法。因此,这里就先从《尚书》传播过程中出现的几个不同名称谈起,进而说到它的思想内涵及其对后世中国历史发展的种种影响,旨在从一个新的角度对这部重要的文化元典作出一个全新的文化诠释。不当之处,敬请批评。

《书》与《尚书》

《尚书》是中国悠久历史文化积淀的产物,本来叫作《书》,"尚"字是后人给加上去的。起初,它只是一部历史著作,在阴差阳错中与儒家学派发生联系后,这部著作于是被指认为"儒家经典"。出道之初的这些小掌故,是解说《尚书》这部文化元典的人应当首先加以述说的内容,因为这是读者首先应该了解的东西。

丰厚的文化积淀

中国是一个历史悠久的文明古国,这是我们时常讲到的一句话。在那已经逝去的遥远岁月里,早已有人类栖息在这块富饶的东方大地上。经过漫长的演化过程,大约在距今五六千年以前,我们的先民终于迈进了文明时代的门槛。

社会学和历史学所谓的"文明时代",指的是阶级社会开始以后的时代,这是相对于原始社会的"野蛮时代"而言的。"文明时代"的构成有许多要件,比如私有制度、阶级分化、国家机器等等,而文字的发明与使用则是不可缺少的一个组成部分。美国学者摩尔根在其名著《古代社会》一书中明确指出,文明时代"始于标音字母的使用和文献记载的出现"。

这个说法后来得到了恩格斯的肯定。文字的出现是社会步入文明时代的重要标尺之一，这种观点已经得到了学术界的普遍认同。文字是记录语言的符号，有了它们，思想乃至于文化的交流就可以超越时空的限制而顺利进行，先民们认识世界和改造世界的能力从而得以大大提高。

今天使用的汉字，是我们的祖先逐步发明出来的。据说"古者无文字，结绳为约：事大，大结其绳；事小，小结其绳"。对于原始初民来说，学会结绳记事已经是一个了不起的进步，然而随着社会交往的不断扩大，人们还是感受到了这种方法的种种不便，于是更为便利的交流工具终于被发明出来。《周易·系辞下》是这样记载的：

> 上古结绳而治，后世圣人易之以书契，百官以治，万民以察。

文字的发明便利了社会交往活动，百官于是得到治理，民情因而得以洞察。这实在是一个了不起的伟大发明。

"易之以书契"的这位"后世圣人"是谁呢？战国晚期的人们普遍认为是黄帝时代的史官仓颉（也作苍颉）。仓颉造字的传说十分流行。东汉时代，著名的文字学家许慎糅合众说，把这个传说讲得生动具体，甚至连仓颉造字的思想动机也给指了出来：

> 神农氏结绳为治而统其事，庶业其繁，饰伪萌生。黄帝之史仓颉，见鸟兽蹄迒之迹，知分理之可相别异也，初造书契，百工以乂，万品以察。(《说文解字·叙》)

仓颉被推举为一个伟大的发明家。然而，我们用今天的观点来看，作为交流思想的社会性工具——文字，它不可能是某一圣贤灵机一动的产物。如果仓颉其人确实存在并且真对文字发明做过一些工作的话，那么他所能做到的，顶多也是在广大先民集体创造的基础上做些改进、加工性的事情罢了，尽管这些事情也十分重要。不过，黄帝时代产生文字的说法，正在得到考古发掘方面越来越多的支持。西安半坡遗址，以及山东大汶口文化遗址出土器物上的刻画符号，已被许多学者直接指认为是初始的文字。考古学上的大汶口文化时代，大体上与传说中的黄帝时代相吻合。经过不断的改进与推广，文字在殷商时代已经完全成熟并被广泛使用，一窖窖刻辞甲骨和一件件带字青铜器物的出土，可以为此作证。

由于甲骨刻辞的数量很多，内容丰富，最具代表意义，所以一提到商代文字，人们很自然地便想到了甲骨文。这是一种成熟的文字。就现有出土的甲骨材料所进行的粗略统计看，其单字已超过了五千个。目前我们所能见到的甲骨，只是商代甲骨的一小部分；由于甲骨文自身性质的限制，当时使用的文字，也不会全部出现在专供占卜用的甲骨上。这就是说，商代后期的文字数量肯定大大超过了五千个。即便是五千个，这也是一个不小的数目。当代语言学家告诉我们说，今天经常使用的汉字也只有六千个左右，由此可见甲骨文字的成熟程度。不仅如此，甲骨文字结构复杂，距离图画文字阶段已经很远。据研究，古代所谓汉字构造大法的"六书"——象形、指事、会意、形声、转注、假借，都可以在甲骨文字中找到例证，并且象形文字的比例并不是很大。这些事实都在向我们昭示着一个确凿无疑的信息：甲骨文字已经是一种十分成熟的文字。目前出土的带字甲骨达十几万片，还有青铜器物上那一段段铭文、一个个族徽，这些都明确地表现出商代后期文字使用的广泛性。

文字的出现，为书籍产生准备了基本条件，古人早就认识到二者之间的这种关系。《伪古文尚书·序》指出：

> 古者伏牺氏之王天下也，始画八卦，造书契，以代结绳之政，由是文籍生焉。

这里所谓的"文籍"，就是我们今天所说的书籍。虽然把文字的发明指认在伏羲氏的名下,这种讲法与流行的传说有所不同,但说书籍出现在文字发明之后,这话讲的是不错的。文字的成熟及其广泛使用,推动了文化事业乃至社会文明水平的全面提高,于是把文字书写在专用物质材料上以供人们阅读用的著作物——书籍——也就正式出现了。

《尚书·多士》篇记载周公告诫殷遗民的话说:

> 惟尔知,惟殷先人,有册有典,殷革夏命。

这是完全可以凭信的历史文献中关于书籍出现的最早记录。从甲骨文的字形上看,"册"字像用竹木简牍编组成册的形状,相参差的竖笔是一支支竹简,连贯各简的横笔是编册用的绳子。这是一个典型的象形字。按照《说文解字》的说法:"典,五帝之书也。从册在丌上,尊阁之也。庄都说:'典,大册也。'""五帝之书"云云不一定可信,但许慎也清楚,"典"指的是书籍。"典""册"二字的出现,本身就是商代已经出现书籍的有力佐证。

虽然在文字形态上已经十分成熟,但甲骨刻辞、铜器铭文以及后世的石刻等都不是书籍,这是学术界的一个共识。因为它们只是有固定用途器物上的附属物,而不是写在专门的材料上供人阅读的东西。甲骨文多是占卜辞的记录,金文则是青铜器的铭文，它们充其量只是一些"记录"或"档案"而已，而不是我们所说的书籍。我们所谓的"书籍"，是指写在专门材料上以供人们阅读的东西。

真正的早期书籍写在竹片或木板上，前者叫作"简"，后者叫作"牍"。两晋以后纸张普及起来后，简、牍作为书籍的载体才逐渐被淘汰。西汉学者刘向在其目录学著作《别录》中曾有这样的记载："新竹有汁，善朽蠹，凡作简者，皆于火上炙干之。……以火炙简令汗去其青，易书不复蠹，谓之'杀青'，亦曰'汗简'。"（《太平御览》引）东汉思想家王充在《论衡·量知》篇中也有这样的记录："竹生于山，木长于林，未知所入；截竹为筒，破以为牒，加笔墨之迹，乃成文字。""断木为椠，析之为版，力加刮削，乃成奏牍。"这些都是在讲简、牍的整治及其书写方法问题。一根竹片叫作"简"，编缀起来即为"册"。编简的绳子多数是丝质的，但也有用麻绳或皮筋的。简上编组的位置，常用刀刻成一个小的缺口，以便扎紧而不致滑脱。简册是我国书籍的早期形式，它的产生，标志着古代中国的文化事业已经发展到了一定的水平。甲骨文之前的文字究竟是什么样子，商代以前有没有书籍存在，限于材料，这里不便妄加猜度，但商代存在着大量的简册是可以肯定的。尽管目前还没有商代书籍的实物发现，但学术界对其存在的真实性是没有任何怀疑的。按照

《说文解字·叙》的讲法，"著于竹帛谓之书"，那么简册的出现，就标志着书籍的滥觞。历史发展到殷商时代，书籍已经实实在在地产生了。随着时间的向后推移，西周以后，记载王公大人嘉言善语、贵盛宗族世系谱牒之类的书籍便多了起来，这反映了那个时代的社会需求。

受历史条件限制，西周时期书籍传播的范围还很有限，因此，一段时间过后大都灰飞烟灭了，只有极少的一部分流传下来。本书所要阐释的《尚书》，就是这些书籍中一部最为重要的幸存者。

关于《尚书》的来源，历史典籍中有不同的记录。《汉书·五行志》上篇有这样的记载：

> 《易》曰："天垂象，见吉凶，圣人象之；河出《图》，洛出《书》，圣人则之。"刘歆以为虙（伏）羲氏继天而王，受《河图》，则而画之，八卦是也；禹治洪水，赐《洛书》，法而陈之，《洪范》是也。

这就是说，西汉时代的刘歆把《尚书》，至少是其中的《洪范》篇的起源，与"洛书"的神话联系到了一起。这种说法直接影响到了后来的班固。他在《汉书·艺文志》"《尚书》类"的小序中也说：

《易》曰:"河出《图》,洛出《书》,圣人则之。"故《书》之所起远矣,至孔子纂焉:上断于尧,下讫于秦,凡百篇,而为之序,言其作意。

班固这段话有两层意思:其一是说,《尚书》起源于"洛书";其二是说,《尚书》是由孔子编纂的,孔子还为百篇《尚书》作了序言。这第二层意思后面还要加以分析,如今且说这第一层意思。

《尚书》直接来源于"洛书",这是《尚书》起源问题上的一家之言,这种说法在古代中国很是流行了一阵子,然而用今天的眼光去看,这种说法又是靠不住的。"河图""洛书"的来头太玄乎了:首先它们出现的时间,在古代传说中就不一致。有的古书上说是帝尧在位的时候,有的古书上说是在大禹治水的时候,还有的古书上则说是在周文王或者周公的时候——这时间上的差异,本身就表现了古人对于这则传说的犹豫不决——有青龙和神龟分别从黄河和洛水中浮现出来,献上了神图和天书,"河图"和"洛书"由此诞生。至于它们的内容,古书中的说法更是不同。因为谁也没有见过,大家都在胡乱编造罢了。把这种神话或曰鬼话当作《尚书》的来源,自然难以让人口服心服,于是比较平实的说法也就流行起来。

在《汉书·艺文志》"《春秋》类"的小序中，班固写道：

> 古之王者世有史官，君举必书，所以慎言行，昭法式也。左史记言，右史记事，事为《春秋》，言为《尚书》，帝王靡不同之。

这段话的意思是说，古代史官有明确的分工，言与事是分开记载的，《尚书》就是古代史官记言的成果。由于《礼记·玉藻》篇的记载与此正好相反，"动则左史书之，言则右史书之"，所以有人对班固的上述说法也提出了异议，认为古代史官如此明确的分工在史籍中找不到佐证，那么《尚书》来源于史官所记的说法自然也就难以令人信服了。

我们认为，"言"与"事"严格分记的说法固然令人生疑，但说《尚书》是古代史官记言的结果，这话基本上是能够站得住脚的，至少其中绝大部分篇章是这样来的。

我们的先民早就注意到历史经验对社会生活的指导意义，这是艰辛生活压迫的结果。周公说："古之人，犹胥训告，胥保惠，胥教诲。"（《尚书·无逸》。以下出自《尚书》的引文，仅标出篇名）训告、教诲的内容，不外乎生产、生活经验。按照功能派文化人类学的解释，"讲故事"是原始先民社会生活中的一个重要节目。闲暇时节，同一氏族的人围坐在一起，认真聆听长者们的"神侃"。这是原始时代道德教育、技能教育、生存本领传授的基本形式之一。对于原始先民来讲，这种事情绝非闲来无事的高雅消遣，而是具有许多实在意义的一件大事。通过历史的积淀作用，社会逐渐形成了注重历史经验的传统，于是讲史的人很早便出现在历史舞台上。随着社会分工的日趋细化，一些原始部落里甚至出现了职业讲史者，有了文字之后，这些讲史者又多了一份工作——记录本部落发生的大事，或者酋长们的嘉言善语。后世以自己的眼光来看待上古事务，于是把这些讲史兼录史的人称为"史官"。再到后来，他们便真的成为一种职官了。旧史记载说：

> 黄帝之世，始立史官，仓颉、沮诵居其职矣。至于夏商，乃分置左右。

由于记录史事是史官的基本职责，所以许慎把"史"字解释为"记事者也"。记事的时候，对文字做一番加工改造工作是有可能的，古代盛传仓颉造字，也许有一定的历史影子存乎其中。商周时代的史官中，有一部分人被称为"作册"，这个名称在武丁卜辞中已经出现。"作"字在甲骨、金文中均写作"乍"。"作册"就是书写、编辑和掌握典册的人，名字起得十分贴切。在那个文化事业尚欠发达、书籍出现未久的时代里,作册以及其他史官记录下来的材料显得弥足珍贵,自然会受到社会的重视而被珍藏起来。此后,随着社会文明整体水平的不断提高和文化事业的进一步发展,统治集团要求扩大历史记录的范围,目的在于惩恶劝善,训示未来。久而久之,"君举必书"成为一种制度。这种制度在春秋时代已比较严格,列国诸侯都在认真地执行着,《左传》对此曾作了许多生动的记录。历史记载日益丰富起来之后,其中的一部分材料由于种种原因被人带出宫廷而流入社会,从而成为《尚书》的源头。后人在此基础上进一步加工、修订,从而也就有了《尚书》各篇的写定成书。在我们看来,《尚书》中的主要篇什——这里指的是周初诸诰以及《顾命》《吕刑》《费誓》《秦誓》等,差不多就是这样来的。所以我们认为,《尚书》主要来源于上古时代史官们的记录和加工的说法大体上是可信的。《尚书》是一部大有来头的历史著作,本身就是悠久历史积淀的产物,这是我们的一个基本认识。

流布之初的几个问题

关于《尚书》如何成书及其在早期传播的情况,有些问题我们可以讲清楚,有些问题则讲不清楚。这是因为前人留给我们的确切记载太有限了,而我们的推论又只能在这些有限材料的基础上来进行。

从早期的历史记载中看,《尚书》是一个后起的名字,起初它只是叫作《书》,前面冠一"尚"字是后来才有的事情,这是我们可以确切肯定的一个问题,《论语》《左传》等早期文献为我们的这种说法提供了佐证。

《论语·述而》篇记载说:

> 子所雅言,《诗》、《书》、执礼,皆雅言也。

这句话的意思是说,孔子是用当时中原地区通行的语言来读《诗》《书》的。这《诗》与《书》,就是今天所说的《诗经》和《尚书》。在《论语·为政》篇里,有人问孔子,您为什么不去从政呢?孔子回答说:

> 《书》云:"孝乎惟孝,友于兄弟,施于有政。"是亦为政,奚其为为政?

这三句话是《尚书》的逸文,后来被《伪古文尚书》收进了《君陈》篇。这里所标出的,也只是一个"书"字。《左传》中反复征引《尚书》的材料,然而它所标出的,或为"《书》曰",或直接引出篇名,没有一次用"《尚书》曰"的。

例如《左传·襄公十一年》记录晋国大夫魏绛的话说:

《书》曰:"居安思危。"

《左传·襄公十三年》引用《尚书·吕刑》篇的话说:

《书》曰:"一人有庆,兆民赖之,其宁惟永。"

《左传·襄公二十三年》引用《康诰》中的话说:

故《书》曰:"惟命不于常。"

这些都直接标明是引自《书》中的话。《左传》中也有标出具体篇名的。例如《左传·僖公三十三年》记录晋国大夫臼季的话说:

《康诰》曰:"父不慈,子不祗,兄不友,弟不共,不相及也。"

《左传·昭公二十四年》记载王室大夫苌弘的话:

> 《大誓》曰:"纣有亿兆夷人,亦有离德;余有乱臣十人,同心同德。"

"《书》曰"也罢,标出篇名也罢,就是没有出现《尚书》这个名称。不但《论语》与《左传》中没有,先秦时期的其他典籍中也没有。只有《墨子·明鬼下》中的一段话稍有例外。

这是一篇记录墨家学派鬼神观的历史文献。墨子认为历代都有鬼神的存在,在征引了《夏书·禹誓》——也就是我们今天所说的《甘誓》之后,墨子总结道:

> 故尚书《夏书》,其次商、周之书,语数鬼神之有也。

这是先秦典籍中关于"尚书"名称问题的唯一例外,对此清代学者有不同的看法。江声、简朝亮等人据此认为,《尚书》这个名称是墨子最先使用的。但考据大家王念孙则明确指出:"'尚'与'上'同,'书'当为'者'。言上者则《夏书》,其次则商、周之书也。"后来孙诒让在《墨子间诂》——清代校勘、整理、注释《墨子》用力最勤,从而也最精当的一部著作——中,就是按照王念孙的说法,直接将"尚书"改为"尚者"。如果王、孙二人的说法不误,"书"前缀一

"尚"字在先秦典籍中唯一的一次露面也得一笔勾销。退一万步讲,即便江声和简朝亮等人的说法成立,"尚书"这个名称在先秦时代已经出现,但也仅仅是闪现一下而已,并没有被社会广泛接受。先秦时代通行的称呼是《书》,这一点则是完全可以肯定的。

"尚书"这个名称流行起来是西汉后期的事情。西汉末年的刘歆在其目录学著作《七略》中提出一种说法:

> 《尚书》,直言也,始欧阳氏先名之。

这就是说,《尚书》一名是由西汉中期今文经学大师欧阳氏首先使用的。东汉末年的郑玄不同意这种说法,他说:

> 尚者,上也。尊而重之,若天书然,故曰《尚书》。……孔子乃尊而命之曰《尚书》。(《尚书正义·序》引郑氏说)

把《尚书》的命名与孔子联系在一起,这是一种新的说法。此后出现的《伪古文尚书》不同意这种说法,它在序言中指出:

> 济南伏生，年过九十，失其本经，口以传授，裁二十余篇。以其上古之书，谓之《尚书》。

《伪古文尚书》的看法是，《尚书》这个名字是汉初经学家伏生给起的。郑玄的说法于史无征，刘歆和伪《书序》的说法也找不到直接的旁证，但综合《尚书》传播过程和先秦典籍的有关记载看，后两家的说法与历史实际似乎更接近一些。近人张西堂先生是赞成《尚书》一名起于墨子说的，但他在《尚书引论》中也不得不承认，"书"本是一个类名，后来成为一个专有名词，而类名又没有废止，使用起来自然容易混淆。"汉代为了清晰起见，渐渐采用《尚书》这个私名，这是必然的。伪《孔序》的意见，以为《尚书》之名始于伏生，这个固然是错了；如说《尚书》之名通行于伏生以后，则似不至于大误的。"总之，大约从西汉中期以后，《尚书》这个名称逐渐流行起来了，尽管后世有时仍然说《书》，但它已是对《尚书》的省称。

至于《尚书》中"尚"字的意义，古人也有不同的说法。东汉人王充在《论衡·正说》篇中提出："《尚书》者，以为上古帝王之书。"同时他又征引别人的说法——"上所为，下所书"，所以叫作《尚书》。东汉时期的经学家马融认为："上古有虞氏之书，故曰《尚书》。"三国时期的王肃则认为："上所言，史所书，故曰《尚书》。"唐人孔颖达在《尚书序题疏》中又提出一种新的说法："尚者，上也。言此上代以来之书，故曰'尚书'。"（引文并见于《伪古文尚书序》孔颖达疏）众说纷纭，真可谓五花八门。"上古有虞氏"或曰"上古帝王"云云，拿《尚书》篇目比较一下就可以知道，这些说法是靠不住的：《费誓》《秦誓》诸篇既非远古也非帝王之书，而是诸侯的誓词，甚至晚至春秋中期。所以，今人大都认为孔颖达的说法比较平实可信，所谓《尚书》，不过是指上古时代流传下来的一部书籍罢了，并没有什么深意蕴涵于其中，用不着曲意加以解说。

就现有材料看，《尚书》是我国传世文献中最为古老的一部著作。唐代古文大家韩愈曾经发出这样的感叹："周诰殷盘，佶屈聱牙。"他也感到周初诸诰与《盘庚》篇实在难读。难读的原因在于这些文献太古老。近世以来，史学工作者拿《尚书》中的周初诸诰与西周青铜器铭文进行对勘，发现两者在遣词造句、语气章法上都十分接近，说明这些诰、誓之词可以视为周初文献，基本上属于原装货，后世篡改的成分不是很多。在我国书籍刚刚出现之时就有文献典籍流传下来，这实在是文化事业上的一大幸事。从成书久远这一点看，这一文献的艰涩难读也就在情理之中了。

《尚书》本来属于历史著作，这也是可以肯定的一点。周初诸诰系王室史官笔录当时诰、誓、策命之词而成，其史料学价值很高；《尧典》《皋陶谟》《甘誓》《汤誓》《盘庚》《牧誓》等篇，则是后世史官依据自己所见所闻的历史资料加以拟作的，也有一定的史料价值。这部著作通过记言的形式，记载了从传说中的尧舜时代到春秋中叶三千年间的一些重大历史事件，是我们研究这一时期社会历史的基本材料。因此，说《尚书》是一部历史著作本是不错的。

但《尚书》很早便与儒家学派发生了联系，这一点也是可以肯定的。孔子本人"信而好古"，"述而不作"，像《尚书》这样重要的历史典籍是逃不出其慧眼的。陈梦家先生在《尚书通论》中有一个推测：在孔子生活的时代里，《尚书》的地位"尚不如《诗》与《礼》《乐》重要"。如果单从《论语》中看，这个说法似乎可以成立。但孔子回答他人发问时引《书》为证，弟子读《书》遇到疑问便向他请教，说明孔子对《尚书》是熟悉的。他时常用当时通用的语言来朗读《尚书》：

子所雅言，《诗》、《书》、执礼，皆雅言也。

有了这个风气之后，儒家学派与《尚书》的关系便日益密切起来。"孟子道性善，言必称尧舜"，《孟子》一书引

《书》达三十八次之多。陈梦家先生认为:"孟子时《尚书》或者已编成课本。孔子雅言《诗》《书》,孟子用《书》授徒,或者是(二人——引者加)最大的分别。观于孟子屡与弟子讨论古史,可为佐证。"把《尚书》作为教材,大大密切了儒家学派与《尚书》的关系,所以到战国晚期,人们便把《尚书》与《诗》《乐》《易》《礼》《春秋》等著作放在一起,统统指认在了儒家学派的名下。《礼记·经解》篇写道:

> 孔子曰:"入其国,其教可知也。其为人也,温柔敦厚,《诗》教也;疏通知远,《书》教也;广博易良,《乐》教也;絜静精微,《易》教也;恭俭庄敬,《礼》教也;属辞比事,《春秋》教也。故《诗》之失,愚;《书》之失,诬;《乐》之失,奢;《易》之失,贼;《礼》之失,烦;《春秋》之失,乱。其为人也,温柔敦厚而不愚,则深于《诗》者也;疏通知远而不诬,则深于《书》者也;广博易良而不奢,则深于《乐》者也;絜静精微而不贼,则深于《易》者也;恭俭庄敬而不烦,则深于《礼》者也;属辞比事而不乱,则深于《春秋》者也。"

这段话出现在所谓的另一部儒家著作——《礼记》中。虽然标明"孔子曰"旨在加重这段话的分量,因为在这篇作品写定的那个时代里,孔子早已被奉为"出乎其类,拔乎其萃,自生民以来未有"的大圣人,加上"孔子曰"自然会受到更多人的信奉,但从中还是反映出那个时代对于《尚书》等书与儒家学派关系的认识。《荀子·儒效》篇把人分为四类:俗人、俗儒、雅儒和大儒。大儒最为高尚,雅儒差强人意,俗人最不可取。这里我们且看荀子对"俗儒"的界定:

> 逢衣浅带,解果其冠,略法先王而足乱世术,缪学杂举,不知法后王而一制度,不知隆礼义而杀《诗》《书》;其衣冠行伪,已同于世俗矣,然而不知恶者;其言议谈说,已无以异于墨子矣,然而明不能别;呼先王以欺愚者而求衣食焉,得委积足以掩其口,则扬扬如也;随其长子,事其便辟,举其上客,偌然若终身之虏而不敢有他志,是俗儒者也。

俗儒"不知隆礼义而杀《诗》《书》",王先谦在《荀子集解》中引用郝懿行的说法指出,"杀盖敦字之误"。而敦者,厚也,那么与俗儒相对立的雅儒和大儒,"隆礼义而敦《诗》《书》"也就是天经地义的事情了。《庄子·天下》篇在谈到"古代道术"时也写道:

> 其明而在数度者，旧法世传之史，尚多有之。其在于《诗》《书》《礼》《乐》者，邹鲁之士搢绅先生多能明之。

孔子生于鲁，孟子生于邹，这"邹鲁之士"和"搢绅先生"，是战国时代的人们对儒家学派最通行的称呼。从这里可以看出来，《诗》《书》《礼》《乐》这些来头不一、内容参差的著作已与儒家学派密不可分了。换句话说，社会已经承认了儒家学派对这些著作的专有，因为《庄子·天下》篇出自与儒家学派对立的道家学派之手。

《尚书》中的许多篇什在春秋战国时期已经广为流传，这一点也是我们所敢于肯定的。前人根据周秦时代的历史典籍对《尚书》各篇的征引情况，从中得出了这样或那样的结论，这的确是研究《尚书》传播问题的一条有效途径。刘起釪先生的《尚书学史》综合各家之说，统计了《诗经》《论语》《国语》《左传》《墨子》《孟子》《荀子》《管子》《庄子》《韩非子》《战国策》《大戴礼记》《周礼》《礼记》《孝经》《公羊传》《穀梁传》《尸子》《吕氏春秋》和《逸周书》共二十种历史典籍对《尚书》的征引情况。他得出的结论之一是，这二十种典籍共征引《书》三百三十五次，其中属于《今文尚书》二十八篇的内容被征引了一百一十五次，征引的次数最多，说明《今文尚书》二十八篇在先秦时代是华夏社会广为传习的本子。从周秦时代纷纷征引《尚书》的情况中还可以看出，《尚书》在那个时代已经声名显赫，对社会生活产生了重要影响。关于这一点，我们在后面还要谈到。

然而从周秦时代诸多征引《尚书》的例子中似乎还可以看出另外一些问题来。按照今天通行的说法，《尚书》是由《虞书》《夏书》《商书》和《周书》四部分组成的，然而周秦时代的人并不怎么提《虞书》，《尧典》和《皋陶谟》是归并在《夏书》当中的。古人在征引"《书》曰"的同时，却又时而征引"《夏书》曰"，时而征引"《商书》曰"，时而征引"《周书》曰"，或者直接标出引自某篇，这很容易给人造成一种印象：这三部分本是互相独立的三部书，如同《左传》《国语》等历史文献中所引到的《郑书》《楚书》一样，各自独立而互不统属，后人因其性质相近才把它们捏合为一部著作的。这"后人"指的是战国晚期到西汉早期的学者。在20世纪20年代考辨古史热潮的发端阶段，疑古大家钱玄同先生就是这么说的：《尚书》在先秦时代根本没有成书。在那个疑古思潮乍起、经学余韵尚浓的时代里，钱先生的这种说法不啻一枚重磅炸弹，引起了许多经学家的极度不安。今天看来，钱先生的说法虽然不尽稳妥，但也不能说是毫无根据的一派胡言。因为前人留给我们的材料毕竟太有限了，在成书与否的问题上，绝对肯定或矢口否认都不能完全令人信服。

不过，三部书也罢，一部书也罢，这都不影响《尚书》在周秦时代已广为流传这一事实存在的真实性。《尚书》是中国历史上最为古老的文献典籍之一。正因为如此，当华夏民族的文化史步入大突破的历史阶段时，这部（或曰这些）著作熠熠生辉，引导着国民精神的锻铸和民族性格的塑造，从而成为文化元典中的"元中之元"，发挥了其他文化典籍所不能起到的作用，这也是完全可以肯定的。

《今文尚书》与《古文尚书》

从秦始皇时代到汉武帝时代，在不到一百年的时间里，《尚书》传播历程上出现了大落与大起，其地位也因此由地狱而升入了天堂。由于独尊儒术、利禄之道诱导的结果，《尚书》不断有新版本问世，其中最为重要的自然要数伏胜的今文、孔安国的古文和杜林的漆书本了。这几个本子在《尚书》传播历程中起到了承上启下的作用，自然应该加以重点介绍。

伏生《尚书》的风雨历程

《尚书》传播中的早期顺畅因秦王朝大一统的实现而突然中断。为了钳制思想以牢牢掌握刚刚到手的统一果实，秦始皇明确下令"禁游学"，"燔《诗》《书》"，"坑儒士"，忙得不亦乐乎。其中有一项规定对我们的论题产生了决定性的影响："有藏《诗》、《书》、百家语者……弃市"——《尚书》一下子成了禁书，私藏者不但要被杀头，杀了之后还要被抛到闹市上，"与众弃之"，这个禁令是够严厉的了。对于这一举措的影响，后面我们还要加以分析。这里需要指出的是，经过这一记重创之后，"六艺从此缺焉"，劫后余生的《尚书》失去了昔日的风采。

西汉初年，鉴于暴秦速亡的历史教训，最高统治者采取了一系列具体措施，以缓和紧张的社会矛盾，尽快把人民安顿下来。措施之一便是惠帝四年的"除挟书律"——解除私人藏书的禁令，私家藏书再次得到法律的允许。在这样的历史背景下，与其他文化元典一样，《尚书》也从"地下"来到了"地上"。按照《史记·儒林列传》的说法，率先在社会上传授《尚书》的人叫伏胜，"胜"在历史文献中又常常写作"生"：

> 伏生者，济南人也。故为秦博士。孝文帝时，欲求能治《尚书》者，天下无有，乃闻伏生能治，欲召之。是时伏生年九十余，老，不能行，于是乃诏太常使掌故朝（晁）错往受之。秦时焚书，伏生壁藏之。其后兵大起，流亡，汉定，伏生求其书，亡数十篇，独得二十九篇，即以教于齐鲁之间。学者由是颇能言《尚书》，诸山

东大师无不涉《尚书》以教矣。

从这段记载中可以看出来,经过秦火焚烧之后,《尚书》已经元气大伤,一时间几乎成为绝学,这与战国时期的广泛流布形成了强烈的反差。伏生是西汉时代最先在社会上传授《尚书》的人,他所传授的《尚书》只是一个残卷,这两点是完全可以肯定的。至于伏生传《书》的开始时间,太史公的行文有些模糊,后人的理解因此产生了歧异,例如东汉时代的卫宏在其《诏定古文尚书序》中便说:

> (伏生老,)不能正言,言不可晓,使其女传言教[晁]错。齐人语多与颍川异,错所不知者凡十二三,略以其意属读而已。

卫宏《序》现在已经失传,这段话因为被唐人颜师古引入《汉书·儒林传注》中而得以保存下来。它的意思是说,晁错接受《尚书》的时候,伏生已在耄耋之年,话都讲不清楚了,以至于让自己的女儿代言。有人据此认为伏生传授《尚书》是在孝文帝在位的时候,这时伏生年纪已经很大,所传之《书》从而也错误百出。对于这种说法,清人阎若璩在《尚书古文疏证》、康有为在《新学伪经考》等书中都曾予以驳斥。例如阎若璩引申梅鷟的说法说：

> 盖汉定，伏生即求其书，以教于齐鲁之间，不待孝文时始然，生未耄也。今文二十八篇亦从屋壁得之，手授之其人，非待晁错来始背诵，卫宏说妄也。

我们赞成阎若璩《尚书古文疏证》卷一"孟子引今文与今合引古文与今不合"条的这个说法。卫宏生活的时代距离伏生传《书》已经二百余年，所谓的老而"不能正言"，"齐人语多与颍川异"云云，猜测的成分显然多于真凭实据，实在不能令人信服。因为司马迁写得很明确：汉定，伏生求其书，即以教于齐鲁之间，后来才有晁错的求教，这是先后发生的两件事，不能把它们混为一谈。伏生开始传《书》很可能在惠帝四年"除挟书律"之前，因为汉初无为而治，法网疏阔"漏于吞舟之鱼"，此时已非暴秦钳制的一统天下；退一万步讲，"除挟书律"颁布之后，伏生总不该再有什么顾忌了吧，为什么非要等到孝文时代年已耄耋才开始传授呢？这显然是讲不通的。因此我们认为，伏生传授《尚书》肯定是惠帝四年前后乃至汉高祖时代的事情。

由于伏生的积极传授，学者"颇能言《尚书》"。经过世事沧桑，《尚书》这部文化元典终于重见天日。武帝时代独尊儒术后，《易》《书》《诗》《礼》《春秋》等被奉为经典，于是有了《易经》、《书经》（或曰《尚书经》）、《诗经》、《礼经》、《春秋经》等名目的出现。对于这些经典研究的学问号称为"经学"。国家在京城长安设立"太学"，这五部经典就是太学里最基本的教材。汉王朝为每部经典设置"博士"若干名，负责该经典的阐释和讲授工作。在后来的历史发展中，各部经典都有不同的传本发现，有些传本被太学用为教科书，有些则没有被采用，按照当时的说法，前者叫作"立于学官"，后者叫作"未立于学官"。对于五经、太学、五经博士等，后面还要专门讲到，这里暂且打住。现在需要说明的是，自从设立五经博士以后，伏生所传授的《尚书》即被立于学官，从而成为两汉时代标标准准的政治教科书。

《汉书·儒林传》记载说，伏生把《尚书》传给了济南人张生和千乘人欧阳和伯。这二位是西汉时代伏生《尚书》传播过程中的重要人物，"尚书学"在他们这里分成了两大支派。

欧阳和伯传《尚书》给倪宽，倪宽在武帝时代官至御史大夫（副丞相）。后来这位副丞相把《尚书》回传给和伯的儿子。此后《尚书》在欧阳氏家族中世代相传，欧阳高位至《尚书》博士，欧阳高的孙子欧阳地余再为博士，参加了西汉时代最为重要的经学会议——石渠阁会议。地余的小儿子欧阳政在王莽时代官至讲学大夫，"由是《尚书》世有欧阳氏学"。《后汉书·儒林列传》记载说,"自欧阳生传伏生《尚书》,至(欧阳)歙八世,皆为博士",真可谓家学渊源深远。后来欧阳歙位至大司徒——东汉时代地位最高的官职。

张生传《尚书》于夏侯都尉,都尉传族子夏侯始昌,始昌传夏侯胜。胜向倪宽门人蕳卿求教。夏侯胜传给侄子夏侯建,建又向欧阳高学习,欧阳氏和张生的学术再次汇合。夏侯胜官至长信少府,夏侯建则成为太子的老师——太子太傅,一个比一个官做得大,"由是《尚书》有大、小夏侯之学"。

这就是西汉时代伏生《尚书》传授过程中的基本情况。"欧阳氏之学"与"大、小夏侯之学"鼎足而立于太学之中,地位十分显赫。由于"经明行修"成为士人飞黄腾达的正途和坦途,从《尚书》这个龙门而跃过的"鲤鱼"不计其数。从《汉书·儒林传》和《后汉书·儒林列传》中看,由《尚书》入仕而位至丞相(大司徒)、御史大夫者不乏其人,九卿、郡守之类的二千石官员自然不在话下,东汉时代更是如此。伏生《尚书》在两汉时代出尽了风头。

然而乐极生悲,谶纬迷信和空洞烦琐断送了欧阳氏和大、小夏侯三家官学的前程,《尚书》中的其他宗派逐渐崛起。经过西晋末年的变乱之后,三家《尚书》学先后失传,伏生《尚书》的正宗传人由此断线,从而使得这部著作中一些十分重要的问题,今天已很难讲得清楚,例如它的篇数和篇目问题即是。

按照《史记·儒林列传》和《汉书》中的《儒林传》《艺文志》的讲法，伏生所传《尚书》为二十九篇。然而与《汉书》作者班固同一时代的王充，则为我们记载了不同的说法。《论衡·正说》篇写道：

> 说《尚书》者，或以为本百两篇，后遭秦燔《诗》《书》，遗在者二十九篇。夫言秦燔《诗》《书》，是也；言本百两篇者，妄也。盖《尚书》本百篇，孔子以授也。遭秦用李斯之议，燔烧五经。济南伏生，抱百篇藏于山中，孝景皇帝时，始存《尚书》，伏生已出山中，景帝遣晁错往受《尚书》二十余篇。伏生老死，书残不竟。晁错传于兒（倪）宽。至孝宣皇帝之时，河内女子发老屋，得逸《易》《礼》《尚书》各一篇，奏之。宣帝下示博士，然后《易》《礼》《尚书》各益一篇，而《尚书》二十九篇始定矣。

《论衡·正说》篇继续写道：

> 或说《尚书》二十九篇者，法北斗七宿也：四七二十八篇，其一曰斗矣，故二十九。夫《尚书》灭

绝于秦,其见在者二十九篇,安得法乎?宣帝之时,得佚《尚书》及《易》《礼》各一篇,《礼》《易》篇数亦始足,焉得有法?

这后一段话,王充以其唯物主义的思想观点批驳了《尚书》篇目问题上的迷信附会,驳得颇为有力。而前一段话中问题不少,例如说《尚书》本百篇,孝景皇帝时始存《尚书》,派遣晁错的是景帝而不是文帝等等,但有一点值得注意,即说伏生所传《尚书》本为二十八篇,加上河内女子老屋所出逸书一篇方才凑成二十九篇。后来有许多人响应这种说法。例如臣瓒就认为:

当时学者,谓《尚书》唯有二十八篇,不知本有百篇也。

这位臣瓒到底姓什么,今天已经讲不清楚,但他生活在西晋时代则是可以肯定的。上面这段话保存在唐人颜师古所注《汉书·楚元王传》所附的《刘歆传》中。二十八篇反映了西晋时期对于伏生《尚书》篇目的看法。东晋出现的《伪古文尚书》所据以伪造的今文版本也是二十八篇,对此后面还要专门说到。唐代以后,这一说法更为流行,请看《隋书·经籍志》的说法：

> 《书》之所兴，盖与文字俱起。孔子观《书》周室，得虞、夏、商、周四代之典，删其善者，上自虞，下至周，为百篇，编而序之。遭秦灭学，至汉，唯济南伏生口传二十八篇。又河内女子得《泰誓》一篇，献之。

孔子删书及百篇之说是靠不住的，这在前面已经说过。这里需要注意的是，伏生所传《尚书》在唐代官修史书中赫然记下的是"二十八篇"，司马迁以来的"二十九篇"之说直接被改了过来。在此后的中国经学史上，伏生所传《尚书》究竟是二十八篇还是二十九篇，这一争论一直没有停止过；而在相信二十八篇的人们中，到底应该去掉哪一篇，也是众说纷纭，莫衷一是。按照张西堂先生《尚书引论》的统计，从唐至清在这个问题上共出现过五种不同的说法：

一、应该去掉《泰誓》，这是自王充以及唐人陆德明以来的传统说法。

二、多的是《书序》，这是明人梅鷟的主张，清儒朱彝尊、陈寿祺等人同意这种看法。

三、伏生传《书》本为二十九篇，《泰誓》是其中旧有的一篇，这是清儒王鸣盛的说法，考据大家王引之也持这种观点。

四、伏生《尚书》二十九篇是不错的，但与《泰誓》没有关系，而是从《顾命》之中分出一篇《康王之诰》而成，这是龚自珍在其《泰誓答问》中的说法，清儒俞正燮、皮锡瑞、王先谦等人都同意这一说法。

五、康有为不愧为大师级人物，他简洁明快地指出，"云二十九篇者，盖《泰誓》后得，后人忘其本原，轻改《史记》'八'字为'九'字，必非史迁原文，并非（刘）歆窜原文"。

对于这五种说法，张西堂先生在《尚书引论·尚书之篇第》中一一作了剖析，分别指出了它们的得与失。最后他引用了近人钱玄同先生《重论今古文学》一文中的观点，算是对此作了个结论。钱先生"十分坚决地说，西汉《今文尚书》绝对无《序》"；"旧说以为伏生本二十八篇，加后得之《泰誓》一篇，故为二十九篇，实在没有错"。张先生完全赞同钱先生的说法，我们则赞成张先生的说法。由于能够说明问题的传世材料毕竟太少了，这个问题几乎成了一笔糊涂账，这里只能采用一个比较能为大多数人所接受的说法：伏生所传《尚书》应为二十八篇。

按照最为通行的阮刻《十三经注疏》本的篇次，这二十八篇的篇目依次是：

1.《尧典》 2.《皋陶谟》 3.《禹贡》 4.《甘誓》 5.《汤

誓》 6.《盘庚》 7.《高宗肜日》 8.《西伯戡黎》 9.《微子》 10.《牧誓》 11.《洪范》 12.《金縢》 13.《大诰》 14.《康诰》 15.《酒诰》 16.《梓材》 17.《召诰》 18.《洛诰》 19.《多士》 20.《无逸》 21.《君奭》 22.《多方》 23.《立政》 24.《顾命》 25.《吕刑》 26.《文侯之命》 27.《费誓》 28.《秦誓》

这二十八篇的内容是什么，我们留待后面去说，伏生《尚书》暂且说到这里。

两汉时期《古文尚书》的几个问题

伏生《尚书》传播开来后，另外一家《尚书》也不甘示弱，在武帝时代迅速崛起，这就是孔子家传、由孔子第十二代孙孔安国公开出来的《古文尚书》：

> 孔氏有《古文尚书》，而安国以今文读之，因以起其家。逸《书》得十余篇，盖《尚书》滋多于是矣。(《史记·儒林列传》)

伏生《尚书》、孔安国《古文尚书》，再加逸《书》十余篇，现世的《尚书》越来越多，这是司马迁所见到的情况。按照王念孙《读书杂志》的说法，这里的"起"是"兴起"

的意思,而"家"则是指"家法"。孔安国独树一帜,建立了与伏生《尚书》截然不同的"家法",由此拉开了中国经学史上著名的"经今古文之争"的序幕。

从表面上看,所谓"今古文"云云,是就文字而言的。自甲骨、金文之后,汉字的形体在不断规范和简化着。战国时期的文字分为两大系统:一是保持传统风格较多的中国西部地区的周秦文字,后人称之为"大篆";一是与传统风格相比变异较大的东方六国文字。据研究,伏生所传《尚书》与孔安国家传《古文尚书》大约都属于后一种文字系统。六国统一之后,为结束"语言异声,文字异形"的局面,秦始皇命令李斯将秦国通用的"史籀大篆"加以省改,作为规范文字推行到全国去,后来把这种文字叫作"小篆"。与大篆相比较,小篆的笔画已经简化了不少,但人们还是觉得不方便,于是有了将笔画变圆转为方折并且更加省简的文字出现,后人把这种文字叫作"隶书"。事实上,在战国末年,隶书已经在民间出现,秦代只是更加流行而已,西汉中期遂成为社会上通行的文字。因此,汉人司马迁所谓的"今文",指的就是"隶书",而"古文"则是指战国时期的东方六国文字。清代经学家皮锡瑞在《经学通论·书经·论汉时今古文之分由文字不同亦由译语各异》中指出:

汉时所谓"今文",今谓之"隶书",世所传熹平石经与孔庙等处汉碑是也。汉时所谓"古文",今谓之"古籀",世所传钟鼎石鼓与《说文》所列古文是也。隶书汉时通行,故谓之"今文",犹今人之于楷书,人人尽识者也;古籀汉时已不通行,故谓之"古文",犹今人之视篆隶,不能人人尽识者也。

伏生或者欧阳和伯、张生之流,把本属古文的《尚书》用汉代通行的文字隶书写下来,这是为了传播的需要。后来"《尚书》滋多于是",为了把它们区分开来,人们便把伏生所传《尚书》称为《今文尚书》,而把孔安国所传授的《尚书》称为《古文尚书》,因为后者在传播伊始是以古文的面目出现的。然而文字的差异只是一个表面现象。清儒龚自珍在《泰誓答问》第二十四"总论汉代今文古文名实"条中指出:

伏生壁中书,实古文也,欧阳、夏侯之徒以今文读之,传诸博士,后世因曰伏生今文家之祖,此失其名也。孔壁固古文也,孔安国以今文读之,则与博士何以异?而曰孔安国古文家之祖,此又失其名也。今文、古文同出孔子之手,一为伏生之徒读之,一为孔安国读之。未读之先,皆古文矣;既读之后,皆今文也。唯读者人不同，故其说不同。源一流二，渐至源一流百，此如后世翻译，一语言也而两译之，三译之，或至七译之，译主不同，则有一本至七本之异。未译之先，皆彼方语矣；既译之后，皆此方语矣。其所以不得不译者，不能使此方之人晓殊方语。故经师之不得不读者，不能使汉博士及弟子员悉通周古文故。然而译语者，未曾取所译之本而毁弃之也，殊方语自在也；读《尚书》者，不曰以今文读后而毁弃古文也。故其字仍散见于群书及许氏《说文解字》之中，可求索也。又译字之人，必华夷两通而后能之；读古文之人，必古今字尽识而后能之。此班固所谓晓古今语者，必冠世大师，如伏生、欧阳生、夏侯生、孔安国庶几当之，余子皆不能也。此今文、古文家之大略也。

龚自珍的解说简洁明快，比喻也恰如其分，所以得到后世的遵从，皮锡瑞就曾以《论汉时今古文之分由文字不同亦由译语各异》为题来引申龚自珍的说法。他说，"唯读者人不同，故其说不同"。可以说，这是一语道破了天机。由文字和译读上的差异而兴起不同的家法，在不同家法的背后是不同的利益集团，这才是今、古文之别的根本原因之所在。自孔安国严明家法之后，这家《尚书》与伏生《尚书》的差别越来越大,"今古文"的称呼遂日益响亮起来。认真追寻起来,"(孔)安国以今文读之",流行的孔氏《尚书》又何尝不是"今文"呢?所以呼以"古文",只是为了区别的需要罢了,名与实并不完全相符合。

清代经学家皮锡瑞在《经学通论·书经》的开篇中指出:

> 治《尚书》不先考今、古文分别,必至茫无头绪,治丝而棼。故分别今、古文,为治《尚书》一大关键,非徒争门户也。

这是以一个经学史家的口吻在讲话,属于平实之论,所以我们的行文也从"今古文"问题讲起。据皮锡瑞研究,西汉经学最先区分"今古文之学"的是《尚书》,并且《尚书》的区分"最纠纷难辨"。有了《尚书》的今古文之别后,才有《礼》《诗》《春秋》诸经今古文之别的发生,两汉经学史上的"今古文之争"遂愈演愈烈。因此,孔安国的独树一帜,的确在中国经学史上算是一个不大不小的事件。

按照西汉末年刘歆和东汉前期班固的说法,孔安国《古文尚书》还有一段曲折的来历呢。刘歆在其《移让太常博士书》中写道:

及鲁恭王坏孔子宅，欲以为宫，而得古文于坏壁之中，《逸礼》有三十九篇，《书》十六篇。天汉之后，孔安国献之，遭巫蛊仓卒之难，未及施行。

班固在《汉书·艺文志》中也有这样的记载：

《古文尚书》者，出孔子壁中。武帝末，鲁共（恭）王坏孔子宅，欲以广其宫，而得《古文尚书》及《礼记》《论语》《孝经》凡数十篇，皆古字也。共王往入其宅，闻鼓琴瑟钟磬之音，于是惧，乃止不坏。孔安国者，孔子后也，悉得其书，以考二十九篇，得多十六篇。安国献之。遭巫蛊事，未列于学官。刘向以中古文校欧阳、大小夏侯三家经文，《酒诰》脱简一，《召诰》脱简二。率简二十五字者，脱亦二十五字；简二十二字者，脱亦二十二字，文字异者七百有余，脱字数十。《书》者，古之号令，号令于众，其言不立具，则听受施行者弗晓。古文读应尔雅，故解古今语而可知也。

这是继《史记·儒林列传》之后关于孔安国《古文尚书》的最重要的两条记载。基本与班固同时的思想家王充在其《论衡·正说》篇中也记下了《古文尚书》的发现经过：

> 至孝景帝时，鲁共王坏孔子教授堂以为殿，得百篇《尚书》于墙壁中。武帝使使者取视，莫能读者，遂秘于中，外不得见。

三家所记遂成为后世研究《古文尚书》来历的基本依据。发现的引子是鲁恭王拆毁孔府旧宅，这在三家众口一词。除此之外，在两个重要的细节问题上，三家说法则存在着明显的差异：

其一，拆房事件发生的时间，也即《古文尚书》面世的时间，刘歆没有明确的说法，王充告诉我们是在景帝时代，而班固则说是武帝末年的事情。

其二，献书时间，王充没有明确的说法，刘歆认为在天汉之后，班固语气虽然含混，似乎还能看出来是巫蛊之祸发生前不久的事情。

由于原始记载的不同，后人提出了种种疑问，并从不同的角度作了这样或那样的考证，其中以阎若璩和朱彝尊的说法最为明确。阎若璩在《尚书古文疏证》中指出，鲁恭王拆孔府旧宅的时间当依王充的说法在景帝时代。为什么这样讲呢？因为根据《汉书》的记载，"鲁恭王以孝景前三年丁亥徙王鲁，徙二十七年薨，则薨当于武帝元朔元年癸丑，武帝方即位十三年，安得云'武帝末'乎？且恭王初好治宫室,季年好音,则其坏孔子宅以广其宫,正初王鲁之事。当作'孝景时'三字为是"(卷一,《言两汉书载古文篇数与今异》)。

阎若璩的反诘可以算得上坚实有力。只要拿《汉书·景十三王·鲁恭王传》对勘一下,《艺文志》说法之误可以立见,只是前人没有留心罢了,这个问题非得等到细心人阎若璩给指出来不可。

阎若璩对献书人与献书时间的考证也很严谨。还是在《尚书古文疏证》中,阎若璩指出:孔安国是司马迁的老师,《史记·孔子世家》明确记载孔安国英年早逝。根据《汉书·倪宽传》的记载,孔安国在元朔三年(前126)左右担任博士。当时他起码在二十岁以上。巫蛊之祸发生在征和元年(前92)己丑至明年庚寅之间,距离元朔三年已经三十五六年,此时孔安国肯定已经在五十七八岁以上。近六十岁的人死了,怎么能说是英年早逝呢?《孔子世家》所记孔子的后人,去世时差不多都在四五十岁,却都没有标明英年早逝,独独于孔安国这里标了出来,言外之意,恐怕安国没有活过四十岁,那么又怎能赶得上巫蛊之祸呢?因此,阎氏指出:

> 予尝疑安国献书,遭巫蛊之难,计其年必高,与马迁所云蚤卒者不合。信《史记》蚤卒,则《汉书》之

献书必非安国;信《汉书》献书,则《史记》之安国必非蚤卒。然马迁亲从安国游者也,记其生卒,必不误者也。窃意天汉后安国死已久,或其家子孙献之,非必其身,而苦无明证。越数载,读荀悦《汉纪·成帝纪》,云:"鲁恭王坏孔子宅,得《古文尚书》,多十六篇。武帝时孔安国家献之,会巫蛊事,未列于学官。"于安国下增一"家"字,足补《汉书》之漏,益自信此心此理之同。而《大序》(指《伪古文尚书序》——引者)所谓"作传毕,会国有巫蛊",出于安国口中,其伪不待辩矣。(卷二,《言安国古文学源流真伪》)

阎若璩这种敢于怀疑和勤于思考的精神令人钦佩,献书时间及献书人的问题,经过他的这番精心考辨之后,历史的迷雾终于被拨开了,问题一下子凸现出来:献书发生在汉武帝末年本是不错的,只是献书者不是孔安国本人,而是他的家人。

这就是说,《古文尚书》献给朝廷的时间可以肯定是在武帝晚年,提到巫蛊之祸,是为了说明它没有被立于学官的原因,朱彝尊在《经义考》卷七十六中对此补充说:

> 班固叙《艺文志》,于《古文尚书》云,"遭巫蛊事,未立于学官",乃史氏追述古文所以不列于学官之故尔。

《尚书》源流 | 43

而伪作安国《序》者,乃云:"会国有巫蛊事,经籍道息。"竟出自安国口中,不亦刺谬甚乎?

荒谬的原因在于安国此时早已死去,造伪者不审,故而闹出了笑话。没有被立于学官,算是孔安国《古文尚书》出道之后的遭遇之一。由于三家今文的有力抵制,在两汉时代这种局面最终没有被扭转过来,孔安国《古文尚书》始终徘徊在民间而没有登上太学的"大雅之堂"。然而它的影响却在不断地扩大着,逐渐构成了对三家今文的巨大威胁,这也是一个不争的事实。

按照《汉书·艺文志》的讲法,孔壁《古文尚书》比伏生《今文尚书》多出十六篇,那么就应该为四十五篇才是。然而在记述"发现经过"那段文字之前所开列的书目中,班固又明确写道:

《尚书古文经》四十六卷。

接着他又做了个注释:"为五十七篇。"班固讲得很明白:"《古文尚书》者,出孔子壁中。"孔壁《古文》与《尚书古文经》异名而同实,两者根本就是一码事,那么这就把人搞糊涂了:到底是四十五篇呢,还是四十六卷五十七篇呢?班固给后人留下了一个谜。

好在历史上还有别的有心人,其他记载也传了下来。后人把这些记载综合比勘之后,终于揭开了这个谜底。按照唐人孔颖达《尚书正义·尧典疏》的说法,孔壁多出的16篇篇目为:

1.《舜典》 2.《汩作》 3.《九共》 4.《大禹谟》 5.《益稷》("益"当作"弃") 6.《五子之歌》 7.《胤征》 8.《汤诰》 9.《咸有一德》 10.《典宝》 11.《伊训》 12.《肆命》 13.《原命》 14.《武成》 15.《旅獒》 16.《冏命》("冏"当作"毕")

这个篇目很重要,后面我们还要说到。现在要说的是"篇"与"卷"的差异。原来,汉代书籍的书写材料主要有两大类:一是简牍,二是绢帛。写在简牍上的书籍称为"篇",写在绢帛上的书籍称为"卷"。"篇"与"卷"在分量上往往不等,有数篇合为一卷的情况。研究者指出:孔壁古文中《九共》卷就是九篇文章的一个总目,那么孔壁《尚书》实际上比伏生所传《尚书》多出了二十四篇。人们又把伏生所传《尚书》中的《盘庚》篇和《泰誓》篇各自一分为三,又从《顾命》篇中分出来一篇《康王之诰》,这样伏生所传《尚书》就成了三十三篇。三十三篇加上二十四篇,共为五十七篇。《武成》逸书,建武之际亡",班固自然没有见到,所以他说"为五十七篇"。十六卷加上二十九卷,共四十五卷,再加上一卷《书序》，恰好是四十六卷。这是综合清儒王鸣盛《尚书后案》等研究成果而得出的说法，由于原文太繁，不再一一引出。关于《书序》的问题，我们留待后面去说，这里只是把孔壁《尚书》的来龙去脉和篇目、卷数问题，作一个简单交代而已。

两汉时代还有另外两种《古文尚书》版本行世，这里也附带说一下，一种叫河间献王本，一种叫杜林漆书本。

《汉书·景十三王传》记载：

> 河间献王德以孝景前二年立，修学好古，实事求是。从民得善书，必为好写与之，留其真，加金帛赐以招之。繇是四方道术之人不远千里，或有先祖旧书，多奉以奏献王者，故得书多，与汉朝等。是时，淮南王安亦好书，所招致率多浮辩。献王所得书皆古文先秦旧书，《周官》《尚书》《礼》《礼记》《孟子》《老子》之属，皆经传说记，七十子之徒所论。其学举六艺，立《毛氏诗》《左氏春秋》博士。修礼乐，被服儒术，造次必于儒者。山东诸儒多从而游。

刘德手中的这部《古文尚书》究竟是个什么样子，后人讲得不大清楚，因为它也属于那种"来无影去无踪"的角色，史书中没有一个明确的交代。王国维根据河间献王与鲁恭王的兄弟关系，并且献王之死仅早于恭王之死两年等情况推测，河间献王的《古文尚书》，或许就是孔壁转写本。这话在情理上完全讲得通，只是与历史真实是否吻合，今天实在难以决断。张西堂先生在《尚书引论》中也写道：

> 其他传记亦并未言其（指河间献王《古文尚书》——引者）文字之异同，卷数之多寡，似乎与孔壁之古文《尚书》，无若何之差别。

刘德《古文尚书》的消息也就这些，杜林漆书的情况则要复杂一些。《后汉书·杜林列传》记载说：

> 杜林字伯山，扶风茂陵人也。父邺，成哀间为凉州刺史。林少好学沈深，家既多书，又外氏张竦父子喜文采，林从竦受学，博洽多闻，时称通儒。……河南郑兴、东海卫宏等，皆长于古学。兴尝师事刘歆，林既遇之，欣然言曰："林得兴等固谐矣，使宏得林，且有以益之。"及宏见林，暗然而服。济南徐巡，始师事宏，后皆更受林学。

从杜林的出身和学术渊源、师友关系等方面看，他和

《尚书》源流 | 47

"古文学"的关系的确非同一般，所以他拥有"古书"也就不足为奇了。《后汉书·杜林列传》接着写道：

> 林前于西州得漆书《古文尚书》一卷，常宝爱之，虽遭艰困，握持不离身。出以示（卫）宏等曰："林流离兵乱，常恐斯经将绝。何意东海卫子、济南徐生复能传之，是道竟不坠于地也。古文虽不合时务，然愿诸生无悔所学。"宏、巡益重之，于是古文遂行。

对于杜林这部漆书《古文尚书》，《后汉书·儒林列传》补充记载说：

> 中兴，北海牟融习《大夏侯尚书》，东海王良习《小夏侯尚书》，沛国桓荣习《欧阳尚书》。荣世习相传授，东京最盛。扶风杜林传《古文尚书》，林同郡贾逵为之作训，马融作传，郑玄注解，由是《古文尚书》遂显于世。

这是就东汉时代"尚书学"整体情况而言的。从这个粗线条式的勾勒中可以看出来，东汉时代占据学界主导地位的仍然是今文《尚书》，尤其是《欧阳尚书》。虽然如此，杜林传本由于受名家的青睐，地位不断攀升，大有后来居上的势头。特别是东汉中期以后，今文经学的没落已无可挽回，杜林《古文尚书》从而更加兴盛起来。

对于杜林漆书的来龙去脉，后人也作了跟踪研究。清代学者王鸣盛的《尚书后案》从文字特征、传授系统等方面进行分析之后得出结论说，杜林所传授的《尚书》，是从孔安国《古文尚书》脱胎而来的。他的这个说法得到后世学者的广泛赞同。

按照《后汉书·儒林列传》孔僖传的说法：

> 自安国以下，（孔氏家族）世传《古文尚书》《毛诗》。

孔安国《古文尚书》在孔氏家族手里世代相传，成为一门十分兴盛的学问，现在又有河间献王本，尤其是杜林漆书本的加入，自然更加兴盛起来。因此我们说，自东汉中期以后，《古文尚书》的气势越来越大，大有压过伏生所传《今文尚书》的趋势，这是汉代经学史上值得注意的一件事情。

伏生今文、孔安国古文和杜林漆书本，都是《尚书》传播过程中涌现出来的重要版本。从某种意义上讲，正是它们决定了后世"尚书学"发展的基本面貌，所以探究《尚书》这部文化元典，对它们必须有所了解，这也是上文不惮其烦地征引材料的原因所在。

《伪古文尚书》的现世及其辨识

自从儒术独尊以后，儒学获得了空前的发展，《汉书·儒林传》记载道：

> 自武帝立"五经"博士，开弟子员，设科射策，劝以官禄，讫于元始，百有余年，传业者寖盛，支叶蕃滋，一经说至百余万言，大师众至千余人，盖禄利之路然也。

这"禄利之路然也"，真可谓画龙点睛之笔。由于事关利禄，自然格外吸引人。聪明人不惜挖空心思，只要达到目的，手段可以不必管它。穿凿附会、曲意迎合，尚且属于等而上者，其次者则在皇皇圣典的本体上下功夫，真可谓釜底抽薪，从根本上来解决问题。《后汉书·宦者列传》吕强传记载：

> （灵帝时期）诸博士试甲乙科，争弟高下，更相告言，至有行赂定兰台漆书经字，以合其私文者。

行贿以求改经，是东汉经学史上的一大"奇观"。正直士大夫对此感到羞耻，于是在蔡邕和宦官李巡等人的建议下，太学门口竖起了一排排石碑，"共刻《五经》文于石"，著名的"熹平石经"就是这么来的。"熹平石经"毁于兵燹之后，唐代又有"开成石经"的重新竖起，后者完好地保存下来，成为今天西安市内一处重要的人文景观。这真应了俗语中的一句话，"道高一尺，魔高一丈"。不过行贿改经，这一招是够损的。

还有等而下者，玩起了"空手道"的把戏，凭空伪造皇皇圣典，于是就有"伪经"的问世。在这些伪经当中，论影响自然要首推《伪古文尚书》了。

提到《伪古文尚书》，近世以来的人们马上就会想起东晋梅赜所上的那部书。其实，梅书既不是《伪古文尚书》中的第一部，也不是最后一部，只不过它最为有名罢了。

早在西汉时期，就有人想起了伪造这个招数，并且一造就是一百零二篇，声势颇为宏大。《汉书·儒林传》孔安国传记载道：

> 世所传"百两篇"者，出东莱张霸，分析合二十九篇以为数十，又采《左氏传》《书叙》为作首尾，凡百二篇。篇或数简，文意浅陋。成帝时求其古文者，霸以能为"百两"征，以中书校之，非是。霸辞受父，父有弟

《尚书》源流

子尉氏樊并。时太中大夫平当、侍御史周敞劝上存之。后樊并谋反，乃黜其书。

同一件事情，东汉思想家王充在《论衡》中也有记录：

> （鲁）恭王坏孔子宅以为宫，得佚《尚书》百篇……武帝遣吏发取……孝成皇帝读百篇《尚书》，博士郎吏莫能晓知，征天下能为《尚书》者。东海张霸通《左氏春秋》，案百篇序，以左氏训诂，造作百二篇，具成奏上。成帝出秘《尚书》以校考之，无一字相应者，成帝下霸于吏。吏当器辜大不谨敬，成帝奇霸之才，赦其辜，亦不灭其经，故百二篇书传在民间。

这是《论衡·佚文》篇中的话，《论衡·正说》篇所记与此基本相同。由于张霸伪造的《古文尚书》蛰居民间，王充的记载采自道听途说，夸张的成分在所难免，例如说"无一字"与中古文《尚书》相符合即是，然而它毕竟为《汉书·儒林传》的记载添上了一个旁证。"中古文"意为皇家所收藏的古文《尚书》。张霸伪造《古文尚书》"百二篇"，胆子太大，手法太拙劣，破绽太明显，于是很快就被人识破，本人也险些因此而送了性命，平添了一幕历史笑剧。

就像漆黑的夜空中点燃的一支鞭炮一样，张霸的伪书闪现一下并响过一声之后很快就消逝了，成为《尚书》版本系统中的一个匆匆过客。然而相对于"尚书学"的发展以及对后世的影响来讲，这部伪书有两件事情还是应当提一下：

第一，张霸伪书虽废，但他所伪造的百篇中《书序》却传了下来，在"尚书学"的后世发展过程中发挥了重要作用，对此在后面的述说中还要谈到。

第二，正像清末经学家皮锡瑞在《经学通论》"书经"部分所指出的那样，张霸伪造百二篇，对后世的造伪起到了启迪作用，"后之作'伪孔古文'者，正袭张霸之故智也"。张霸开了一个十分恶劣的先例，带了一个坏头。

时间过了两个多世纪之后，《尚书》版本系统中的另一个重要角色便粉墨登场了，这便是东晋梅赜所上的"孔安国传《古文尚书》"。

孔安国的《古文尚书》，本来比伏生今文多出十六篇，可是多出的那部分内容在两汉时代"绝无师说"，传播的范围自然受到限制，所以经过西晋末年的频仍战乱之后，这十六篇《古文尚书》便失传了。因为在东晋以后的历史典籍中，再也看不到它们确切的踪影了。然而在东晋元帝时代，忽然有豫章内史梅赜献上了一部五十八篇的《古文尚书》，篇数与孔壁古文完全吻合，并且配有孔安国详细的"传"——传是"注释"的意思，世人遂称这部著作为"孔传《古文尚书》"。

"孔传《古文尚书》"的身价在唐代前期陡然上涨。贞观时期诏令儒臣撰《五经正义》，《尚书正义》所依据的版本就是它。陆德明据以作《经典释文》，孔颖达据以撰《尚书正义》，并且把所谓的"孔传"作为"正注"，在此基础上进一步作"疏"。"疏"是注释的意思。二孔的"传""疏"与五十八篇经文相配合，作为官方钦定的"正义"颁行全国，这部著作遂堂而皇之地登上了官学的巅峰。后来所竖起的"开成石经"，《尚书》的内容就是这五十八篇与所谓的二孔"传""疏"。此后，这部著作被世代崇奉，地位日益巩固，尽管已经有人开始产生一些怀疑，宋人还是把"孔传"和"正义"合刻成《尚书注疏》而传布，清代阮元把它汇刻进《十三经注疏》中，一直流传到今天。所以我们只要拿出《十三经注疏》来，五十八篇篇目便可尽收眼底。它们分别是：

A.《虞书》五篇：1.《尧典》 2.《舜典》 3.《大禹谟》 4.《皋陶谟》 5.《益稷》

B.《夏书》四篇：1.《禹贡》 2.《甘誓》 3.《五子之歌》 4.《胤征》

C.《商书》十七篇：1.《汤誓》 2.《仲虺之诰》 3.《汤诰》 4.《伊训》 5.《太甲上》 6.《太甲中》 7.《太甲下》 8.《咸有一德》 9.《盘庚上》 10.《盘庚中》 11.《盘庚下》 12.《说

命上》 13.《说命中》 14.《说命下》 15.《高宗肜日》 16.《西伯戡黎》 17.《微子》

D.《周书》三十二篇：1.《泰誓上》 2.《泰誓中》 3.《泰誓下》 4.《牧誓》 5.《武成》 6.《洪范》 7.《旅獒》 8.《金縢》 9.《大诰》 10.《微子之命》 11.《康诰》 12.《酒诰》 13.《梓材》 14.《召诰》 15.《洛诰》 16.《多士》 17.《无逸》 18.《君奭》 19.《蔡仲之命》 20.《多方》 21.《立政》 22.《周官》 23.《君陈》 24.《顾命》 25.《康王之诰》 26.《毕命》 27.《君牙》 28.《冏命》 29.《吕刑》 30.《文侯之命》 31.《费誓》 32.《秦誓》

《虞书》五篇，《夏书》四篇，《商书》十七篇，《周书》三十二篇，合起来一共五十八篇，再加上一篇导读性质的《书序》，比起伏生《今文尚书》二十八篇来要宏大、厚重多了，自然也就气派多了。五十八篇中，有三十三篇系伏生《今文尚书》的内容，只是二十八篇被拆为三十三篇罢了。

"孔传《古文尚书》"在唐朝前期突然崛起，一下子占据了官家"尚书学"的核心地位，但这并没有挡住有心人的思考。思考产生疑问。早在唐代后期，已经有人朦胧感觉到这部著作有点不对头，南宋人吴棫、朱熹等人则把怀疑集中在它的来路上，道学大师朱熹甚至说出这样的话："某尝疑孔安国书是假书。"他们从两个方面提出疑问：

第一，伏生《今文尚书》二十八篇与晚出的二十五篇相比较，前者佶屈聱牙，后者则文从字顺。四代之书到了伏生与孔安国二人手中，文风为什么一下子发生了这么大的变化呢？

第二，孔安国的《书序》，此前不见史书记载，来得未免有点突兀，文风也与西汉时代不吻合，"只是魏晋六朝文字"。这两个问题的确提到了点子上，一下子击中了要害，"孔传《古文尚书》"的辨伪工程由此正式启动了。

这一工程在元、明两代获得了突破性进展，元人吴澄的《书纂言》、明人梅鷟的《尚书考异》等是其标志性成果，特别是后一部著作。《尚书考异》在朱彝尊的《经义考》中著录为一卷，四库馆臣把它分为五卷。别看部头不太大，思想内涵却比较丰富和深刻。这部著作从《尚书》篇数、篇名、文体、文义以及历史事实等方面提出怀疑，许多看法都发了前人之所未发。《四库全书总目提要》说，梅鷟把"孔传《古文尚书》"的编者认作是晋人皇甫谧，这种说法可能有点靠不住，但有些说法则是很好的：

> 至谓孔安国《序》并增多之二十五篇悉杂取传记中语以成文，则指摘皆有依据。又如谓瀍水出谷城县，两《汉志》并同，晋始省谷城入河南，而《孔传》乃云出河南北山；积石山在西南羌中，汉昭帝始元六年始置金

城郡，而《孔传》乃云积石山在金城西南：孔安国卒于汉武时，载在史记，则犹在司马迁以前，安得知此地名乎？其为依托，尤佐证显然。

这些例证的提出，为"孔传"、《书序》乃至整个"孔传《古文尚书》"的最后定性准备了条件。所以历史发展到清代前期，"孔传《古文尚书》"来路问题这宗千古疑案终于真相大白，因为阎若璩推出了一部划时代性质的著作——《尚书古文疏证》。

阎若璩字百诗，别号潜丘居士，山西太原人。生于明崇祯九年，即公元1636年，卒于清康熙四十三年，也就是公元1704年，实足年龄六十八岁。他本是一个学者，有多种著作传世，但最为重要的著作无疑当推这部八卷本的《尚书古文疏证》。在梅鷟《尚书考异》的基础上，《尚书古文疏证》或引申梅氏的说法，或提出新的见解，终于给一千多年来广为传诵的这部皇皇圣典定了性。《四库全书总目提要》在为《尚书古文疏证》所写的提要中写道：

> （《古文尚书》）自吴棫始有异议，朱子亦稍稍疑之。吴澄诸人本朱子之说，相继抉摘，其伪益彰，然亦未能条分缕析，以抉其罅漏。明梅鷟始参考诸书，证其剽剟，

而见闻较狭，搜采未周。至若璩乃引经据古，一一陈其矛盾之故，古文之伪乃大明。所列一百二十八条，毛奇龄作《古文尚书冤词》，百计相轧，终不能以强辞夺正理：则有据之言，先立于不可败也。

《尚书古文疏证》的问世，标志着"孔传《古文尚书》"辨伪工程基本上大功告成。这部著作从"言两《汉书》载古文篇数与今异"条开始，至"言安国从祀未可废因及汉诸儒"条为止，一共八卷128条。另有七条补遗和一个附录——"附朱子古文《书》疑"。这部著作起先只有抄本传世，阎若璩去世四十年后才由他的孙子阎学林将本书刊刻行世，所以第二卷的第28~30条，第三卷的第33~48条，第七卷的第102、108~110条，第八卷的第122~127条共29条在刊印时已经亡佚，现在实存99条。从存世的条目上看，前五卷基本上是搜罗文献方面的证据，第六卷是历史事实方面的证据，第七卷侧重于揭发所谓"孔传《古文尚书》"内容方面的自相矛盾，第八卷则是把自宋以来对这部著作辨伪方面的成果汇集起来，表明自己写作《尚书古文疏证》的本心：

> 不过从朱子引而伸之，触类而长之耳，初何敢显背紫阳以蹈大不韪之罪。

引申的结果超出了初衷。阎若璩对照《周易》《左传》《国语》《论语》《墨子》《老子》《庄子》《孟子》《周礼》《荀子》《礼记》《韩非子》等先秦典籍以及《史记》《汉书》《后汉书》等两汉文献,把"孔传《古文尚书》"比伏生《今文尚书》多出的二十五篇内容,一一检出出处,并指出其误引、漏引各条,从而得出结论说:这二十五篇是一个"不古不今、非伏非孔"的杂拌儿。书中把所谓的"孔传"及《书序》的造伪也给揭发出来。梁启超先生在《中国近三百年学术史》中指出:

> 大抵百诗学风,如老吏断狱:眼光极尖锐,手段极严辣,然而判断必凭证据,往往在别人不注意处得来。

《尚书古文疏证》问世后,很快得到学术界的普遍认同。正如《四库全书总目提要》所指出的那样,尽管有毛奇龄等人为其鸣冤叫屈,"终不能以强辞夺正理",东晋梅赜所上的这部"孔传《古文尚书》",终于得到了一个恰如其分的名字——"伪古文尚书";而所谓的"孔安国传",也便被人称为"伪孔传"。披裹在这部皇皇圣典身上的伪装,终于被人撕了下来。

阎若璩之后,《尚书》辨伪工程方兴未艾,后来又有惠栋《古文尚书考》、王鸣盛《尚书后案》等一大批著作问世，"伪古文尚书"一案最终被彻底定了下来。"伪古文尚书"和"伪孔传"等称呼遂日益流行起来。一提起这两个名字，人们便会想起东晋初年豫章内史梅赜所上的那部"孔传《古文尚书》"来。

张霸垂范在先，梅赜效尤于后，《尚书》学坛上已被他们搞得乌烟瘴气了，但这仍然不够，继续造伪的空间还是存在的。

据说梅赜所上的"孔传《古文尚书》"缺一篇《舜典》，这么重要的典籍是不能缺少的，一定要把它找回来。南朝齐明帝建武四年（497），这篇文献终于找到了：

> 吴姚方兴，于大桁市得其书，奏上，比马、郑所注，多二十八字，于是始列国学。

这是《隋书·经籍志》的记载，姚方兴的造伪手法不怎么高明，所以到了唐初就被人识破了。陆德明在《经典释文》中揭发道：

> 齐明帝建武中，吴兴姚方兴采马（融）、王（肃）之注，造孔传《舜典》一篇，云于大航头买得，上之。梁

武（指梁武帝萧衍——引者）时为博士，议曰："《孔序》称伏生误合五篇，皆文相承接，所以致误。《舜典》首有'曰若稽古'，伏生虽昏耄，何容合之？"遂不行用。

唐代史学家刘知幾在《史通·古今正史》篇中也作了如下记载：

> 齐建武中，吴兴人姚方兴采马、王之义以造孔传《舜典》，云于大航购得，诣阙以献。举朝集议，咸以为非。及江陵板荡，其文入北，中原学者得而异之，隋学士刘炫遂取此一篇列诸本第。故今人所习《尚书·舜典》，元出于姚氏者焉。

另据孔颖达《尚书正义》，刘炫上书在隋文帝开皇中叶。这篇《舜典》比起伏生的今文《尧典》来，多出了篇首的二十八个字：

> 曰若稽古。帝舜曰重华，协于帝。濬哲文明，温恭允塞，玄德升闻，乃命以位。

据后人考证，这二十八字中，前十二个字是姚方兴献书时加上去的，后十六个字则是刘炫上书时给添上的。至此，东晋时代现世的这部《伪古文尚书》才最终确定下来。加上这"伪中又伪"的《舜典》篇，这《伪古文尚书》名副其实地成为一部"伪中有伪"的伪书了。

先有张霸、梅赜，现在又加上姚方兴和刘炫，《尚书》学界真够热闹的了。不过比较而言，前两位胆子大，气魄也大，要造假就大造；后两位则"谨慎"一些，小打小闹而已。这是因为四个人生活的时代毕竟是不一样的。

从《书》到《尚书》，到今、古文《尚书》，再到《伪古文尚书》，名称上的这一系列变化，表征着《尚书》传播历程中的时世沧桑，透露出传统文化兴衰演变的许多信息来。本书开篇从这些名称讲起，道理就在这里。

《尚书》与现实生活

作为历史上流传下来的最为古老的一部书,《尚书》对于中华民族国民性格的塑造、国人行为方式尤其是政治行为方式的选择,具有特别重要的指导意义。从一而再,再而三的造伪行为中,我们似乎也可以感受到一点古代社会的要求来。这部书十分重要,这是一个显而易见的事实。那么人们不禁要问:书上都讲了些什么?它是怎样流传下来的?看来仅仅知道几个书名和篇名是不够的。20世纪初,科举制度废除和经学时代结束后,研读"四书"与"五经"成了史学工作者业内的事情,《尚书》距离一般人的生活似乎已经很远了,那么这个距离究竟有多远呢?这一章我们就要回答这些问题。

内容提要

在《史通·六家》篇中，唐代史学家刘知幾对于《尚书》的内容有一个说法。他写道：

> 盖《书》之所主，本于号令，所以宣王道之正义，发话言于臣下，故其所载，皆典、谟、训、诰、誓、命之文。至如《尧》《舜》二典直序人事，《禹贡》一篇唯言地理，《洪范》总述灾祥，《顾命》都陈丧礼，兹亦为例不纯者也。

这是一个史学评论家从体例方面提出的批评，我们且不用管它。这里需要注意的是，除了上面列出名目的这几篇之外，其余篇章确实是一些典、谟、训、诰、誓、命之文。按照传统说法，这些都是"记言"的材料，属于记言体史书。它们所录下的，全是些前贤先哲、王公大人的嘉言善语，一些富有启迪、教育意义的材料。

介绍《尚书》的内容，当以伏生《今文尚书》二十八篇为主，这一点不在话下。然而面对《伪古文尚书》中梅赜所上的二十五篇，我们却费了一番踌躇，犹豫再三，觉得还是简单交代一下为好。原因在于这二十五篇虽然晚出，但其中一些内容确实出自所谓的"逸《书》"，梅赜等人只是把它们搜罗在一起重新加以编排而已，它们本来就在《尚书》的范畴之内；同时，由于攀龙附凤的结果，直到梅鷟、阎若璩辨伪之前，这二十五篇与《今文尚书》二十八篇平起平坐，同样享有皇皇圣典的显要地位，并且以其文通字顺而对社会生活产生的指导作用，甚至超过了伏生的今文，所以今人对它们也应该有所了解，看看究竟是些什么内容。因此我们打算把它们分开加以介绍。另外，尽管伪孔安国《书序》时常不得要领，但它毕竟是汉魏时代《尚书》学研究的一个总结，因此我们将撮要引出伪孔安国《书序》，然后再简单地加以述说。

《今文尚书》二十八篇提要

《尧典》，伪孔安国《书序》(以下简称《书序》)说，"昔在帝尧，聪明文思，光宅天下。将逊于位，让于虞舜，作《尧典》"。这种说法是靠不住的。今人一般认为，《尧典》是战国中期的人根据古代传说整理、加工而成的一篇文献，述说了我国原始社会末期的一些社会生活状况。文章首叙帝尧圣明文思之德，接着讲述帝尧如何制定历法，怎样选拔贤人和举舜自代，再接下来讲舜能成帝尧之功，广揽英才、勤劳民事、巡行南方而身死等事迹。《尧典》所叙尧、舜行迹，与历史事实可能不尽吻合,但却给历代统治者树立了一个如何为君的榜样,从而深深影响了后世社会政治的发展。从"慎徽五典"以下到篇终,被《伪古文尚书》分割出去,单独成篇,并命其名曰《舜典》。本书中引文凡出自《舜典》的均注为《尧典》。其余被《伪古文尚书》分割的篇章,如从《皋陶谟》中分割出来的《益稷》篇等,也按这个办法处理。

《皋陶谟》,《书序》认为,"皋陶矢厥谟,禹成厥功,帝舜申之,作《大禹》《皋陶谟》《益稷》"。按照传统的说法,这是帝舜在位时与大臣讨论政务的一次会议记录,今天只能当作传说来对待。皋陶为尧舜时代主管刑罚事务的大臣。篇首记录皋陶与伯禹的讨论,所以叫作《皋陶谟》,"谟"是谋划的意思。接着记录了舜、禹之间的讨论和帝舜朝堂上的乐舞盛况,最后记下了舜与大臣之间歌诗唱和之乐。篇中强调的修身、知人、安民、勤政、任贤等思想,对后世影响很大。它所描绘的帝舜时代的升平景象,则为后世封建社会的"文治"提供了一个样板。

《禹贡》,《书序》说它是因"禹别九州,随山浚川,任土作贡"而成,实际上这是我国最早的一篇地理学著作。关于它的写作年代,学术界存在着不同的说法,今天仍未取得一致的意见,不过,大多数人赞同顾颉刚先生等人的说法,认为它写成于战国时代。在内容上,它大体可以分为三部分:

第一部分记叙大禹划定九州的功绩，实际上分别记述了冀、兖、青、徐、扬、荆、豫、梁、雍九州的山川、河流、物产、土壤、贡赋等情况。第二部分记叙大禹治理山水的功绩，实际上述说了中国东部地区"三条"或"四列"山脉、十一条主要河流的基本情况。第三部分记叙大禹统一中国的功绩，其中主要讲述了古代社会贡纳制度中的五服制。这是一篇十分严谨的地理学著作。在歌颂大禹的同时，《禹贡》对中国后世地理学的发展产生了重大影响。

《甘誓》，按照《书序》的讲法，"启与有扈战于甘之野，作《甘誓》"。《墨子·明鬼下》征引这篇誓词作《禹誓》，《庄子·人间世》《吕氏春秋·召类》《说苑·正理》等篇都说征伐有扈氏的是大禹而不是他的儿子启。究竟哪种说法更可靠些，今天已经不得而知。这篇誓词根据古代传闻写成，最后写定的时代大约在春秋时期。这是一篇战前誓师词。文中数说了有扈氏威侮五行、怠弃三正的罪行之后，宣称自己恭行上天的惩罚，剿绝有扈氏的天命，然后宣布了战场纪律。这是今天流传下来的最早的一篇战前誓师词，遂成为后世同类作品的范文。这篇誓词反映了原始社会向阶级社会过渡时期的一些斗争情况。

《汤誓》与《甘誓》一样，也是一篇战前誓师词。按照《书序》的说法，"伊尹相汤伐桀，升自陑，遂与桀战于鸣条之野，作《汤誓》"。据说这是商汤讨伐夏桀之前的誓词。文中摆出一副吊民伐罪的面孔，宣称自己替天行道，顺从天意和民心来讨伐有罪的夏王。这篇誓词的最后写定时间可能要晚到春秋战国时代，但其内容则大体是可信的，反映了夏朝末年尖锐的社会矛盾。对后世统治者来讲，这篇誓词具有明显的鉴戒意义。

《盘庚》，伏生今文本为一篇，司马迁在《史记》中把它分作三篇，后汉郑玄本仍之，今天最为流行的《十三经注疏》本也分为上、中、下三篇，但"熹平石经"恢复了伏生本旧貌。所以合为一篇者，是沿用伏生的办法；分为三篇者，则是为了约定俗成而便于翻检。《书序》说，"盘庚五迁，将治亳殷，民咨胥怨，作《盘庚》三篇"。司马迁在《史记·殷本纪》中写道：盘庚死后，王朝内部陷于纷争之中，"百姓思盘庚，乃作《盘庚》三篇"。今天有人怀疑这是西周时代宋国史官的追记之词。然而即使晚至西周，这也是一篇非常古老的历史文献。文辞佶屈聱牙，内容严谨朴实，似乎都可以说明这一点。这是一篇研究殷商史的重要历史文献。杨筠如先生在《尚书覈诂》中引申俞樾的说法指出，"按此篇首云：盘庚迁于殷，民不适有居。则当在迁后而未定居之时。中篇首言盘庚作，惟涉河以民迁。则明在未迁之前。故又曰今予将试以女迁也。下篇首言盘庚既迁，奠厥攸居。则明在迁后，民已定居之时，更在上篇之后。惟上中二篇，何以倒置，殊不可解"。这就是说，三篇的次序应为中、上、下，今天的次序系错简造成的。这种说法得到学术界的广泛认同。从盘庚杀气腾腾的谈话中可以看出来，当时的阶级矛盾已相当尖锐，所以盘庚声色俱厉地告诫庶民们：有谁胆敢不服从我的命令，"我乃劓殄灭之，无遗育，无俾易种于兹新邑"。

《高宗肜日》，《书序》说，"高宗祭成汤，有飞雉升鼎耳而雊，祖己训诸王，作《高宗肜日》《高宗之训》"。《史记·殷本纪》则说这两篇作品作于高宗武丁的儿子祖庚时代。从其文从字顺的行文风格上看，《高宗肜日》至少经过了后人的加工。"肜"的意思是祭祀后的第二天再加祭祀。本篇篇名取篇首四字，并不是总括全篇的意思。文中祖己告诫殷王要"敬民"，提出"德""义"等范畴，虽然这些内容不一定属于那个时代，但写进《尚书》后，它们对后世产生了积极影响则又是显而易见的事实。

《西伯戡黎》，《书序》认为，"殷始咎周，周人乘黎。祖伊恐，奔告于受，作《西伯戡黎》"。从其文从字顺的行文风格中可以看出来，这种说法显然是靠不住的。但所记内容则基本上是可信的。"西伯"，有人说指的是周文王，也有人认为指的是周武王。"戡"是剿灭的意思。"黎"是与周毗邻的一个西方小国，史书中又写作"耆"或者"饥"。西伯灭掉黎国,殷王朝大臣祖伊十分惊慌,前去告诫殷纣王注意敬修政事,纣王却骄横地回答:"我生不有命在天?"于是祖伊便预感到商王朝将要灭亡。这就是《西伯戡黎》的基本内容。这篇文献对后世借鉴的意义十分明显。

《微子》,《书序》说,"殷既错天命,微子作诰"。《史记·宋微子世家》说,微子劝谏殷纣王而遭到拒绝,惊慌不安,在自杀和逃走之间犹豫不决,于是向父师和少师请教,《微子》篇就是他们之间谈话的内容。这是后世史官的一篇追记之词。微子是殷纣王的哥哥。全篇内容可以分为两个层次:第一层记叙微子的询问,第二层是父师的回答。微子在询问中分析了眼前的形势,指出殷纣王荒淫、暴虐的危险性,进而提出了个人的去留问题。父师赞成微子的分析,并劝微子迅速逃走。对于研究商周之际的社会状况和历史演进,这篇文献具有一定的史料价值。

《牧誓》与《甘誓》《汤誓》一样,也是一篇战前誓师词。记的是武王伐纣时的誓词。《书序》说,"武王戎车三百两(辆)、虎贲三百人,与受(纣)战于牧野,作《牧誓》"。从文中那些整齐的排比句中可以看出来,这篇誓词经过了后人的加工,但所记内容基本上是可信的。誓词开篇记述伐纣时间在"甲子昧爽",这条记载得到了1976年陕西临潼西段村出土青铜器利簋铭文的证实,那么其他内容我们也就敢于相信了。誓词首先历数了殷纣王的三大罪状——只听女人的话、不祭祀、不用亲人用远人,进而命令周军要遵守战场纪律,号召大家勇敢杀敌。这篇誓词对研究武王伐纣这一历史事件具有重要的史料价值,同时对统治者的借鉴意义也是显而易见的。

《洪范》,按照《书序》的说法,"武王胜殷,杀受(纣)立武庚,以箕子归,作《洪范》"。箕子是殷商王朝的宗室贵族。相传纣王荒淫暴虐,箕子强谏而纣王不听,箕子为求自保乃佯狂为奴。武王克殷,访于箕子,箕子向武王陈述了"洪范九畴"。洪者,大也;范者,法也,"洪范九畴"即治理国家的九种大法。从其内容上看,这种治国大法绝不是殷周之际所能产生的,因此今人大都认为《洪范》篇成书于战国时代。全篇可以分为三段:第一段是引言,说明"洪范九畴"产生与传授的经过;第二段从"初一曰五行"至"次九曰向用五福,威用六极",共六十五个字,写出"洪范九畴"的纲目。这一段被汉儒指为出自传说中的"洛书",今天看来这种说法是一种无稽之谈。余下的内容为第三段,详细阐述"洪范九畴"的具体内容。这是一篇古代政治哲学文献,是对周秦时代政治思想的一个总结,因此成为《尚书》中的重要篇目之一,对后世政治史和思想史的发展影响很大。刘节先生在《洪范疏证》中指出,"《今文尚书》二十八篇中,在秦汉时最盛行者，厥惟《洪范》。伏生为作《五行传》，刘向为作《传记》，许商亦为作《五行传记》，具见《汉志》。此外《吕氏春秋》《春秋繁露》《白虎通义》皆引据其说。《史记》录入《宋世家》，班固节录入《五行志》，其学可谓极一时之盛矣"。

《金縢》，按照《书序》的说法，"武王有疾，周公作《金縢》"。这是一篇歌颂周公的文献。文中写道：武王克商二年之后患了重病，周公祈求先王在天之灵，请求允许自己代替武王而死，并让史官把这些祷告词写在典册上，装进金丝绳捆扎的匣子里，所以叫作《金縢》。縢是封缄的意思。武王去世后，管叔等人制造流言蜚语，说周公将不利于年幼的成王，周公避而东走。这年秋天，自然灾害不断，成王终于感悟，打开匣子一看，更加理解了周公的忠诚，迅速把周公迎回朝廷，于是也就风调雨顺了。整篇文章充满着阴阳家说气息，前人有斥之为小说家言者。其写定的时间大约在战国中期以后。对于神化周公，《金縢》篇起到了示范和推动作用。

《大诰》，《书序》认为，"武王崩，三监及淮夷叛。周公相成王，将黜殷，作《大诰》"。这个说法大体上是准确的。武王去世后，周公拥立成王。成王年幼，朝政掌握在周公手里。纣王的儿子武庚乘机叛乱，周贵族管叔、蔡叔与他搞到了一起，这就是著名的"三监之乱"。叛乱打乱了周王朝的阵脚，一时间王室内部也人心惶惶。周公决心平叛。他模仿文王的办法，用占卜来安定人心；同时又许给殷贵族以优厚的待遇，要求他们帮助平叛，在做了这些工作之后，周公下令东征。《大诰》就是出师前周公训话的记录。"诰"是告的意思。全篇内容可以分为三层：第一层，周公告诉众贵族占卜得到了吉兆，旨在鼓励庶邦顺从天意而出征；第二层，周公告诉大家，文王开创的大业必须完成，旨在批评那些困难太大的议论；第三层，周公告诉大家天命不可慢怠，占卜的结果大吉大利，旨在批评贵族中那些反对东征的言论。《大诰》居于周初诸诰之首，是《尚书》中最为难读的一篇。今人拿西周铜器铭文与之对勘，发现《大诰》的遣词造句、辞例语气等和它们基本一致，这说明《大诰》是一篇没有经过后世窜改的早周文献，对于研究周初历史具有重要意义。从周公严厉的语气中可以看出来，有谁胆敢觊觎最高统治权，对付的办法只有一个：杀。这个指导思想对后世封建社会的政治生活产生了重要影响。

《康诰》，《书序》指出，"成王既伐管叔、蔡叔，以殷余民封康叔，作《康诰》《酒诰》《梓材》"。事实上，这是周公告诫即将前往封地的卫康叔的诰词。这也是一篇可靠的早周文献，篇首一段四十八字可能是错简而误移于此。诰词开篇即提出了"明德慎罚"的原则，然后告诫康叔为什么要遵循和怎样遵循这个原则，全篇充满着训诫的色彩。诰词从内容上可以分为五段：第一段谈文王、武王怎样明德慎罚，从而得到了上天的垂爱；第二段谈怎样明德保民；第三段谈如何慎用刑罚；第四段谈怎么去以德化民；第五段谈如何听从教命。明德慎罚的总原则可以用六个字来概括——"庸庸，祇祇，威威"。用今天的话说，就是任用值得任用之人，尊敬那些可敬之人。这就是所谓的"明德"；而"威威"则是处罚那些应该受处罚者的意思。《康诰》中提出的这些行政原则，对后世政治生活具有重要的指导作用。

《酒诰》（连同后面的《梓材》）与《康诰》一样，都是周公训诫少弟康叔的诰词，所以《书序》共为一序。周公平定武庚叛乱之后，封少弟康叔于殷都故地。殷人嗜酒，酗酒成风，周公担心周人也沾染上这一恶习，从而告诫康叔要严格禁酒。全文共分为三大段：第一段正面阐明戒酒的重要性，宣布戒酒是文王和上帝的旨意；第二段从正反两方面总结戒酒兴邦、酗酒误国的历史教训；第三段则明确宣布禁酒的政令。《酒诰》不但具有重要的史料价值，对后世社会生活的指导意义也是不言自明的。

《梓材》，周公训诫卫康叔之词。文中有"若作梓材，既勤朴斫，惟其涂丹臒"的话，故名曰《梓材》。梓材就是良材的意思。全文可以分为两大段：第一段谈治理殷地的政策、方法问题；第二段谈制定这些政策的依据。文中强调"用明德"，这种思想对后世的政治生活具有一定的指导意义。宋儒认为《梓材》篇前后语气不一致，可能其中有错简，这话是有一定道理的。

《召诰》，《书序》认为，"成王在丰，欲宅洛邑，使召公先相宅，作《召诰》"。召公营建洛邑时，周公、成王先后前来视察，召公率领众官吏朝见周公和成王，并向成王指出目前的忧患，阐明营洛的重要意义，劝勉成王敬德恤民，这就是《召诰》的基本内容。在诰词中，召公征引夏、商两代由于不敬德而"早坠厥命"的历史教训，明确宣称："我不可不监于有夏，亦不可不监于有殷"，反复劝谏成王"疾敬德"，"王其德之用，祈天永命"。诰词把"敬德""保民"与"天命"联系起来考察，具有重要的进步意义。文中表达的忧患意识十分强烈，对后世的感染作用自不待言。

《洛诰》，《书序》说，"召公既相宅，周公往营成周，使来告卜，作《洛诰》"。文章的得名是因为诰词中谈到了营建洛邑的问题，但其重心则在于周公的还政。全文可以分为四段：第一段记述周公和成王就营建洛邑问题的谈话；第二段再记两人商议治洛问题；第三段记叙周公还政问题；第四段则记述了成王举行祭祀、大会诸侯、册命周公等事情。除了第二段所记的事情发生在宗周镐京外，其余三段所记的事情均发生在成周洛邑。因为文中有些内容扞格难通，所以前人曾怀疑《洛诰》有"阙文错简"的地方。

《多士》,按照孔颖达《尚书正义》的说法,"成周之邑既成,乃迁殷之顽民,令居此邑。顽民,谓殷之大夫、士从武庚叛者,以其无知,谓之顽民。民性安土重迁,或有怨恨,周公以成王之命诰此众士,言其须迁之意。史叙其事,作《多士》"。这是周公训诫殷顽民中的上层贵族的一篇训词。全文可以分为三段:第一段谈前代兴亡尽由天命,周人灭商完全是秉承了上帝的旨意。第二段谈周人迁徙殷顽民以及不再任用多士——殷商上层贵族,也由天命所致。第三段则宣布对殷人的政策——虽然不再任用,但如果殷人规规矩矩,"尔乃尚有尔土,尔乃尚宁干止"。这种既打又拉的统治手法,对后世的政治生活产生了重要的影响。

《无逸》,《书序》说为周公所作。"伪孔传"进一步解释说,"中人之性好逸豫,故戒以无逸。成王即政,恐其逸豫,故以所戒名篇"。《无逸》篇的中心思想十分明确,文字通顺简洁,与《召诰》《洛诰》等文风相去较远,所以后人曾怀疑本篇系晚出之作。但因为内容十分重要,《无逸》对后世政治生活曾产生过重要影响。宋元之际的金履祥在《尚书表注》中总括本篇内容为:"人主者,小民之主,而所处则安逸之地,易纵于逸。无逸者,谓其不纵于酒色湛乐与游观田猎之娱也。君子所以无逸者,必先知稼穑之艰难,故处安逸之地,则知小人之依，所以能体恤小民，不自纵逸，故能致小民之无怨，亦足以介吾身之寿康。人主而不先知稼穑之艰难，则处安逸之地，不知小人之依，但知纵一身之欲。夫不知小人之依，则下致民怨；但知纵一身之欲，则享年不永。此一篇之大意也。"从金氏的概括中可以看出来，《无逸》篇的确涉及为政的根本原则问题。

《君奭》，《史记》认为作于周公摄政之时，《书序》认为作于周公还政之后。"奭"为召公之名，"君"是周公对召公的敬称。文中所记全是周公对召公所讲的话。全文可以分为三段：第一段谈守业的艰难；第二段从殷、周两朝成功的历史经验中得出结论，说明贤人在社会生活中的重要作用；第三段照应开头，再次要求召公以殷为鉴，劝告召公与自己同心协力，治理好国家。文中充溢着汲取历史经验教训的忧患意识，周公甚至说出这样的话，"天不可信。我道惟宁（文）王德延，天不庸释于文王受命"，把西周时代对上天的怀疑思潮推向了一个新的阶段。这些说法对后世思想史的发展有重要影响。

《多方》，《书序》说，"成王归自奄，在宗周诰庶邦，作《多方》"。"方"是商周时代对畿外邦国的称呼。"多方"就是众多方国的意思。这是一篇周公代替成王训诫众多方国的诰词，大约是周公还政之后发布的。诰词全文可以分为三段：第一段训诫多方贵族：夏朝灭亡、商汤兴起由天命更由人事——前者既不敬天又残害人民，而后者则明德慎罚，又能勤勉政事，所以有兴亡的替代；第二段严厉谴责多方贵族们不安于天命，屡次叛乱；第三段训诫多方如何去安于天命，从而免于惩罚。这是周初诸诰中十分重要的一篇诰词。

《立政》，《书序》说为周公所作。"伪孔传"阐释其所作缘起时说："周公既致政成王，恐其怠忽，故以君臣立政为戒。"这也是一篇周公训诫成王的诰词，重心在于告诫成王如何选择管理人民的官长。训诫发生在周公还政之后，后人录而成之。全文共分三段：第一段从正反两方面总结夏、商两代在选择官员方面的成败得失；第二段谈文王和武王为政用人的方法和准则；第三段告诫成王如何行政和用人。这也是周初诸诰中比较重要的篇章。它所提出的"三宅三俊"的法则，对后世封建社会的人才选拔工作具有重要的指导意义。

《顾命》，《伪古文尚书》从"王出在应门之内"以下，分出一篇《康王之诰》，所以《书序》写道："成王将崩，命召公、毕公率诸侯相康王，作《顾命》。"伏生《今文尚书》本作一篇，所以这里也合起来介绍，后面的引文也作一篇处理。"顾"是眷顾的意思。《顾命》所记，可以分为三个层次：第一层记述群臣接受顾命。成王要求群臣协助嗣王治理好国家，"敬迓天威"，"无敢昏逾"。第二层记述康王隆重庄严的即位仪式。第三层记述召公和群臣对新天子的劝诫之词以及康王的答词。王国维在《周书顾命考》中指出,"古《礼经》既佚,后世得考周室一代之大典者,惟此篇而已"(《观堂集林》卷一)。

《吕刑》,《书序》说,"吕命,穆王训夏赎刑,作《吕刑》"。"伪孔传"对此解释说:"吕侯见命为天子司寇。……以穆王命作书,训畅夏禹赎刑之法,更从轻以布告天下。"这是存世《尚书》中唯一一篇专论刑罚的文献。吕侯是西周时代的一位诸侯,封地在今河南南阳市西郊,史书中又常常写作甫侯,所以《吕刑》又时常被写作《甫刑》。相传这是吕侯代替穆王发布的训告,故名曰《吕刑》。全文可以分为三段:第一段从"蚩尤作乱""苗民弗用灵"从而导致天下大乱的历史教训中得出结论,说明慎刑用德的重要性;第二段告诉诸侯们断狱的方法;第三段警告贪官污吏要有所收敛,刑罚必须适中。值得注意的是,《吕刑》在讲到断狱方法时,提出了"刑罚适中"、区分偶犯与惯犯、治世与乱世用典不同等原则,这些内容对后世封建法制的发展都有重要的指导意义。

《文侯之命》所记是周平王对晋文侯的策命之词,写成于东周初年。"我周之东迁,晋、郑焉依",晋文侯在王室东迁的过程中立下了汗马功劳,所以受到平王的奖赏和策命。《书序》说:"平王锡(赐)晋文侯秬鬯圭瓒,作《文侯之命》。"全篇内容可以分为两部分:第一部分表扬晋文侯在王室东迁行动中所立下的功劳;第二部分是对晋文侯的赏赐和勉励,平王对他进一步提出了"惠康小民,无荒宁"等要求。这篇策命在《尚书》中属于篇幅较小的一类。

《费誓》,按照《书序》的讲法,"鲁侯伯禽宅曲阜,徐夷并兴,东郊不开,作《费誓》"。然而,近世以来的研究多认为这篇作品写成于春秋时代的鲁僖公之时,所记下的是僖公对鲁人的誓词。"费",鲁东郊地名。本来写作"柴",唐以后改写为"费",所以本篇篇目也有写作《柴誓》者。这篇誓词简洁明快,内容充实,基本可以分为四层意思:第一层意思要求做好战备工作;第二层意思要求鲁人照看好自己的牛马;第三层意思申明战时纪律;第四层意思颁布赋役。"伪孔传"认为:"孔子序《书》,以鲁有治戎征讨之备,秦有悔过自誓之戒,足为世法,故录以备王事。"也许这就是《费誓》能够进入《尚书》中而被保存下来的原因所在。

《秦誓》,按照《书序》的说法,"秦穆公伐郑,晋襄公帅师败诸崤,还归,作《秦誓》"。从誓词中充满悔过之意及其他记载看,《书序》的讲法大体是可信的。誓词内容可以分为两段:第一段秦穆公谈出自己对不能采纳不同意见的后悔,表示以后要多听听"老成人"的建议;第二段后悔自己待人的失误，表示今后要更加宽容他人。《秦誓》所记的历史事实在《今文尚书》二十八篇中属于最晚的。

伪古文二十五篇提要

梅赜所上《伪古文尚书》多出来的二十五篇，其中有九篇系原来三篇分割而成，实际上多出的只有十九篇，现简单介绍如下：

《大禹谟》，在《书序》中，它与《皋陶谟》共为一序。全文系将先秦典籍中关于大禹的记载辑录、连缀而成，记述了大禹向帝舜献昌言、帝舜任命大禹、大禹征伐有苗等事迹。这是伪古文二十五篇中十分重要的篇章，其中采自《荀子·解蔽》篇并略加改造而成的四句格言——"人心惟危，道心惟微，惟精惟一，允执厥中"，更被宋儒奉为尧、舜、禹"三圣传授心法""万世心学之祖"而大加演义阐释，宋代理学从而也获得了"道学"的称号，《大禹谟》的影响由此可见一斑。

《五子之歌》，《书序》说，"太康失邦，昆弟五人须于洛汭，作《五子之歌》"。全篇除略加弁言之外，辑录了先秦典籍中歌谣五首。其中"民惟邦本，本固邦宁"一句十分有名，对后世民本思想的进一步发展具有一定的启迪意义。

《胤征》，《书序》说，"羲、和湎淫，废时乱日，胤往征之,作《胤征》。相传胤为夏代的一个诸侯,羲、和则是自唐虞以来世代掌管天文历法的官员。至夏代,羲、和制订的历法时常不准,所以胤侯奉夏王之命前往征讨。征讨之前,胤侯历数了羲、和的罪过,记录下来就成为《胤征》篇。今人已经不再相信这种说法。

《仲虺之诰》,《书序》说,"汤归自夏,至于大坰,仲虺作诰"。仲虺,"伪孔传"说是汤的左相。按照诰词正文的说法,商汤灭夏以后,感到有点惭愧,害怕后世议论自己以臣弑君,于是仲虺作了这篇诰词。诰词历数夏桀的种种败德,列举了商汤的各种善行,从而得出结论说,汤之代夏乃理所当然,所以您不必有任何顾虑。诰词最后劝告商汤要善始善终,"钦崇天道,永保天命"。

《汤诰》,《书序》说,"汤既黜夏命,复归于亳,作《汤诰》"。按照诰词的说法,这是商汤在灭夏后"诞告万方"之词。文中列举了夏王的种种罪行,说明自己灭夏的正当合理,要求万方"各守尔典,以承天休"。

《伊训》,《书序》说,"成汤既没,太甲元年,伊尹作《伊训》《肆命》《徂后》"。训诫的对象自然是太甲。按照训词的讲法,"伊尹乃明言烈(列)祖之成德,以训于王";他要求太甲力戒"巫风""淫风"和"乱风"以及其他十种过失,做个称职的君主。

《太甲》（上、中、下）三篇，《书序》说，因为"太甲既立，不明，伊尹放诸桐。三年，复归于亳，思庸，伊尹作《太甲》三篇"。上篇记叙伊尹对太甲的训诫，太甲不听，伊尹于是把他流放到桐宫。中篇记述三年之后，伊尹迎太甲回亳都，太甲深刻反省，伊尹勉励太甲。下篇记述伊尹再次告诫太甲的话，鼓励他依仁德行事。这也是《伪古文尚书》多出的二十五篇中比较重要的一篇。

《咸有一德》，《书序》说是伊尹作的。文中写道：伊尹还政于太甲后，"将告归，乃陈戒于德"，作了这篇诫词。文章从夏亡汤兴的历史教训中引出结论说："非天私我有商，惟天佑于一德。"因此，伊尹告诫太甲要敬修自己的德行，接着便讲了怎样做才能修炼好自己的品德。文末附有《咸乂》等四篇历史文献的写作缘起。

《说命》（上、中、下）三篇，《书序》写道，"高宗梦得（傅）说，使百工营求诸野，得诸傅岩，作《说命》三篇"。上篇记叙殷高宗三年不言，梦得贤人，终于在傅岩得到了傅说，遂任命他为相，并说了一通勉励的话。中篇记述高宗与傅说君臣之间的互相勉励。下篇仍是高宗与傅说之间的互相鼓励。这是《伪古文尚书》多出的二十五篇中的一个长篇，其内容也比较重要，它为封建时代的君臣关系提供了一个基本模式。

《泰誓》(上、中、下)三篇,《书序》写道:"惟十有一年,武王伐殷。一月戊午,师渡孟津,作《泰誓》三篇。"上篇记述武王在孟津的誓词。誓词历数了殷纣王的种种罪恶,宣称自己顺从天意民心,坚决要讨伐他。中篇记述武王行军至河朔时的誓词,其内容与上篇大体相似。下篇记述了天亮后武王大巡六师时的讲话,除了数说殷纣王的罪恶之外,又加上了申明战场纪律的内容。现在存世的《泰誓》三篇,乃伪中又伪之作,然而其中辑录了古本《泰誓》的一些内容。这也是《伪古文尚书》多出的二十五篇中的重要篇章。

《武成》,《书序》说,"武王伐殷,往伐归兽,识其政事,作《武成》"。按照文中的说法,本篇所记是伐纣之后,武王向先公先王所在的宗庙报告自己成就的功业,所以叫作《武成》。文中除了述说周人先公先王的功德和殷纣王的种种罪恶之外,更详细汇报了伐纣的经过。但这一部分内容是从《史记》中抄来的。

《旅獒》,按照文中弁言的说法,"惟克商,遂通道于九夷、八蛮。西旅厎贡厥獒,太保乃作《旅獒》,用训于王"。这是召公训诫成王之词。四尺以上的猛犬叫作獒。训词的中心意思是劝告成王要敬修自己的德行,千万不要玩物丧志。

《微子之命》,《书序》说,"成王既黜殷命,杀武庚,命微子启代殷后,作《微子之命》"。这是成王对分封于宋的微子的诰词。诰词要求微子发扬成汤的美德,治理好自己的封国。文末附有《归禾》《嘉禾》二篇逸《书》的写作缘起。

《蔡仲之命》,《书序》说,"蔡叔既没,王命蔡仲践诸侯位,作《蔡仲之命》"。这是周公代成王发布的策命之词。文中告诫蔡仲前往封地后,要谨慎从事,善始善终,"以蕃王室,以和兄弟,康济小民","无荒弃朕命"。文末附有《成王政》和《将蒲姑》两篇逸《书》的写作缘起。

《周官》,《书序》说,"成王既黜殷命,灭淮夷,还归在丰,作《周官》"。这是讲述周代三公(太师、太傅、太保)、三孤(少师、少傅、少保)和六卿(冢宰、司徒、宗伯、司马、司寇、司空)官制体系的篇章。文章强调官得其人——"官不必备,惟其人",只要有贤人在位,缺一两个衙门问题不大。文章号召所有官员恭敬从事,认真履行自己的职责,"以公灭私"。最后附带叙述了《贿肃慎之命》和《亳姑》两篇逸《书》的写作缘起。

《君陈》,《书序》说,"周公既没,命君陈分正东郊成周,作《君陈》"。按照诰词的讲法,这是周成王对管理成周洛邑事务的地方长官君陈的训词。训词告诫君陈发扬周公的光荣传统,兢兢业业做好自己的本职工作,推行德政,使人民安居乐业。

《毕命》,《书序》说,"康王命作册毕,分居里,成周郊,作《毕命》"。按照诰词的讲法，作册毕公继君陈之后治理成周，康王命他要像周公和君陈那样尽心尽力地做好自己的工作，"罔曰弗克，惟既厥心；罔曰民寡，惟慎厥事"。

《君牙》，《书序》说，"穆王命君牙为周大司徒，作《君牙》"。这也是一篇策命之词。策命词述说了君牙的先祖"世笃忠贞，服劳王家，厥有成绩"，要求君牙效法自己的先祖，忠于职守，尽职尽责，"对扬文、武之光命，追配于前人"。

《冏命》，《书序》说，"穆王命伯冏为周太仆正，作《冏命》"。这又是一篇策命之词。它述说了周文王与武王时代君圣臣贤的光荣历史，阐明了近臣对君王的重要作用："仆臣正，厥后克正；仆臣谀，厥后自圣。后德惟臣，不德惟臣。"因此，穆王要求伯冏："钦哉！永弼乃后于彝宪。"这既是对近臣的训诫，又为人君任用近臣提供了准则和借鉴，所以在《伪古文尚书》多出的二十五篇中，这也是比较重要的篇目之一。

从上面的概述中可以看出来，除梅赜所上《伪古文尚书》多出的二十五篇外，作为《尚书》的主干部分，《今文尚书》二十八篇的成书时代有早有晚：最早早到西周初年，最晚晚至战国中后期，时间大约在公元前 11 世纪至公元前 3 世纪之间。这是中国目前所能见到的最为古老的历史典籍。从内容上看，《尚书》属于记言体史书。从传说中的尧舜时代直到春秋中期几千年的历史长河中，王者、哲人的嘉言善语是其撷取的基本对象。这些嘉言善语述说了尧、舜、禹、汤、文、武、周公、召公等圣王贤相们的圣道王功、睿智良策，所以《荀子·劝学》篇中指出：

《书》者，政事之纪也。

司马迁在《史记·太史公自序》中也说：

《书》记先王之事，故长于政。

不管是真实的，还是虚假的，抑或真假参半的，这些记录毕竟是对历史行程的记录，它们录下了前人的思维轨迹和行为法则。对于后世政治生活来讲，这些思想资料和行为法则自然具有借鉴与指导意义，前人早就看出了这一点，所以《庄子·天下》篇明确指出：

《书》以道事。

扬雄《法言·寡见》篇也曾设问道：

> 或问五经有辩乎?曰:惟五经为辩。……说事者莫辩乎《书》……舍斯,辩亦小矣。

公元前 8 世纪至公元前 3 世纪,是中国思想史上一个从"神"到"人"的特殊历史时期,神道主义逐渐后退,人文思想日益逼近社会历史舞台的前台,宗教神秘主义的世界观慢慢让位于世俗的观念。《尚书》的成书时代稍早一些,但大部分时间与之重叠,这样,书中内容上的一些神神鬼鬼也就在所难免了:

> 夏氏有罪,予畏上帝,不敢不正。(《汤誓》)
> 予迓续乃命于天。(《盘庚中》)
> 今予发,惟恭行天之罚。(《牧誓》)
> 宁(文)王惟卜用,克绥受兹命。(《大诰》)

在后面的叙述中我们会看到,尽管走出了宗教神道主义的铁幕,这些装神弄鬼的把戏对后世封建统治者仍然十分有用,其指导意义仍然没有消失。"《书》以道事",这绝不是一句空话。

然而从根本上讲,《尚书》又是一部史书。历史活动的主体是人。因此,《尚书》中虽然有不少"鬼话",但"人话"

毕竟占据了主导地位:

> 钦明文思安安。(《尧典》)
> 在知人,在安民。……知人则哲,能官人。安民则惠,黎民怀之。(《皋陶谟》)
> 古我先王,亦惟图任旧人共政。(《盘庚上》)
> 惟乃丕显考文王,克明德慎罚。(《康诰》)
> 别求闻由古先哲王,用康保民。(同上)
> 小人难保。往尽乃心,无康好逸豫,乃其乂民。(同上)

在后面的探讨中,我们将要分析这些"人话"对后世社会生活的指导意义。它们所蕴含的行为准则,规范了后世的社会生活,文化元典的地位由此确立。

《尚书》的传播历程

周初诸诰的最终写定距今已经三千多年。三千年来,《尚书》经历了一个漫长而又曲折的传播历程。这中间有一路顺畅的时候,也有磕磕绊绊的艰难时期,不过《尚书》最终还是挺了过来,一直流传到我们这一代人的手里。这正是文化元典本身具有的强大生命力支撑的结果。

出道之初的一路顺畅

按照陈梦家先生《尚书通论》的"约略推断",《今文尚书》二十八篇(陈先生是按照《伪古文尚书》三十三篇的次序来分)的成书时代一共有五种情况:

A. 《康诰》等十二篇为西周初期的命书;

B. 《吕刑》等三篇为西周中期以后的命、誓;

C. 《金縢》等三篇约为西周时代的记录;

D. 《甘誓》等六篇系战国时代拟作的誓;

E. 《尧典》等九篇为战国时代的著作。

这里姑且以陈先生的推断作为立论的基础。我们首先需要指出的是,不管是战国时代拟作的,还是完全属于战国时代的,这些作品都曾经历过一个漫长的口耳相传的传播过程,都有一定的来头,并非战国诸子的向壁虚构。利簋的出土印证了《牧誓》的可靠性就说明了这一点。《尧典》记载的星象不是后世作者所能凭空想象出来的东西,这一点也已被当代天文学家竺可桢先生给指了出来。口耳相传也是一种重要的传播形式,只是没有著于竹帛那么稳固罢了,但它们并非全部都是空穴来风,而是各有自己的来历和根据,这一点是完全可以肯定的。

其次,西周时代已经写定的也罢,正在口耳相传中有待写定的也罢,《尚书》各篇在西周时代的传播还有两点可以肯定：

第一，那是一个"学在官府"的愚昧时代，"读书识字"只是在社会成员中占据少数的贵族阶级的特权，社会文明的整体水平还很低下，因此，《尚书》还只是在上层贵族及其史官们手中传阅着，社会大众与之无缘，顶多只能耳食一些片段而已，"真经"是念不到的。

第二，由于所记内容全是前贤先哲、王公大人们的嘉言善语和训示，《尚书》各篇自其写定之日起就受到贵族阶层的尊敬和珍视，这从充斥于书中字里行间的"若古有训""古人有言曰""敷求于殷先哲王用康保民"等词句中就可以看出来。正因为受到贵族阶层，尤其是他们中间那些具有远见卓识之士的青睐，《尚书》才得以绵延不绝地流传下来。简牍零散了，绢帛腐烂了，自然有人重新加以缮写和誊录，《尚书》正是在这个过程中得以保存下来，并在社会生活特别是政治生活中发挥出越来越重要的作用。

平王东迁，揭开了一个新时代的序幕。这是一个夷夏抗争、诸侯混战的动乱岁月，也是一个方生方死、方死方生的大变革时代。以世俗替代宗教，以文德替代武力，以文明替代野蛮，是这场变革的基本内涵。《尚书》的传播由此步入了一个新阶段。人们各取所需，分别从那些"神话""鬼话"或"人话"中寻找根据，寻找镜鉴，寻找准则，《尚书》于是成为指导社会生活的一面旗帜,传播范围进一步扩大。它引导着社会变革的发展方向,指点着新型文明的凝练与铸造,于是人们十分自然地把这种新文明与《诗》《书》《礼》《乐》等历史典籍联系到了一起。请看《左传·僖公二十七年》的一条记载:

在外流亡长达十九年之久的晋国公子重耳,排除千难万险后回到了晋国,终于登上了国君的宝座,他就是著名的晋文公。文公决心有所作为。他决定扩充军队以壮大晋国的声威,于是"作三军,谋元帅"。大臣赵衰推荐郤縠。他的理由是:

> (郤縠)说(悦)礼、乐而敦《诗》《书》。《诗》《书》,义之府也;礼、乐,德之则也;德、义,利之本也。《夏书》曰:"赋纳以言,明试以功,车服以庸。"君其试之。

晋文公愉快地接受了赵衰的推荐,立即提拔郤縠担任中军元帅。这条材料中有两个问题值得我们注意:

第一,推荐中军元帅,不谈其人的文治武功(因为那个时代文武尚未分途),却孤零零地举出他"说(悦)礼、乐而敦《诗》《书》"这么一个特长,这是为什么?英明的晋文公怎么会接受一个只会"纸上谈兵"的人呢?显然不是这样的。

原来,在那个时代,《诗》《书》已经被人们看作是道义的渊薮,而礼、乐则被视为德行的准则,掌握了《诗》、《书》、礼、乐,就意味着德才兼备,就会无往而不胜,因为这是"利"的根本所在。有了这"四大法宝",担任中军元帅自然不在话下了。从这段谈话中可以看出来,《尚书》在当时已经被华夏社会广泛接受,它与《诗》、礼、乐一起,几乎成为新文明的标志了。

第二,赵衰引用的三句《夏书》,是《今文尚书·皋陶谟》中的话。赵衰本来属于士阶层,因为跟随公子重耳流亡有功才被提拔为大夫的。在文公旧臣中,他以善于文辞著称。从他随手拈来的征引中可以看出来,《尚书》早已不独掌握在史官或上层贵族的手中,而是走出宫廷后流向了社会,否则一介之士赵衰是没办法读到的。这一点正好为第一条结论提供了一个有力的证据。

于是我们看到,春秋末年,"从大夫之后"孔子对于《尚书》也是烂熟于胸的:

> 子所雅言,《诗》、《书》、执礼,皆雅言也。(《论语·述而》)

战国时代,在各种社会条件的综合作用下,思想界呈现出百花齐放、百家争鸣的态势。清算神道主义，确立人文精神，既是百家争鸣的主要话题，又是时代精神主旋律之所在。为在争鸣中取胜，诸子百家都尽力引经据典，各不相让，《韩非子·外储说左上》有一则寓言活灵活现地描画出了这种情形：

> 郑人有相与争年者，一人曰："吾与尧同年。"其一人曰："我与黄帝之兄同年。"讼此而不决，以后息者为胜耳。

在这样一种文化氛围中，《尚书》自然成为众目睽睽的一个焦点，西周时代已经写就的篇章进一步传播开来，正在口耳相传的各篇也被著录下来而广泛传播，《尚书》于是真正来到了民间。

儒、墨两家时常得风气之先，在《尚书》传播问题上更是如此。孔子"祖述尧舜，宪章文武"，信而好古，雅言《诗》《书》；"孟子道性善，言必称尧舜"，陈梦家先生曾断言是孟轲把《尚书》引进了儒生的课程体系之中；墨子"法夏"，时常把"尧舜禹汤文武"挂在嘴边，《墨子》一书四十七次征引《尚书》。"世之显学，儒墨而已"，"孔、墨之弟子徒属，充满天下"。在他们的推动下，《尚书》进一步传播开来。

两家之中，儒家的作用更大一些。儒家学派自己这么看，其他学派也认同这种看法。除了原有的《诗》《书》《礼》《乐》之外，战国后期儒生课程表上又加进了鲁史《春秋》和供占卜用的《周易》。一段时间过后，儒家学派遂把这些著作据为己有，前引《礼记·经解》篇就是一个例证。虽然它没有用"六经"的称呼，但假托孔子之名对这些著作进行概括，并且以"经解"命篇，其用意是显而易见的。道家学派似乎也承认儒生对这些著作的所有权，前引《庄子·天下》篇中就有这样的话：对于这六部著作，"邹鲁之士，搢绅先生，多能明之"。孔子生于鲁，孟子生于邹，两位大师遂成了儒家学派的领袖。《庄子·天运》篇也假托孔子与老子交谈的语气写道：

> 丘治《诗》《书》《礼》《乐》《易》《春秋》六经，自以为久矣，孰（熟）知其故矣。

这是"六经"一词在存世历史文献中的首次出现。儒家学派整天念叨着这些经典，而"六经"一词的发明权偏偏属于道家学派，真是啧啧怪事，这里且不去管它。需要注意的是，道家学派也说"六经"为孔丘所治，承认他"孰（熟）知其故"，这说明社会对儒家学派拥有这"六经"的认可。

《尚书》与现实生活 | 95

"六经"与儒家学派越来越近乎,于是遂有孔子"删《书》"之类的"神话"出现。

《诗》《书》的传播范围日益扩大,《商君书·农战》篇中有"乡一束,家一员"的夸张说法。所谓的"儒家六经"的传播行程,恰好与华夏文明的凝练成型同步进行,于是它们对新文明的标记作用越来越明显。这种文明是在春秋时代"尊王攘夷"的活动中逐渐形成的,策源地在齐鲁,进而波及中原大地,战国时代其风格日益显露出来,东方六国的崇尚文德就是它的一个突出表象。这种文明与地处西部边陲的秦人的传统格格不入,于是秦国内部一次次掀起抵制这种文明的浪潮,《尚书》也连带着遭了殃,其传播开始出现波折。

《尚书》交上了厄运

秦国是从异姓族落的夹缝中冲杀出来的,金戈铁马使其不断强大,崇尚武力成为秦国的传统,商鞅带来的法家学说终于找到了用武之地。经过商鞅变法之后,秦国的国力迅速壮大,其文明风格也日益凸现出来。《战国策·赵策三》记载齐人鲁仲连的看法说:

> 彼秦者,弃礼义而上首功之国也,权使其士,虏使其民。

《史记·魏世家》也记录下了魏公子无忌对秦国的观感：

> 秦与戎翟同俗，有虎狼之心，贪戾好利无信，不识礼义德行。苟有利焉，不顾亲戚兄弟，若禽兽耳，此天下之所识也，非有所施厚积德也。

这种文明与东方文明在风格上迥然有别，所以东方六国把秦国视为"虎狼之国"。商鞅在劝告秦孝公实施变法时讲过一段很有名的话，表达了他对历史问题的一些看法：

> 前世不同教，何古之法？帝王不相复，何礼之循？伏羲、神农教而不诛，黄帝、尧、舜诛而不怒（孥）。及至文、武，各当时而立法，因事而制礼。礼法以时而定，制令各顺其宜，兵甲器备各便其用。臣故曰：治世不一道，便国不必法古。汤、武之王也，不循古而兴；殷、夏之灭也，不易礼而亡：然则反古者未必可非，循礼者未足多是也。（《商君书·更法》）

商鞅所看到的，只是传统对社会发展束缚的负面作用，那么，他对《诗》《书》的态度也就不言而喻了。《商君书·农战》篇指出：

> 《诗》、《书》、礼、乐、善、修、仁、廉、辩、慧，
> 国有十者，上无使守战。国以十者治，敌至必削，不至
> 必贫。国去此十者，敌不敢至，虽至必却。兴兵而伐，
> 必取；按兵不伐，必富。

请注意，这里罗列的十条，正是儒家学派竭力倡导的东西，而商鞅则把它们视为富国强兵的绊脚石，商鞅移风易俗的旨趣所在也就昭然若揭了。更为糟糕的是，商鞅不但有明确的思想，而且还有实实在在的行动。政治家急功近利的个人情感很快转化为国家意志，因为大庶长手中握有巨大的权力。《韩非子·和氏》篇记载道：

> 商君教秦孝公以连什伍，设告坐之过，燔《诗》
> 《书》而明法令，塞私门之请而遂公家之劳，禁游宦之民
> 而显耕战之士。孝公行之。

于是一捆捆《诗》《书》在熊熊大火中化为灰烬，《尚书》自其出道以来首次碰见了冤家对头，不过这只是它那多舛命运的一个开端。因为此时的秦国尚且偏居于西北一隅，"天下七分有其一"，还没有一手遮天的本领。秦国本不属于《诗》《书》礼义之邦，《诗》《书》在秦国的传播也很有限，因此商

鞅烧书,并没有给《尚书》以致命打击,《尚书》在东方六国还有自己的生存空间,然而这个先例是十分恶劣的。

《诗》《书》对民智的启迪作用是显而易见的,商鞅正是看到了这一点才决定焚书,对此他有一个明确的说法:

> 民不贵学则愚,愚则无外交。无外交,则国勉农而不偷。民不贱农,则国安不殆。(《商君书·垦令》)

后来,法家学派的集大成者韩非更加明确、更加坚决地主张:

> 明主之国,无书简之文,以法为教;无先王之语,以吏为师;无私剑之捍,以斩首为勇。是境内之民,其言谈者必轨于法,动作者归之于功,为勇者尽之于军。是故无事则国富,有事则兵强,此之谓王资。(《韩非子·五蠹》)

愚民容易治理,这是法家学派的一个基本认识。因此,在法家学说占据统治地位的地方,《诗》《书》的日子自然好不了,商鞅"燔《诗》《书》"还只是一个开头。

从另一个角度看,商鞅变法取得了巨大成功,这是秦国由弱变强的转折点。从此以后,秦国节节取胜,最终吞灭六国,统一了天下。"商君虽死,秦法未败",商鞅所确立的法家路线被后世秦王继承下来,这是秦国日益强大的思想基础。因此,秦始皇统一六国后,顺理成章地继承了这种治国思想,并且这种思想与他本人那冷酷无情的个性特征恰相吻合。据《史记·秦始皇本纪》记载:

> (秦始皇)刚毅戾深,事皆决于法,刻削毋仁恩和义,然后合五德之数。于是急法,久者不赦。

过去不能一手遮天,现在可以了:"六合之内,皇帝之土。西涉流沙,南尽北户。东有东海,北过大夏。人迹所至,无不臣者。"有了这样的本钱,什么事情干不成呢?沉浸在胜利喜悦中的秦始皇不禁飘飘然起来。"一法度衡石丈尺。车同轨。书同文字。"做了这些"硬活"之后,还应该干些什么呢?自然就是"行同伦"了。

战国时代诸侯并立,异常激烈的生存竞争迫使各国诸侯竞相延揽人才,能否吸引到贤能之士往往关系到一个国家的兴衰成败。汉人王充在《论衡·效力》篇中指出:

> 六国之时,贤才之臣,入楚楚重,出齐齐轻,为赵

赵完,畔魏魏伤。

游学、游宦由此蔚然成风,李斯曾说这是一个"布衣驰骛之时而游说者之秋"。诸子百家从中各树一帜,"道术"从而"为天下裂"。"儒以文乱法,而侠以武犯禁",秦始皇决心以法术齐一天下,自然不允许这种现象继续存在下去。社会纷扰是因为思想混乱,而思想混乱的根源在于游学之风和诸子百家之学的存在,这一切必须严格禁止。于是秦始皇一声令下,也就真的禁止了。禁令由那位游士出身、时已官拜丞相的上蔡人李斯奏请,可谓具有一定的讽刺意味。大约在奏请的时候,他已忘掉了自己当年游宦而被驱逐的辛酸往事。这道禁令赫然载在《史记·秦始皇本纪》中:

> 异时诸侯并争,厚招游学。今天下已定,法令出一,百姓当家则力农工,士则学习法令辟禁。今诸生不师今而学古,以非当世,惑乱黔首。丞相臣斯昧死言:古者天下散乱,莫之能一,是以诸侯并作,语皆道古以害今,饰虚言以乱实,人善其所私学,以非上之所建立。今皇帝并有天下,别黑白而定一尊。私学而相与非法教,人闻令下,则各以其学议之,入则心非,出则巷议,夸主以为名,异取(趣)以为高,率群下以造谤。如此弗

《尚书》与现实生活 | 101

禁，则主势降乎上，党与成乎下。禁之便。

臣请史官非《秦记》皆烧之。非博士官所职，天下敢有藏《诗》、《书》、百家语者，悉诣守、尉杂烧之。有敢偶语《诗》《书》者弃市。以古非今者族。吏见知不举者与同罪。令下三十日不烧，黥为城旦。所不去者，医药卜筮种树之书。若欲有学法令，以吏为师。

无论就规模还是程度而言，秦始皇的"禁游学""燔《诗》《书》"都大大超过了当年商鞅的动作：商鞅的禁令只在西北一隅推行，而现在则推广到了天下；商鞅只是"燔《诗》《书》"，而现在除"医药卜筮种树之书"外统统都要烧掉，禁书的范围扩大了；两人相向谈论《诗》《书》者"弃市"，"令下三十日不烧，黥为城旦"，"以古非今者"灭族，这种处罚更是前无古人的，反映了新兴王朝对思想统一的强硬态度。《尚书》终于碰上了问世以来的最大克星，"六艺从此缺焉"，许多篇章随着全国各地燃起的焚书大火而灰飞烟灭了，汉人所能见到的，不过是秦火之余的一些断简残篇而已。这是《尚书》传播过程中所遇到的最大的一次挫折。如果不是深深植根于华夏文明的沃土之中，秦王朝的这把邪火很可能就把《尚书》彻底烧绝了。

《诗》《书》烧了，游学禁了，后来又有了更为彻底的坑儒行动,照理说下一步就是所谓的"兴太平"了,然而历史的发展恰恰走向了独裁者意愿的反面。"始皇帝死而地分",秦王朝不久便在农民战争的熊熊烈火中覆灭了,其统治总共维持了不过十五年的时间,是够短命的了。这正好应了《尚书》中的一句话:"惟不敬厥德,乃早坠厥命","焚书""坑儒"不但没有延长秦王朝的寿命,反而加速了它的灭亡。

金光大道上的风风雨雨

法家学说断送了秦王朝的前程,这是西汉初年的一种社会共识。"前事不忘,后事之师。"面对满目疮痍的华夏大地,最高统治者除了改弦更张之外已别无选择。"自天子不能具钧驷,而将相或乘牛车,齐民无藏盖";"物踊腾粜,米至石万钱,马一匹则百金"。这是司马迁在《史记·平准书》中录下的特写镜头。除了休养生息外,还有什么办法呢?于是最高统治者毅然摈弃专任法术的指导思想,采用了"与民休息"的黄老学说。《史记·吕太后本纪》记载惠帝、高后主政时候的情况说:

> 黎民得离战国之苦,君臣俱欲休息乎无为,故惠帝垂拱,高后女主称制,政不出房户,天下晏然。刑罚罕用,罪人是希。民务稼穑,衣食滋殖。

由于无为而治，与民休息，社会经济开始复苏，社会风气也逐渐好转起来：

> 及孝文即位，躬修玄默，劝趣农桑，减省租赋。而将相皆旧功臣，少文多质，惩恶亡秦之政，论议务在宽厚，耻言人之过失。化行天下，告讦之俗易。吏安其官，民乐其业，畜积岁增，户口寖息。风流笃厚，禁网疏阔。选张释之为廷尉，罪疑者予民，是以刑罚大省，至于断狱四百，有刑错之风。

当时的真实情况即使不完全像《汉书·刑法志》所粉饰的这样美好，但在与民休息思想的指导下，社会经济得到恢复，徭役远较秦朝为轻，法网也疏阔得多，则是一个基本事实。正是在这样的社会条件下，惠帝四年（前191）"除挟书律"——公开宣布废除秦始皇的"焚书令"，《尚书》等文献典籍终于熬过劫难而获得了新生，于是伏生公开地传之于济南，此后学者便"颇能言《尚书》，诸山东大师无不涉《尚书》以教矣"。不过他们手里的《尚书》都已残缺不全了。

黄老学说指导下的西汉前期，实际上是一个没有理论的时代。"公卿皆武力功臣"，"少文多质"，思想兴趣中务实的成分多于务虚，目标本来就不在理论的建树上。于是在黄老政治下的意识形态领域里，又呈现出纷纷扰扰的态势，各个学派都跃跃欲试，儒家学派更是一马当先。他们明明知道汉高祖刘邦"不好儒，诸客冠儒冠来者，沛公（即后来的汉高祖——引者）辄解其冠，溲溺其中。与人言，常大骂"，但儒生们还是耐着性子向他宣传儒家学说，《尚书》等历史文献再次被送到了最高统治者的面前。《史记·陆贾列传》为我们录下了一段非常有趣也非常著名的对话：

> 陆生时时前说称《诗》《书》。高帝骂之曰："乃公居马上而得之，安事《诗》《书》！"陆生曰："居马上得之，宁可以马上治之乎？且汤、武逆取而以顺守之，文武并用，长久之术也。昔者吴王夫差、智伯极武而亡；秦任刑法不变，卒灭赵氏。乡（向）使秦已并天下，行仁义，法先圣，陛下安得而有之？"高帝不怿而有惭色，乃谓陆生曰："试为我著秦所以失天下，吾所以得之者何，及古成败之国。"陆生乃粗述存亡之征，凡著十二篇。每奏一篇，高帝未尝不称善，左右呼万岁，号其书曰《新语》。

在黄老学说和刑名之言畅行无阻的西汉初年，陆贾这些"称《诗》《书》"的议论的确让皇帝和宫廷里的人们耳目一新。由于新意不少,这部《新语》一直流传下来,今天也可以参看。刘邦凭借金戈铁马取得胜利,刚刚尝到皇帝的尊贵滋味,当然不屑于陆贾这些书生之见。但陆贾的底气也很足:您可以在马上得天下,却不能在马上治天下,治理天下还非有文德不行,单凭武力不能解决问题,文武并用才能长治久安,因此《诗》《书》之类的东西断然是不能少的。一番话说得兴头十足的皇帝惭愧地低下了骄横的头。这不是在向陆贾低头,而是在向《诗》、《书》、礼、乐文明低头。"《书》以道事",它终于再次发挥出其思想威力来。尽管汉初的社会条件还不是《诗》《书》大显身手的时候,但这次亮相却为日后的崛起奠定了基础。东汉哲学家王充在《论衡·书解》篇写道:

> 高祖既得天下,马上之计未败。陆贾造《新语》,高帝粗纳采。

在《案书》篇里,王充继续写道:

> 《新语》,陆贾所造,盖董仲舒相被服焉。皆言君臣政治得失,言可采行,事美足观,鸿知所言,参贰经传,虽古圣之言,不能过增。

陆贾的确可以算得上是西汉儒学的第一人，司马迁称叔孙通为"汉家儒宗"，讽刺的意味多于实际的赞扬，不足凭信。陆贾"时时前说称《诗》《书》"，改变了汉王朝最高统治者的看法，拉近了他们与《诗》《书》的感情距离，于是才有了后来晁错赴济南受《书》的故事发生。《尚书》在西汉前期得到了进一步的传播。

公元前140年，具有雄才大略而又好大喜功的汉武帝即位。此时的汉王朝已今非昔比，经过文景之治，社会经济已全面发展起来。《史记·平准书》对此记载说：

> 汉兴七十余年之间，国家无事，非遇水旱之灾，民则人给家足，都鄙廪庾皆满，而府库余货财。京师之钱累巨万，贯朽而不可校。太仓之粟陈陈相因，充溢露积于外，至腐败不可食。众庶街巷有马，阡陌之间成群，而乘字牝者傧（摈）而不得聚会。

这为汉武帝施展抱负准备了强大而厚实的物质基础。与此同时，由于无为而治，"汉兴六十余载，海内艾安，府库充实，而四夷未宾，制度多阙"（《汉书·公孙弘传》）。外有匈奴奴隶主贵族的不断侵扰，内有豪强纵横、法制疲软、王侯猖獗等社会问题，思想异趣更使整个社会陷于涣散状态之中，

《尚书》与现实生活 | 107

武帝对此大为恼火。他决心制服四夷，拾遗补阙，以建立起真正的封建大一统政治来。继承秦始皇的未竟事业，彻底实现思想一律，终于提到了汉王朝的议事日程上来。儒生董仲舒瞅准了时机，公元前135年，在回答汉武帝的策问中，董仲舒明确建议道：

> 《春秋》大一统者，天地之常经，古今之通谊也。今师异道，人异论，百家殊方，指意不同，是以上亡以持一统；法制数变，下不知所守。臣愚以为诸不在六艺之科孔子之术者，皆绝其道，勿使并进。邪辟之说灭息，然后统纪可一而法度可明，民知所从矣。（《汉书·董仲舒传》）

这就是中国历史上那道十分著名的"罢黜百家，独尊儒术"的奏议，这一建议迎合了政治一统、思想一律的时代要求，最高统治者自然是乐意接受的。与秦始皇的"焚书令"一样，这个建议的目标也是思想一律，所不同的是：前者要把思想统一到国家法令上来，《诗》、《书》、百家语自然应该统统烧掉；而后者的归宿则在《诗》《书》《礼》《乐》《易》《春秋》，也就是所谓的"六艺之科孔子之术"上，《诗》《书》等又变成了宝贝。战国以来百家争鸣的局面从此结束，儒家学说被提高到了"一尊"的地位上。从此以后，社会在儒家思想的指导下前进，儒家学说便成为社会行为的基本准则，"《书》以道事"开始被赋予越来越多的实际内容，陆贾的口舌终于没有白费。

在那次著名的回答汉武帝的策问中，董仲舒同时指出："夫不素养士而欲求贤，譬犹不琢玉而求文采也。故养士之大者，莫大乎太学；太学者，贤士之所关也，教化之本原也。"所以他向武帝建议：

> 兴太学，置明师，以养天下之士，数考问以尽其材，则英俊宜可得矣。(《汉书·董仲舒传》)

汉武帝采纳了这个建议。在丞相公孙弘等人的推动下，汉王朝整顿了国家最高学府——太学，罢黜了那些"不在六艺之科孔子之术"的杂学，专门设置《诗》《书》《礼》《易》《春秋》五经博士。因为古代无法将乐调写成乐谱而流传下来，《乐》本无经，所以只能设立五经博士。汉王朝为每经博士官安排弟子各十人，让他们与老师一起潜心研读和传播这五部儒家著作。这些弟子在读书期间，免除了一切徭役和兵役，"经明行修"即可出仕为官，太学因而成为封建政府的人才库。此后，博士弟子名额不断扩大，成帝末年增至三千人，平帝时代王莽秉政，甚至废除了名额限制，由此可以看出社会需求的导向来。所以《汉书·儒林传》记载说：自从设立五经博士并为他们置弟子员以后，"公卿大夫士吏彬彬多文学之士矣"。

《诗》《书》《礼》《易》《春秋》成为名副其实的"经典"，关于这些著作的学问遂号为"经学"。在经学的旗帜下，《尚书》等文献典籍得到迅速普及，其传播的速度、范围等已今非昔比。《汉书·儒林传》记载说：

> 自武帝立五经博士，开弟子员，设科射策，劝以官禄，讫于元始，百有余年，传业者寖盛，支叶蕃滋，一经说至百余万言，大师众至千余人，盖禄利之路然也。初，《书》唯有欧阳，《礼》后，《易》杨，《春秋》公羊而已。至孝宣世，复立大、小夏侯《尚书》，大、小戴《礼》，施、孟、梁丘《易》，穀梁《春秋》。至元帝世，复立京氏《易》。平帝时，又立《左氏春秋》《毛诗》《逸礼》《古文尚书》，所以网罗遗失，兼而存之，是在其中矣。

由于禄利的诱导，经学在后世封建社会里成为最为显赫的学问。不但研究它们的著作汗牛充栋，其自身也在不断地扩大着。汉代"五经"十四博士，后世又有"九经""十一经""十三经"以及"四书"的名目出现。这些经典成为封建时代伦理道德、政治经济、思想文化乃至社会生活各个方面的基本教程,其重要性是其他著作无法比拟的。

两汉时代,立于学官的是伏生的《今文尚书》,欧阳、大小夏侯三分天下,鼎足而立,东汉时代欧阳学更是一马当先,出尽了风头。尽管《古文尚书》虎视眈眈,几次向今文经学发出挑战,却一直未能取得成功。到东汉晚年古文压倒今文的时候,汉王朝的气数差不多也就要完结了。因此我们说,《今文尚书》独霸了两汉时代的官方《尚书》学坛。

其成功的秘诀之一是主动迎合现实的需要,使统治者感到它切合实用。《汉书》为我们录下了一个有名的故事:

倪宽是学习欧阳学的高才生,他在做太学生的时候,因为家"贫无资用","时行赁作,带经而锄,休息辄读诵,其精如此"(《汉书·倪宽传》)。由于勤奋学习,他把《欧阳尚书》的精义完全掌握了。后来他见到了汉武帝,汇报了自己的学业,一下子就把皇帝打动了。武帝感叹道:

"吾始以《尚书》为朴学,弗好,及闻宽说,可观。"乃从宽问(《尚书》)一篇。(《汉书·儒林传》)

这就是"朴学"一词的原始出处。皇上的意思是指朴鲁之学，原本是瞧不上的，但听了倪宽的阐述之后，才发现这门学问很值得一看，"《书》以道事"再次在汉武帝的心灵深处迸起了火花。"朴学"一词从此流传下来，后来遂成为"经学"的代名词。苏东坡的诗句"我家六男子，朴学非时新"，陆放翁的诗句"区区朴学老自信，要与万卷归林庐"，所说的"朴学"指的就是经学。清代乾嘉学派的考据学讲究实事求是，更是以"朴学"相标榜。流传过程中词的感情色彩发生了变化，原本的贬义变成了褒义，这里且不去管它。我们需要注意的是，能够改变皇上的印象，使皇上觉得它很值得一看，这的确是《今文尚书》在汉代取得成功的一个奥秘。

然而这又种下了失败的祸根。烦琐化和庸俗化是汉代今文经学走向衰亡的两大内因，追根溯源，它们都与迎合现实需要有着密不可分的关系。

既然政府奖掖经学，"明经"事关"禄利之路"，那么"传业者寖盛，支叶蕃滋"也就是情理中的事情了。西汉晚年，已经出现了"一经说至百余万言，大师众至千余人"的状况，这种状况到东汉时代更加严重。由于《尚书》在五经中地位较高，这种状况也更加突出。论者讲到汉代经学的烦琐，往往喜欢举出桓谭《新论》中为我们留下的一条记录：

> 秦近君能说《尧典》，篇目两字之谊（义），至十余

万言；但说"曰若稽古"，三万言。

"近君"在《汉书·儒林传》中写作"延君"。延君师从夏侯建，习小夏侯之学，"增师法至百余万言"，这位算是够能侃的。然而在那个以记诵为学问的时代里，这么烦琐无异于自杀。

至于大师林立，东汉时代更是如此。《后汉书·儒林列传》写道：

> 中兴，北海牟融习《大夏侯尚书》，东海王良习《小夏侯尚书》，沛国桓荣习《欧阳尚书》。荣世习相传授，东京最盛。

这是一些特级大师。他们竖起"尚书学"的大旗，很快就招来一大帮门徒，《尚书》从他们手中进一步传播开来。这里且看看次一级大师们的情况：

欧阳学的直系传人欧阳歙任汝南太守时，"教授数百人，视事九岁，征为大司徒"。

济阴曹曾从欧阳歙"受《尚书》，门徒三千人，位至谏议大夫。子祉，河南尹，传父业教授"。

牟长"少习《欧阳尚书》，不仕王莽世。建武二年，大司空弘特辟,拜博士,稍迁河内太守"。这期间,门徒"常有千余人,著录前后万人。著《尚书章句》,皆本之欧阳氏,俗号为《牟氏章句》"。牟长的儿子牟纡,"又以隐居教授,门生千人"。

宋登"少传《欧阳尚书》,教授数千人。为汝阴令,政为明能,号称'神父'"。

这些次级大师们门徒动辄也成千上万,看来《尚书》真的广泛传播开来了。这些大师们或者给整部《尚书》作训解,作注释,或单单阐释其中的一篇,多者"一经说至百余万言",秦近君说《尚书》就是一个典型例证,东汉时代周防所撰的《尚书杂记》也有四十余万字。由于这些训解、注释的帮助,一般人才能读懂那些佶屈聱牙的篇章。这些训解在当时叫作"传",或者叫作"章句",或者叫作"说",或者叫作"故",名目不一。据《汉书·艺文志》记载,西汉时期最为著名的训解有:

《传》四十一篇。

欧阳《章句》三十一卷。

大、小夏侯《章句》各二十九卷。

大、小夏侯《解故》二十九篇。

欧阳《说义》二篇。

刘向《五行传记》十一卷。

许商《五行传记》一篇。

刘、许的《五行传记》是演义《尚书·洪范》篇的专论。除伏生的《传》(又称《尚书大传》)外,这些著作今天都看不到了,但在当年它们都曾风靡一时。正是凭借着这些著作,大师们个个树起了自己的旗帜,建立起了独特的家法。为了争夺利禄,大师们时常曲意迎合现实,从而使得今文经学的科学性丧失殆尽,这就从根本上丧失了自身的存在价值。

庸俗化是汉代今文经学走向衰亡的另一个重要内因,其表现形式就是谶纬化。"谶"是用诡秘的隐语预决吉凶的图书符箓,"纬"则是相对于"经"而言的,是汉代方士化了的儒生假托孔子之名,用诡秘的语言解释经义的著作。纬书正式出现在汉武帝独尊儒术之后。《易》《书》《诗》《礼》《乐》《春秋》以及《孝经》的纬书,西汉后期纷纷现世,时人总称之为"七经纬"。在王莽、刘秀称帝的过程中,谶纬都曾经帮过他们的大忙,二人对谶纬自然也特别偏爱。公元56年,也就是刘秀去世的前一年,他特意明确"宣布图谶于天下","言五经者,皆凭谶纬说"。"七经纬"于是成为"内学",原来的经书被称为"外学",地位反在纬书之下。公元79年,汉章帝召开讨论五经异同的白虎观会议,会后班固糅合谶纬与今文经学,将会议讨论的内容整理成《白虎通德论》,经学进一步被谶纬化。《尚书》的纬书数量在各家经典中名列前茅:《璇机铃》《考灵曜》《刑德放》《帝命验》《运期授》《帝验期》《五行传》《尚书中候》,一共八篇。从这些神秘兮兮的书名中,就能猜测到它们要讲些什么。宗教迷信使得今文经学——包括《今文尚书》学日益庸俗化,时常陷入自相矛盾之中,因而遭到了社会的唾弃。

烦琐化和庸俗化使今文经学走向末路,然而其根源却在迎合现实以求得利禄上。清儒方苞在《望溪先生文集》卷二《书儒林传后》中指出:

> 古未有以文学为官者:以德进,以事举,以言扬;《诗》《书》六艺特用以通在物之理,而养其六德、成其六行焉耳。……其以文学为官,始于叔孙通弟子,以定礼为选首;成于公孙弘请试士于太常,而儒术之污隆自是而中判矣。

在后面的《又书儒林传后》中,方苞继续写道:

> 由弘以前,儒之道虽郁滞而未尝亡;由弘以后,儒之途通而其道亡矣。

语虽激愤，却不无道理。今文经学衰亡的根本原因在争夺利禄上。为了压倒对方，不惜行贿以篡改兰台真经就是突出的例证。所以自东汉中期开始，古文经学逐渐崛起。东汉末年，古文经学大师"郑玄括囊大典，网罗众家，删裁繁诬，刊改漏失，自是学者略知所归"（《后汉书·郑玄列传》）。郑玄以古文经为底本遍注群经后，郑注日益流行起来，古文经学遂彻底压倒了今文经学。《今文尚书》中的欧阳、大小夏侯之学后来便渐渐失传了。

两汉时代《今文尚书》被列于学官，"通经"可以"入仕"，因此在官家《尚书》学兴旺发达的同时，《尚书》在民间也可以随便见到了。西汉晚年十分流行的一本儿童识字启蒙教材——《急就篇》就曾这样写道：

> 宦学讽《诗》《孝经》《论》，
> 《春秋》《尚书》律令文，
> 治礼掌故砥砺身。

宦学即学宦，也就是学习为官之道的意思。要做官就必须熟读《诗经》《孝经》《论语》《尚书》这些经典以及国家的法令，因为"《书》以道事"，不学习就将失去明确的指导，这样就做不好官。所以我们在汉代史籍中时常发现某人"少习《尚书》"的记载。儿童阶段就已熟悉《尚书》，说明《尚书》已在民间流行起来了。汉武帝独尊儒术，对《尚书》的传播起到了巨大的推动作用。正是凭借着这股助力，虽然中间小有磕绊，伏生《今文尚书》二十八篇总算完好地保存到今天，并且一直占据着《尚书》学的核心地位。因此，汉代以后，《尚书》在传播过程中更多发生的是那些解释家们互争正统、造伪与辨伪的斗争故事。

郑玄注释的《尚书》在魏晋时代十分流行，南北朝分立后，它仍然受到北朝的尊崇，但在南朝则是另外一种景象。东晋初年，《伪古文尚书》及其"伪孔传"以其出身的高贵而异军突起，很快占据了南朝"尚书学"的主导地位，经学遂有"南学""北学"的区分。

南人约简，得其英华；北学深芜，穷其枝叶。

这是唐人所修《北史·儒林列传》的看法。唐人在经学上重南轻北，所以会有这样的评价。孔颖达修《五经正义》，以《伪古文尚书》为底本，在"伪孔传"的基础上作"疏"。随着《五经正义》的颁行天下，《伪古文尚书》及其"伪孔传"的一尊地位进一步被确定下来。唐代六科取士，"明经"是其中十分重要的一条途径。《周易》《古文尚书》《诗经》

《仪礼》《周礼》《礼记》《春秋公羊传》《春秋穀梁传》和《春秋左氏传》，被称为"九经"，明经考试的题目就从这九经中间出。唐人按篇幅的大小把九经分为大经、中经和小经三等，《尚书》列于小经之中。综合唐代的材料看，《尚书》《诗经》《周易》和《礼记》研习者最多，地位也最显赫。

《伪古文尚书》在宋代仍然声名显赫。王安石变法的思想武器是"三经新义"，这三经是指《尚书》《诗经》和《周礼》。《尚书》指的就是《伪古文尚书》。宋儒对伪《大禹谟》中的"人心惟危，道心惟微；惟精惟一，允执厥中"特别感兴趣，反复阐释这"先圣亲传"的"十六字心法"，力图说明"道心"的微妙，因而宋代儒学又被称为"道学"。宋代"尚书学"人才辈出，著作绵延不绝。从《四库全书总目》中看，"书经类"正式提要一共两卷，其中前一卷除了一部《尚书正义》外，其余全是两宋时代的著作；后一卷是元、明、清三代学者的作品。由此可见《伪古文尚书》在宋代研习之盛。

然而物盛而衰乃自然之理，更何况原本是一部伪书呢？南宋时代，朱熹、吴棫等人已开始怀疑其文风的互相矛盾，经过明人梅鷟、清代阎若璩的考辨，这种怀疑变成了定论，《古文尚书》系伪造之作的西洋镜终于被彻底揭穿了。对于阎若璩《尚书古文疏证》的历史地位，梁启超先生做了很高的评价。他认为，正是凭借着这部著作，阎若璩跻身于清代一流学者的行列中。在《中国近三百年学术史》中，梁启超先生写道：

> 请问：区区二十篇书的真伪，虽辨明有何关系，值得如此张皇推许吗？答道：是大不然。这二十几篇书和别的书不同。二千余年来公认为神圣不可侵犯之宝典，上自皇帝经筵进讲，下至蒙馆课读，没有一天不背诵他。忽焉真赃实证，发现出全部是假造，你想，思想界该受如何的震动呢？……中国人向来对于几部经书，完全在盲目信仰的状态之下。自《古文尚书疏证》出来，才知道这几件"传家宝"里头，也有些靠不住，非研究一研究不可。研究之路一开，便相引于无穷。自此以后，今文和古文的相对研究，六经和诸子的相对研究，乃至中国经典和外国经典相对研究，经典和"野人之语"的相对研究，都一层一层的开拓出来了。所以百诗的《古文尚书疏证》，不能不认为近三百年学术解放之第一功臣。

梁启超先生的这个评价是恰如其分的。正是在顾炎武的号召下，在阎若璩（字百诗）的实际垂范下，清代学术一反明代的空疏，而讲究起实事求是的"实学"来。自《尚书古文疏证》问世以来,"伪书"的案子基本定了下来。后来惠栋、王鸣盛等人又继续考辨,其造伪的性质遂成了铁案。于是在经学末世的清代,这部书是不大受人正面重视的。所出现的研究著作,尽管也有毛西河(毛奇龄)《古文尚书冤词》之类为其鸣冤叫屈者,但绝大多数都属于揭发批判性质的东西。

经学时代结束后,尤其是"打倒孔家店"之后,学术界的心态终于冷静下来。回头一看,《今文尚书》二十八篇中绝大多数属于上古时代的真文献,虽然不再是"圣人垂范设教"的皇皇圣典,然而对于我们研究历史却非常有用,尤其是对研究周秦时代的历史,这部著作更是不可或缺的,于是人们把它当作一部史书来读,从中汲取历史经验和其他教益,《尚书》终于恢复了本来面目,回到了自己应该处的位置上。这就是《尚书》在当代传播的实际状况。

现实生活中的《尚书》

当今普通人的书架上,看不到《尚书》的踪影已算不上什么怪事,这部煊赫一时的著作距离我们似乎已经很遥远了。然而稍加留意就可以发现,国人在举手投足或言谈话语之间,总要情不自禁地流露出一些受《尚书》影响的痕迹来,只是我们不知道或者没有留心罢了。《尚书》中记录下的思维方式及其行事准则,深深地影响着我们民族性格的塑造,并且这种影响以一种"获得性遗传"的方式传到了今天。《尚书》中记载的嘉言善语,有许多被后世奉为格言或作为成语而广为传诵,直到今天仍然能够不时地听到一些。因此我们说《尚书》距离当代社会生活既远又不远。关于《尚书》的思想影响,这是本书的重心所在,我们打算留在后面去说,这里首先检出一些格言或成语作为例证,来看一看《尚书》与现代生活究竟是一种什么样的关系。

今天在描写坏人对于同伙遭受打击感到伤心或着急时,我们时常用"如丧考妣"一词来形容。这个成语是《尧典》篇(《尚书正义》中在《舜典》篇)中的原话,本是形容老百姓在圣君帝尧去世时的痛苦心情。古人称已经去世的父亲为"考",称死去的母亲为"妣"。"如丧考妣"起初是一个中性词,后来明显地带上了贬义的色彩,词性转移本是语言发展中的常事,不足为奇。

我们在阅读诗歌赏析之类的文章时,时常会看到这样的话,"诗言志,歌永(咏)言"。这也是《尧典》篇(《尚书正义》中在《舜典》篇)中的原话,意思是说诗歌是用来表达思想的。《尧典》提出的这条艺术创作原则,为后世我国现实主义文学艺术的发展所遵循。

今天在赞扬某人工作小心谨慎、认真负责时,我们时常使用"兢兢业业"一词;在赞叹某人工作繁忙时,我们会说他"日理万机"。这两个成语都出自《皋陶谟》,原文为"无教逸欲有邦,兢兢业业,一日二日万几"。这是皋陶劝告大禹的话。

读过《红楼梦》的人都知道,林黛玉在大观园中的住处叫作潇湘馆。"潇湘馆"这个名字是元春省亲时给改的,起初贾宝玉给这个所在起的名字是"有凤来仪"。他的理由是:编新不如述旧,"这是第一处行幸之所,必须颂圣方可。若用四字的匾,又有古人现成的,何必再做?"他所说"古人现成的",指的就是《皋陶谟》(《尚书正义》中在《益稷》篇),原文为"凤皇(凰)来仪","仪"是指有容仪的意思。今天有尊贵的稀客来到时,我们会半开玩笑半是认真地说"凤凰来仪",以示对客人的尊敬。

今天在描述某人工作有条理、生活有秩序时,我们会使用"有条不紊"一词。这个成语出自《盘庚上》篇。盘庚要求听他训话的人"若网在纲,有条而不紊",做到对他的绝对服从。起初的语意在今天也已发生了明显的变化。

古代天子时常说这样的话,"朕为民父母"。这一句话进一步扩而充之,遂有"父母官"一词的出现,这个词的使用频率在今天仍然是很高的。"为民父母"这种高高在上的思想和说法,出自《洪范》篇。这篇政治哲学著作的原话是:"天

《尚书》与现实生活 | 123

子作民父母,以为天下王。"这是对那个时代亲亲政治的美化,实际生活中的君臣关系则要严肃得多,也残酷得多。

"作威作福"在今天是一个贬义词,但在《洪范》篇中则是从正面来讲的,"惟辟作福,惟辟作威,惟辟玉食。臣无有作福、作威、玉食"。"辟"是君主的意思。只有君主才能作威作福,臣下绝对不能这样,这是专制主义中央集权政治体制逐步确立过程中出现的新观念,此前没有这种观念。这一思想对后世社会历史进程的影响十分深刻。

今天在描述歹徒杀人抢劫时,我们经常使用"杀人越货"一词。该词出自《康诰》篇。原文是这样说的,"凡民自得罪:寇攘奸宄,杀越人于货,暋不畏死,罔弗憝"。"越","伪孔传"释为"颠越",也就是今天所说"夺取"的意思,不过也有人释之为"远方"。无论古代还是在今天,"杀人越货"都是一种十分严重的罪行。

从近代以来,"革命"一直是东方大地上一个十分响亮的字眼。这个字眼古已有之。《尚书·多士》篇记载周公训诫殷商多士的话,"惟尔知,惟殷先人,有册有典,殷革夏命",这是"革命"一词在古文献中的最初出处。不过古代所谓的"革命",是革去你的天命,由我取而代之的意思,与近代以来的社会革命意义不同,这也是不言而喻的。《周易·革卦·彖传》所谓"天地革而四时成。汤武革命,顺乎天而应乎人"，这里的"革命"自然也是在古典意义上使用的。

今天我们讲民主，古人也在讲"民主"。《尚书·多方》篇记载周公的话，"天惟时求民主"，"乃惟成汤克以尔多方简，代夏作民主"。这是"民主"一词在中国古文献中的最早记录。不过这里的"民主"，是人民主子的意思，你为民，我为主，这就是古代的"民主"，近现代意义上的民主在中国古代是不存在的。

这是《今文尚书》二十八篇中的一些成语或典故。伪古文二十五篇中也有一些著名的格言警句，这里也一并列出。因为这二十五篇文献附着在《尚书》的本体之上，曾几何时，它们也堂而皇之地被奉为"正经"，从而深深地影响了中古时代的社会政治生活，那么从某种意义上讲，把它们与《今文尚书》二十八篇等量齐观也是未尝不可的。

古代哲人反复劝告人们要谦虚谨慎，戒骄戒躁，《大禹谟》遂把这些劝告归纳为一句格言："满招损，谦受益。"毛泽东生前反复号召反骄破满，强调"虚心使人进步，骄傲使人落后"，就是对这句格言的进一步引申。

春秋以来，民本思想开始抬头，战国时代孟子遂提出了"民为贵，社稷次之，君为轻"的著名命题。《五子之歌》把这些思想进一步归纳为一句话，即"民惟邦本，本固邦宁"——人民是国家的根本，只有根本牢固了，国家才能安宁。这是多么辩证、多么深邃的思想啊,难怪后世那些具有民本思想的人们都爱引用这句话。

在比喻好坏事物一起毁灭时,我们爱用"玉石俱焚"这个成语。这个成语源自《胤征》篇。胤侯在张扬自己的军威时说,"火炎昆冈,玉石俱焚。天吏逸德,烈于猛火"。今天这个成语是一个中性词。

尊重人的存在,正视人的价值,这在中国古代是有传统的。自从春秋时代天道观发展的进程加快以来,人在自然界中的地位问题就一直是思想家们关注的热点。《泰誓上》给人的定位是——"惟天地万物父母,惟人万物之灵"。天地是万物的父母,人是万物中最为聪明灵巧的动物。后来毛泽东讲"世界一切事物中,人是第一个可宝贵的",说的还是这层意思。

今天在表达一个群体思想、行动高度一致这层意思时,我们爱用"同心同德"这个词,与之相反的则是"离心离德"。这两个成语都出自《泰誓中》篇。文中周武王宣称:"受(纣)有亿兆夷人,离心离德;予有乱臣十人,同心同德。"这里的"乱"是"治理""理乱"的意思。

今天我们在报纸上时常可以看到这样的话:对于邪恶势力的打击一定要稳、准、狠,"除恶务尽,不留后患"。《泰誓下》提出的要求是"树德务滋,除恶务本"——培养德行务求广泛,而扫除邪恶一定要连根拔除,不留后患。

今天在批评某些人因贪玩所喜爱的东西而消磨掉志气时,我们爱用"玩物丧志"这个词。这个成语出自《旅獒》篇。文中召公劝告周武王慎修德行,善始善终,千万不要"为山九仞,功亏一篑"。他说,"玩人丧德,玩物丧志",一定不能沉溺于那些玩好之中不能自拔,从而葬送了我们的建国大业。

从古到今,人们都希望办事要利索,要果断,不能拖泥带水。《周官》也明确指出:"惟克果断,乃罔后艰。""克"是能的意思,"罔"是没有的意思。这是从正面讲的。古人还有"当断不断,反受其乱"的说法,那则是从反面讲的。

另外,今天我们经常使用"巡守""考绩""元首""荡析离居""多才多艺""复辟""不遑暇食""有备无患""奇技淫巧""暴殄天物"等词语,这些词语差不多都是从《尚书》中产生出来的。从这里可以看出《尚书》与现代生活的联系有多么密切。

《尚书》各篇的成书时代有早有晚,连同梅赜所上的二十五篇算上,最早的篇章距今已在三千年以上,最晚的也有一千六百多年了。在这漫长的历史阶段里,《尚书》中的语言不但活着,而且直到今天仍然是活生生的,因为我们时常说起前面列举的那些成语典故,仅此一点就足以看出《尚书》生命力之强大。作为"文化元典"中最为重要的一部典籍,

《尚书》是中国传统文化的一个支点,它与我们民族文化的存续发展息息相关,因此我们说这部著作与现代社会、现代生活的距离并不遥远。

《尚书》产生于古代文化的一个转型时期。它既是对文化转型的记录,又是对文化转型的总结,自然能够对后世社会生活产生指导意义。今天我们又面临着一个新的文化转型期。在市场经济大潮的洗礼中,传统文化和国民精神风貌都在发生着深刻的变革,此时此刻来研读《尚书》,自然别有一番滋味在心头,其借鉴意义自不待言。

《尚书》与中国传统政治

对于《尚书》的内容、性质、功能和地位等问题,前人有一些简单明了的概括式说法。这些说法在前面的行文中我们差不多都已经征引过,但为了比较起见,这里把它们集中在一起再次引出来,好在这些说法都很简明扼要,读起来不至于使人生厌:

《书》者,政事之纪也。(《荀子·劝学》)
《书》记先王之事,故长于政。(《史记·太史公自序》)
疏通知远,《书》教也……疏通知远而不诬,则深于《书》者也。(《礼记·经解》)

《书》以道事。(《庄子·天下》)

说事者莫辨乎《书》。(《法言·寡见》)

《诗》《书》,义之府也。(《左传·僖公二十七年》)

夫《尚书》者,七经之冠冕,百氏之襟袖。凡学者必先精此书,次览群籍。(《史通·断限》)

"先王之事"是《尚书》记述的基本内容,其中蕴涵的政治智慧和经验教训,足以增广后人的见闻,指导后人的行动,使人疏通知远而不诬妄。这部著作是古代学术的渊薮所在,居于"七经"之巅的位置上,必须首先学习它,绝不能等闲视之。从荀子到刘知幾的这种种看法,虽然不能说已说尽了《尚书》的功用,但它们毕竟部分地道出了历史的真实。这部著作对于后世的社会政治、传统法制、传统思想乃至历史学发展确有深刻的影响,只要稍加留心就可以看出来,因为这些影响基本上都很直接。在后面的行文中,我们将对此一一加以解说。

《尚书》对于中国后世社会政治的影响特别大。在相当长的一段历史时期里,这部著作一直被看作是古代圣王圣道王功的真实记录,从而成为后世帝王们施政的标准,实实在在地指导着社会生活。西汉时代,董仲舒以《春秋》决狱,王式"以三百五篇当谏书",已经令人眼花缭乱了,然而《尚书》却丝毫不比它们逊色：夏侯胜用《洪范传》觉察出一场废立皇帝的阴谋；平当则因为熟读《禹贡》而被委以治理黄河的重要责任，唐人颜师古在对《汉书·平当传》的这条记载作注时写道，"《尚书·禹贡》载禹治水次第，山川高下，（平）当明此经，故使行河也"，真可以算得上人尽其才、物尽其用了。我们举出这两个事例的目的，只是为了说明《尚书》对社会生活的具体指导情况。而"《书》以道事"则主要表现在对经国体野的大政方针的指导与规范上。《尚书》中提出的那些施政方针，长期指导着后世社会的政治生活，其中体现出的行政准则，更规定了后世社会政治的发展方向——《尚书》名副其实地成为封建社会的政治教科书，这才是真正意义上的"《书》以道事"，也是本章所要讨论的基本内容。

"王敬作，所不可不敬德"——《尚书》与中国德治传统

所谓德治，就是以德治理的意思。这种主张在中国历史上是从《尚书》时代开始的，《尚书》记录下了这些主张。"德"本是升高的意思，后来引申出"品行""恩惠"等含义。因此，古代一些辞书在对"德"作出解释时说："德，德行也"；"德，惠也"。包括君主在内的各级统治者，用自己的美

德来治理属下，施惠于民，这是德治的基本要求。当然，这里所谓的"美德"带有明显的社会历史性，但同一时代道德评判的标准则是明确的，《尚书》中的德治准则成为后世社会政治生活中的基本原则之一。

《尚书》中的德治主张

德治是《尚书》中最根本的政治主张之一，它贯串全书之始终。早到周初诸诰，晚至《尧典》《皋陶谟》等篇，没有不强调德治的。兹举例如下：

盘庚要求在位贵戚们，"汝克黜乃心，施实德于民"（《盘庚上》）。

周公告诫卫康叔说，"呜呼！肆汝小子封……明乃服命，高乃听，用康乂民"（《康诰》）。

在《梓材》篇中，周公再次告诫卫康叔："皇天既付中国民，越厥疆土于先王，肆王惟德用，和怿先后迷民，用怿先王受命。已若兹监，惟曰欲至于万年，惟王子子孙孙永保民。"

因为周王站在道德表率的位置上，用《尚书》中的话说，叫作"位在德元"，所以召公一再告诫成王："王敬作，所不可不敬德"；"肆惟王其疾敬德。王其德之用，祈天永命"。（《召诰》）谆谆教诲表达出召公的殷切希望。

在《君奭》篇里，周公反复告诫召公："嗣前人，恭明德，在今"；"其汝克敬德，明我俊民，在让后人于丕时"；"惟乃知民德，亦罔不能厥初，惟其终。祗若兹，往敬用治"。拳拳敬德之心溢于言表。

周初"敬德"和"德治"主张的出现，是历史发展的一种必然要求。西周初年，"民情大可见，小人难保"（《康诰》），殷商贵族对于昔日的统治地位仍然一往情深，族际矛盾和阶级矛盾交织在一起，压得最高统治者透不过气来。据说周公"一沐三捉发，一饭三吐哺"，简直有点手忙脚乱了。一个严峻而又深刻的现实问题终于被提了出来：夏、殷两代都曾得到过上天的垂爱，今天却都相继灭亡了，原因在哪里呢？

> 惟不敬厥德，乃早坠厥命。（《召诰》）

经过认真思索，原因终于找到了。因为其本色是一部历史著作，因此《尚书》对此花了很多笔墨，反复探讨夏、商灭亡的原因：

> 有夏诞厥逸，不肯慼言于民，乃大淫昏，不克终日劝于帝之迪……天惟时求民主，乃大降显休命于成汤，刑殄有夏。（《多方》）
> 桀德，惟乃弗作往任，是惟暴德，罔后。（《立政》）

《尚书》与中国传统政治 | 133

（商代后期的君主）诞惟厥纵淫泆于非彝，用燕丧威仪……弗惟德馨香，祀登闻于天，诞惟民怨。庶群自酒，腥闻在上。故天降丧于殷，罔爱于殷，惟逸。（《酒诰》）

其在受（纣）德，暋惟羞刑暴德之人，同于厥邦。乃惟庶习逸德之人，同于厥政。帝钦罚之，乃伻我有夏。式商受命，奄甸万姓。（《立政》）

事实如此清楚，教训如此惨痛，"我不可不监（鉴）于有夏，亦不可不监（鉴）于有殷"（《召诰》），不敬德能行吗？这是从反面得到的教训。

从另一个角度看，殷商的灭亡诚然是咎由自取，而我们取胜的原因又在哪里呢？这是同一个问题的两个方面。周初统治者对此也作了深刻的反思：

惟乃丕显考文王，克明德慎罚，不敢侮鳏寡，庸庸，祗祗，威威，显民，用肇造我区夏，越我一二邦，以修我西土。

这是《康诰》中周公训诫卫康叔的话。在《立政》篇中，周公告诫成王说：

> 文王惟克厥宅心，乃克立兹常事司牧人，以克俊有德。……亦越武王，率惟敉功，不敢替厥义德，率惟谋从容德，以并受此丕丕基。

这样的话头一直念叨到东周初年。在《文侯之命》中，周平王还在对晋文侯讲：

> 丕显文、武，克慎明德，昭升于上，敷闻在下，惟时上帝集厥命于文王。

正是由于文王、武王的"克慎明德"，才有我们今天的局面，我们又怎能不敬德呢？不推行德政行吗？这是从正面得到的启示。

正反两方面的经验教训结合在一起，加深了周初统治者对德治思想的认识，坚定了他们以德治国的信念，德治理念不但在社会政治生活中扎下了根，同时也日益丰富起来，日趋体系化。《盘庚上》篇借盘庚的"金口"讲出了一句有名的"玉言"：

> 汝克黜乃心，施实德于民。

《尚书》与中国传统政治

施行德政不是做做样子给人看,而是要给人民办实事,这才是真正的德政。写定于战国时代的几篇文献对德政的内容做了进一步的阐释:

> 帝曰:"契!百姓不亲,五品不逊。汝作司徒,敬敷五教,在宽。"

这是《尧典》篇中虞舜告诫契的话(《尚书正义》中在《舜典》篇)。德治的核心内容是教化,教化的方法要宽厚。通过宽厚的教化,人民在不知不觉中改变了习性,从而达到移风易俗的目的,这就叫作德治。在《皋陶谟》中,大禹向皋陶讲述了自己和后稷的一些德政(《尚书正义》中在《益稷》篇):

> 洪水滔天,浩浩怀山襄陵,下民昏垫。予乘四载,随山刊木,暨益奏庶鲜食。予决九川,距四海,濬畎浍距川。暨稷播,奏庶艰食鲜食。懋迁有无,化居。烝民乃粒,万邦作乂。

这段文字的大意是:在滔天洪水面前,我四处奔波加以治理,最终排除了水患。后稷又教导人民进行种植,解决了人民的吃饭问题。我们又教育人民进行贸易,互通有无,于是把人民安定下来。"安民则惠，黎民怀之"，这是对"施实德于民"的最好注脚。

《尚书》不但提出了德治的主张，而且赋予这一主张许多实实在在的内容，德治从而成为《尚书》时代政治行为的一项根本准则。后来的《伪古文尚书》继承了这一准则，对此做了这样或那样的阐释，甚至赋予德治以命定论的色彩，以增加德治的权威。这一类言论在后来伪造的二十五篇中比比皆是，这里仅举一两个例子以资说明：

> 禹曰："於！帝念哉！德惟善政，政在养民。水、火、金、木、土、谷，惟修；正德、利用、厚生，惟和。九功惟叙，九叙惟歌。……朕德罔克，民不依。皋陶迈种德，德乃降，黎民怀之。帝念哉！"

这是《大禹谟》中的话，从中可以看出对周初德治主张的继承和发展。《蔡仲之命》甚至给德治打上了命定论的烙印：

> 王若曰："……皇天无亲，惟德是辅；民心无常，惟惠之怀。为善不同，同归于治；为恶不同，同归于乱：尔其戒哉！"

上述引文的大意是：皇天辅助有德之人，民心怀恋恩惠之政。推行德政的手段有所不同，但达到治理的结果是一样的。德治被镀上一层神意的光环后，在封建时代的确要灵光一些。《伪古文尚书》的用心真可谓良苦了。本来就是明确肯定的政治主张，经过《伪古文尚书》的进一步肯定后，德治思想更加坚定不移了。

德治主义及其实践

德治主张经过儒家学派的进一步阐释，遂更加理论化和体系化。儒学独尊之后，德治主义为历代封建王朝所强调，并且程度不同地得到贯彻，对于刷新封建吏治来讲，这一思想发挥了重要作用。

孔子"祖述尧舜，宪章文武"，师法周公，在政治主张上特别强调德治。他说：

> 为政以德，譬如北辰居其所而众星共之。（《论语·为政》）

这里，孔子对德政的定位十分明确。德是为政的根本原则，德治是最基本的法则，其他措施只能围绕着它来展开。为什么要实行德政呢？换句话说，实行德政的意义何在呢？

孔子指出：

> 道之以政，齐之以刑，民免而无耻。道之以德，齐之以礼，有耻且格。(《论语·为政》)

德与礼是引导人民的最好办法，两者相辅而行，才能从根本上解决问题。如果单靠行政命令和刑罚威慑，只能把社会风气搞坏，使人民不知道羞耻，因此，用德来进行教化才是最好的政治手法。怎样实施德政呢？孔子也有明确的回答：

> 道（导）千乘之国，敬事而信，节用而爱人，使民以时。(《论语·学而》)
>
> 子贡曰："如有博施于民而能济众，何如？可谓仁乎？"子曰："何事于仁！必也圣乎！"(《论语·雍也》)
>
> 子曰："因民之所利而利之，斯不亦惠而不费乎？"(《论语·尧曰》)

这几句话的一个中心意思就是，施政要以爱护人民为出发点，多做一些有益于人民的事情，这才是真正的德政。在《论语·季氏》篇中，孔子讲过一段很有名的话：

> 有国有家者，不患寡（贫）而患不均，不患贫（寡）而患不安。盖均无贫，和无寡，安无倾。夫如是，故远人不服，则修文德以来之。既来之，则安之。

这是一段非常重要的谈话，从而也很出名。孔子在这里讲出了两层意思：第一是说，作为统治者，必须注意社会的贫富悬殊不能拉得太大，贫富过分悬殊，社会就会不安定；第二是说，对于远方之人，包括异族的人们，要靠文德招徕而不能靠武力裹挟。这第二层意思当然也适用于一般的老百姓。这是对德治主义的丰富和发展。关心国计民生是孔子德治思想的一项重要内容，所以当子贡问政时，孔子的回答很明确：

> 足食，足兵，民信之矣。（《论语·颜渊》）

《论语·尧曰》篇也讲到了"宽"的问题：

> 宽则得众，信则民任焉，敏则有功，公则说。

宽容、公正、恪守信义，这都是德治主义的基本范畴。所以我们说，德治主张在儒家学派这里获得了大发展，从而上升为一种主义、一种基本的政治准则。

在孔子的思想中,"仁"与"礼"并重。孟轲更多地继承了"仁"的思想,孔子的德治主义从而被发展为王道仁政学说。孟子指出:

> 三代之得天下也以仁,其失天下也以不仁。国之所以废兴存亡者亦然。天子不仁,不保四海;诸侯不仁,不保社稷;卿大夫不仁,不保宗庙;士庶人不仁,不保四体。(《孟子·离娄上》)

可见行仁政是多么重要。孟子爱唱高调是出了名的,但同时他也明确认识到,要使人民对于封建政权有"恒心",统治者必须让人民有"恒产":

> 是故明君制民之产,必使仰足以事父母,俯足以畜妻子,乐岁终身饱,凶年免于死亡。然后驱而之善,故民之从之也轻。(《孟子·梁惠王上》)

生存第一,这是王道仁政的基础。仁政必须从经济方面入手,他说:

> 不违农时，谷不可胜食也；数罟不入洿池，鱼鳖不可胜食也；斧斤以时入山林，材木不可胜用也。谷与鱼鳖不可胜食，材木不可胜用，是使民养生丧死无憾也。养生丧死无憾，王道之始也。(《孟子·梁惠王上》)

减轻人民负担，按照自然规律办事，人民丰衣足食，养生丧死无憾，这就是王道仁政的开始，继之以教化，王道的境界也就达到了。这些话看似有些浮夸，实际上说得却很实在，在"唯心"的同时，孟子有时也是挺"唯物"的。在《梁惠王上》的同一个地方，孟子对上面这段话接着作了个补充：

> 五亩之宅，树之以桑，五十者可以衣帛矣；鸡豚狗彘之畜，无失其时，七十者可以食肉矣；百亩之田，勿夺其时，数口之家可以无饥矣；谨庠序之教，申之以孝悌之养，颁白者不负戴于道路矣。七十者衣帛食肉，黎民不饥不寒，然而不王者，未之有也。

五亩之宅，百亩之田，八口之家，耕织并重，农副兼营，不夺农时，减轻剥削，老有所养，幼有所教，这就是王道仁政的出发点和最终归宿。《尚书》中的德治主张在孔子和孟子等人这里被赋予了许多新的实际内容,增加了许多可操作性,从而显得更加丰满和更加成体系。

春秋战国时代,德治主义融入了清算神道主义、确立人文精神的时代大潮中,对于正在进行的政治变革起到了一定的推动作用。汉武帝罢黜百家之后,儒家学说获得了独尊的地位,《尚书》作为五经之"冠冕"自然备受社会的青睐,其中的德治思想遂被奉为政治行为的金科玉律,为历朝历代的最高统治者所大力提倡,史书对此留下了大量的记载,这里就不再加以征引了。

在德治主义的熏陶下,历代都出了一些圣君贤相、清官良吏。尤其在每个朝代的前期阶段,君臣上下懂得创业难,守业更难的道理,大都能够兢兢业业,恪尽职守,政治也就显得比较清明。许多清官廉吏在任期间,为国家和老百姓都办了不少实事和好事,努力实践着德治主义,从而为《尚书》的德治主张平添了许多斑斓的色彩。传统史书中的《循吏传》就是为这些人开辟的专栏,而许多重要人物更被专门列在列传中加以表彰。

《汉书·循吏传》记载:召信臣"以明经甲科为郎,出补谷阳长",历迁零陵太守、南阳太守等职,所在都很称职。"信臣为人勤力有方略,好为民兴利,务在富之。躬劝耕农,出入阡陌,止舍离乡亭,稀有安居时。行视郡中水泉,开通沟渎,起水门提（堤）阏凡数十处，以广溉灌，岁岁增加，多至三万顷。民得其利，畜积有余。信臣为民作均水约束，刻石立于田畔，以防分争。禁止嫁娶送终奢靡，务出于俭约。……其化大行，郡中莫不耕稼力田，百姓归之，户口增倍，盗贼狱讼衰止。吏民亲爱信臣，号之曰'召父'。"兴修水利，发展农业生产，革易陋习，这是地方长官召信臣所推行的一些德政。这其中可能有一些溢美之词，然而基本事实则大体是可信的。只要为老百姓办了实事和好事，老百姓是不会忘记的。

东汉初年的杜诗，在位时也能尽心尽力。《后汉书·杜诗传》记载说："（建武）七年（公元31年），（杜诗）迁南阳太守。性节俭而政治清平，以诛暴立威，善于计略，省爱民役。造作水排，铸为农器，用力少，见功多，百姓便之。又修治陂池，广拓土田，郡内比室殷足。时人方于召信臣，故南阳为之语曰：'前有召父，后有杜母。'"

德治主义提倡不畏强御、唯德是从的精神，仁德高于一切。东汉初年的董宣就曾依此身体力行过。在他担任京城洛阳县令的时候，"湖阳公主苍头白日杀人，因匿主家，吏不能得"。后来这个仆人给公主赶车招摇过市，董宣在批评了公主的过失之后，当着公主的面将这个人杀死。公主跑到弟弟光武帝面前哭诉，"帝大怒，召宣，欲箠杀之"。董宣据理力争，光武帝于是赦免了他，要求他向公主叩头道歉。"宣不从，强使顿之，宣两手据地，终不肯俯"。公主抱怨光武帝说，你当老百姓的时候那么强硬，今天就不能制服一个小小的县令吗？"帝笑曰：'天子不与白衣同。'因敕强项令出。……由是搏击豪强，莫不震慄。"（《后汉书·酷吏列传》董宣传）董宣硬着脖子不向皇权的淫威低头，支撑他的力量是道义和仁德，"强项令"的美名遂垂于青史。

包拯在当代中国是一个家喻户晓的人物，人称为"包青天"。现在流传的包拯事迹，许多内容系民间传说和戏剧舞台神化的结果，反映了老百姓对封建官吏的希望和要求，虽不符合历史真实，但这不是说这些事迹没有一点历史的影子存乎其中。历史上的包拯的确是一个刚直不阿、敢于兴利除弊的"能员"，在他生活的那个时代就非常有名。《宋史·包拯传》记载说："拯立朝刚毅，贵戚宦官为之敛手，闻者皆惮之。人以包拯笑比'黄河清'。童稚妇女，亦知其名，呼曰'包待制'。京师为之语曰：'关节不到，有阎罗包老。'旧制，凡讼诉不得径造庭下，拯开正门，使得至前陈曲直，吏不敢欺。……其在三司，凡诸管库供上物，旧皆科率外郡，积以困民。拯特为置场和市，民得无扰。"这些记载基本上是可信的，从中可以看出他的为政、为人以及在社会上的影响，因此，后世关于"包青天"的一些说法，也不全是无稽之谈。

海瑞以自己的严于律己和铮铮铁骨赢得了和包拯一样的

声名。《明史·海瑞传》记载说，海瑞上书嘉靖皇帝，批评他荒淫误国的种种过失，"帝得疏，大怒，抵之地，顾左右曰：'趣执之，无使得遁。'宦官黄锦在侧，曰：'此人素有痴名。闻其上疏时，自知触忤当死，市一棺，诀妻子，待罪于朝，僮仆亦奔散无留者，是不遁也。帝默然"。这种忧国忧民、舍生忘死的精神，是儒家德教一贯倡导的，海瑞生前被视为道德的楷模，自有其历史的根据。

鲁迅先生在《且介亭杂文·中国人失掉自信力了吗》一文中指出，"我们从古以来，就有埋头苦干的人，有拼命硬干的人，有为民请命的人，有舍身求法的人……虽是等于为帝王将相作家谱的所谓'正史'，也往往掩不住他们的光耀，这就是中国的脊梁"。这段话可以作为我们这节文字的一个小结。

德治主义批判

德治主张的出现，距今已有三千多年，德治主义对封建官吏的广泛熏陶差不多也有两千年的历史。两千年来，在道德自律精神的指引下，古代中国涌现了一批像召信臣、杜诗、包拯、海瑞这样的清官，可见道德教育、正面引导还是有一定成效的。这一点首先应该予以肯定。

在封建时代，有了召信臣、杜诗、包拯、海瑞之类的清官，老百姓的压迫相对减轻了，老百姓的意愿部分地可以表达出来了，对于老百姓来讲，这是一件好事。这些清官以自己的人格力量引导社会。对于贪官来讲，清官存在的本身就是一种威慑力量，让贪官们感到不自在，因此我们说德治主义在历史上的作用，还是应该给予一些肯定的。尤其是这种主张实施的早期阶段，肯定的成分似乎应该更多一些。因为相对于神道主义来讲，德治主张的出现毕竟是一个历史性的进步。当然，期盼清官的现世，把一切希望都寄托在清官身上，这是人治时代的思想产物，与今天强调法制的时代精神格格不入，自然也是不可取的，这也是显而易见的事情。

把德治视为万能的政治手段，一味地依赖德治主义，制约措施不配套，由此产生了种种流弊也是一个不争的事实。以道德代替法制，以空头说教代替制约机制，以人格力量的感化代替有效的监督，这是中国封建政治的根本误区所在。追根溯源，《尚书》对此应当承担一部分历史责任。后来的历史发展表明，德教根本约束不住地主阶级的荒淫、贪婪和道德败坏，封建社会后期官场腐败成风，官吏如狼似虎地残害广大人民群众，此类事例不胜枚举。这里仅举《聊斋志异·梦狼》作一说明。不要觉得这是小说家言，小说是现实生活的反映形式之一，经过作家的提炼和加工之后，许多小说对生活本质的反映和揭示更深刻、更准确，从而显得更有普遍意义。

《梦狼》给我们讲述了一个因果报应的故事。直隶人白翁的长子甲在南方为官,一日睡梦之中,白翁梦见一位姓丁的亲戚邀请他去看望自己的儿子。白翁来到儿子的衙门外:

> 窥其门,见一巨狼当道,大惧不敢进。丁又曰:"入之。"又入一门,见堂上、堂下,坐者、卧者,皆狼也。又视墀中,白骨如山,益惧。丁乃以身翼翁而进。
>
> 公子甲方自内出,见父及丁良喜。少坐,唤侍者治肴蔌。忽一巨狼,衔死人入。翁战惕而起,曰:"此胡为者?"甲曰:"聊充庖厨。"翁急止之。心怔忡不宁,辞欲出,而群狼阻道。

知子莫若父。白翁被噩梦惊醒后,立即派次子去劝说大儿子。次子到哥哥的衙门里住了几天,所见到的情形是:

> 蠹役满堂,纳贿关说者中夜不绝,流涕谏止之。甲曰:"弟日居衡茅,故不知仕途之关窍耳。黜陟之权,在上台不在百姓。上台喜,便是好官;爱百姓,何术能令上台喜也?"弟知不可劝止,遂归,告父。翁闻之大哭。

《聊斋志异》记述的是清朝的事情。白某人的话道出了问题的实质。官吏升降的权力掌握在上级而不在老百姓手里,那么我为什么要去讨好老百姓呢?作者没告诉我们白某人的出身,这里也不便妄猜,但不管怎么说,他受过德治主义的教育则是可以肯定的。然而他一旦出仕,就把这些教条抛在了脑后。蒲松龄在《梦狼》的结尾处评论说:

> 窃叹天下之官虎而吏狼者,比比也。即官不为虎,而吏且将为狼,况有猛于虎者耶!

这个评论简洁明快,一下揭去了德教温情掩盖下的封建官场的神秘面纱。在比比皆是的官虎吏狼的统治下,广大劳动人民还能有个好吗?因此,到封建社会的后期,德教的职能便集中到去杀广大劳动人民的"心中贼"上面,对于众多封建官员来说已经失去了正面约束的意义。因此,在仁义道德的幌子下,掩盖了无数吃人的事实。鲁迅先生在《狂人日记》中以犀利的笔触写道:

> 凡事总须研究,才会明白。古来时常吃人,我也还记得,可是不甚清楚。我翻开历史一查,这历史没有年代,歪歪斜斜的每叶上都写着"仁义道德"几个字。我横竖睡不着,仔细看了半夜,才从字缝里看出字来,满本都写着

两个字是"吃人"!

"吃人"是德教熏陶的真实历史和终极指向之一。以"爱人"开始,以"吃人"结束,这恐怕是周公、召公、孔子、孟子等德治主义倡导者们所始料不及的吧!

"上帝引逸"——《尚书》与古代的勤政爱民

作为一部"政事之纪",《尚书》所记差不多全是上古时代的政治生活状况。从天子、诸侯到各级官吏,到底应该以什么样的姿态来对待自己的职位和人民,这是《尚书》关注的一个焦点。《尚书》要求所有处在公共职位上的人都要兢兢业业地工作,勤政爱民,千万不要贪于酒色。因为荒淫误国,蠹民害己,有百害而无一益,必须彻底戒除。这些要求对中国后世社会政治的发展产生了广泛而深刻的影响。

《尚书》中的勤政与保民

在《今文尚书》二十八篇中,绝大多数篇章都是西周及其稍后时代写定的。"小邦周"灭掉"大邑商"的大变局,对局中人产生了强烈的震撼。以史为鉴,认真总结商、周两朝的成败得失,是当时思想界的一大任务。尽管宗教神道主仍然在意识形态领域里占据统治地位，但人的作用还是被清楚地意识到了。人能成事，也能败事，荒淫误国，勤政兴国，这是西周早期总结出来的历史经验之一。这条经验可能在西周以前已经被朦胧地认识到了，但有一点可以肯定，西周时代的人们对它的认识比以往任何时候都要更清楚、更深刻，并且从此以后这种认识牢固地植根在华夏社会的心灵深处而挥之不去。周初诸诰及其以后写就的一些篇章明确地录下了这一思想发展演变的历史轨迹。

周初诸诰讲得最多的话题之一就是谴责荒淫，提倡勤政，这是周初社会矛盾交织冲突的一个结果。正如《康诰》篇中周公告诫卫康叔时所说的那样，"敬哉！天畏棐忱，民情大可见，小人难保。往尽乃心，无康好逸豫，乃其乂民"。面对着"小人难保"的严峻形势，除了"明乃服命，高乃听，用康乂民"之外别无选择，否则你的统治就不能延续下去。

明明是从惨痛历史和严峻现实中引申出来的人生规则，却偏偏要给它打上命定论的色彩，把禁止淫逸说成是上帝的旨意，其目的在于给这一说教增加几分庄严肃穆的神圣灵光，这是那个时代最为流行的说教手法。周公告诫殷商王朝的遗老遗少们说：

> 我闻曰：上帝引逸。有夏不适逸，则惟帝降格。向

于时夏,弗克庸帝,大淫泆有辞。惟时天罔念闻,厥惟废元命,降致罚。乃命尔先祖成汤革夏……(《多士》)

《尚书·无逸》篇集中表达了禁止荒淫的思想。文章开篇就说:"君子所其无逸。先知稼穑之艰难,乃逸,则知小人之依。"这是全篇的总纲和中心思想。下面就用正反两方面的事例加以论证:殷王中宗、高宗和祖甲,在位期间勤勤恳恳,敬畏天命,小心翼翼地治理天下,一点也不敢荒淫,所以能够长久地享有君位,三人在位的时间分别为七十五年、五十九年和三十三年。祖甲以后的殷商君主,"生则逸,不知稼穑之艰难,不闻小人之劳,惟耽乐之从",因而都不能长久地在位,"或十年,或七八年,或五六年,或四三年"。我们的先王太王、王季、文王等都能自我克制,严于律己,一点也不敢马虎。尤其是文王,"卑服,即康功田功。徽柔懿恭,怀保小民,惠鲜鳏寡。自朝至于日中昃,不遑暇食,用咸和万民。文王不敢盘于游田,以庶邦惟正之供",最终享国五十年。从这一正一反的事例中,荒淫放纵的危害性不是昭然若揭了吗!今后诸王一定不能荒淫,要正确对待批评意见,尤其是小人们的怨言。敬修自己的德行是解决小人怨恨唯一有效的办法。篇末周公总括一句:"呜呼!嗣王其监于兹。"

这是一篇完整而又典型的历史鉴戒论文。文章有观点,有论据，章法严谨；论据有正面的榜样，也有反面的材料，富有说服力，读后使人心灵震颤。前人因为它文字流畅，文风与《大诰》等篇的佶屈聱牙不同，多有怀疑《无逸》篇为晚出者。依我们看来，这篇文章的行文风格的确与《大诰》等篇有些差别，但决不会晚至春秋末年才最后写定，估计最后写定的时间是在东周初年，因为它与《秦誓》等文字风格还是有些不同。不管是什么时代写定的，由于标注为周公告诫成王的话，它对后世封建社会的警示作用则是显而易见的。

除了《康诰》《无逸》等篇外，《尚书》中宣扬勤政爱民思想的地方比比皆是。《尧典》(《尚书正义》中在《舜典》篇)记载虞舜摄政时，勤劳于民事，一年到头风尘仆仆于巡守途中："岁二月，东巡守，至于岱宗"；"五月，南巡守，至于南岳"；"八月，西巡守，至于西岳"；"十有一月，朔巡守，至于北岳"，忙得简直有点不亦乐乎了。事实上尧舜都在身体力行着勤政爱民的主张。后来大禹、商汤王、周文王、周武王以及周公等人也都是这样做的。正因为具有这样的"圣道"，他们才建立起如此伟大的"王功"来。皋陶在与大禹讨论时提出要求，"无教逸欲有邦，兢兢业业，一日二日万几"(《皋陶谟》)，说的也是这层意思。

嗜酒误国的问题也被《尚书》提了出来。相传夏代人杜康发明了酿酒技术，这种说法到底有几分可信今天已经不得而知了,但商代已经有酒的存在则是没有任何疑问的,考古发掘出来的实物资料对此可以作证。殷商晚期,朝野上下酗酒成风,严重地败坏了社会风气。周人从比较落后的西部地区走来,粮食较少,还没有饮酒的风气。他们对于这一风尚很不赞成,颁布了严厉的戒酒令,《尚书·酒诰》篇就是这次戒酒运动动员令的记录。在《酒诰》篇中,周公告诫分封于殷人故地的卫康叔说,酒绝不是什么好东西,"天降威,我民用大乱丧德,亦罔非酒惟行;越小大邦用丧,亦罔非酒惟辜"。它不但败坏人民的品德,而且是大小邦家丧乱的根源,所以我们圣明的文王曾经明确告诫各级官吏:不要经常喝酒。即使祭祀时可以饮酒,也要有所节制,不能喝得醉醺醺的。

> 我西土棐徂,邦君御事小子尚克用文王教,不腆于酒,故我至于今,克受殷之命。

不贪杯才能勤政,勤政才有我们今天的胜利。可见戒酒有多么重要。周公接着说,过去殷先哲王在位的时候,也能兢兢业业,从成汤直到帝乙,君臣上下同心同德,"不敢自暇自逸,矧曰其敢崇饮"。没有一个敢沉湎于酒的,"不惟不敢,亦不暇,惟助成王德显越,尹人祗辟"。但这之后的继位之君就不行了,大肆酗酒:

诞惟厥纵，淫泆于非彝，用燕丧威仪，民罔不盡伤心。惟荒腆于酒，不惟自息乃逸。……

弗惟德馨香，祀登闻于天，诞惟民怨。庶群自酒，腥闻在上。故天降丧于殷，罔爱于殷，惟逸。天非虐，惟民自速辜。

殷人的灭亡完全是咎由自取的。我们必须以此为鉴，"刚制于酒"。对于聚众群饮的周人，你要把他们抓起来后集中送到宗周来，我要把他们统统杀死；对于殷遗民则要有所区别，不用杀死，但要教育他们坚决戒酒。周公戒酒令的根据在于酗酒是荒淫败德的开始，这与勤政原则是背道而驰的。强调的重心仍然是那个勤政原则。

女色误国问题在《尚书》中也提到了，虽然只是轻轻地点了一笔，但这一笔就足以"不朽"了。周武王讨伐殷纣王，在商郊牧野的誓词中历数了纣王的种种罪恶，首当其冲的便是这贪恋女色罪。武王慷慨陈词，"古人有言曰：'牝鸡无晨。牝鸡之晨，惟家之索。'今商王受惟妇言是用"（《牧誓》）。

这还了得？所以我必须"恭行天之罚"。从此以后，"牝鸡无晨"遂成为传统政治中的一项基本教条，追根溯源，其出发点原来在勤政上。不近女色，杜绝私欲，就可以一心一意扑在国事上了,这就是古人的逻辑。

在较早写就的《尚书》各篇中,对于勤政爱民问题,大多集中在号召和威吓上:摆出圣王勤政的事例作为榜样,列出昏君败亡的教训作为鉴戒;号召君臣上下兢兢业业,勉力从事,同时又抬出上帝和神意来进行威吓,旨在加重训示的分量,随着社会政治的进一步演进,单靠号召和威吓渐渐显得苍白无力了,淫昏之君、乱臣贼子代不乏人,人们开始意识到应该有种必要的制约机制,于是制约监督机制就逐渐被发明出来。

在写定较晚的《虞书》几篇中,这个设想正式提了出来。据说虞舜摄政的时候,五年出巡一次,各位地方诸侯分别在四岳朝见天子,向天子全面地报告自己的治理情况;天子根据诸侯们政绩的大小予以奖赏。在虞舜正式即天子之位后,委派了二十二位方面之臣协助治理国家,并对他们实行三年一考核的制度,三次考核之后的成绩是决定每个人赏罚升降的依据,一个奖勤罚懒的机制终于建立起来了。当然,这种建立是把战国时代的政治实践加在虞舜时代,这也是不言而喻的基本事实。

总之,《尚书》不但提出了勤政爱民的主张,而且为这一主张的贯彻实施制定了方略,这些主张和方略对后世社会政治的演进历程都曾产生过重大影响。

勤政爱民的历史传统

《尚书》中提出的勤政保民原则,准确地把握住了政治生活的核心和实质,从而深深打动了华夏社会的心。为了自身统治的延续,不管实际上能做到哪一步,历朝历代的最高统治者差不多都要提倡勤俭节约、勤政爱民,崇尚节俭、艰苦奋斗由此成为中华民族公认的传统美德。"《书》以道事",在引导政治清明的同时,它又实实在在地引导着传统社会风尚的改造。在《尚书》的影响下,出于统治的实际需要,勤政爱民的风尚绵延不绝,不断向前发展,历朝历代都要为它增添一些新的内容,久而久之,它也就成为华夏文明不断进步的动力和标尺之一。

在这一风尚的熏陶下,勤政俭朴的明君贤臣代不乏人。他们兢兢业业,严于自律,励精图治,不懈于位。毫无疑问,他们这样做的根本目的是为了维护自身的统治,尤其是封建君主,是为了维护自己的家天下,但这样做的结果则有利于社会经济的发展,有利于社会文明水平的提高,从而客观上对广大的人民群众也是有利的。旧史对此留下了大量的记载,这里仅举两个具体的事例来加以说明。

汉文帝被后世看作是严于律己、勤政节俭的模范君主。历史上的真实情况也许与封建史书的吹嘘有一定的出入,但他是封建君主中在这方面做得比较好的一位，这则是不会错的。文帝在位的第二年正月，隆重举行了籍田仪式，"朕亲率耕，以给宗庙粢盛"。天子把犁把推了一下，三公推三下，九卿推九下，然后在大田中等待的农夫们把天子临幸的这块土地耕完，播上种子，这就叫作"籍田"。所以古人对"籍田"（又作藉田）的一种解释就是"借（藉）民力以耕田"。汉文帝是中国历史上第一位有确切而又详细记载的主持过籍田仪式的封建君主。此后历代皇帝竞相效法，这一仪式也越来越戏剧化。种子播上以后，不一会儿农官就献上干干净净的粮食，表示天子的辛劳已经有了好的收获。显而易见，君主参加生产劳动，象征意义远远大于实际内容，但这总比对农业生产漠不关心的那种做法要好些。这年冬天，为了表示对民情的关注，汉文帝下令免去当年全国土地租赋的一半。在位的第十二年，他再次下达了这个命令。第十三年遂对田租实行全免，这一政策一直持续到文帝去世。十年之间，封建政府没有向农民征收田租，遂成为中国古代史上的一段佳话。文帝在免除田租的诏令中指出：

> 农，天下之本，务莫大焉。今廑身从事，而有租税之赋，是谓本末者无以异也，其于劝农之道未备。其除田之租税。赐天下孤寡布帛絮各有数。

《汉书·文帝纪》记述文帝在位第十三年的大事,除了这道诏令之外,还有三件事:第一件事情是农历二月份下达的"朕亲率天下农耕以供粢盛,皇后亲桑以奉祭服"的命令;第二件事情是下令废除秘祝官——这秘祝官的职责就在于把天子的过错通过向神明祷告后秘密转移到臣子的身上,这一官职古已有之,至此才得以废除;第三件事是废除肉刑——对此我们在后面还要谈到。从这几件事情上就可以看出文帝是怎样治理天下的。所以,《汉书·文帝纪》在结尾处评论道:

> 孝文皇帝即位二十三年,宫室、苑囿、车骑、服御无所增益。有不便,辄弛以利民。尝欲作露台,召匠计之,直百金。上曰:"百金,中人十家之产也。吾奉先帝宫室,常恐羞之,何以台为!"身衣弋绨,所幸慎夫人衣不曳地,帷帐无文绣,以示敦朴,为天下先。治霸陵,皆瓦器,不得以金银铜锡为饰,因其山,不起坟。南越尉佗自立为帝,召贵佗兄弟,以德怀之,佗遂称臣。与匈奴结和亲,后而背约入盗,令边备守,不发兵深入,恐烦百姓。吴王诈病不朝,赐以几杖。群臣袁盎等谏说虽切,常假借纳用焉。张武等受赂金钱,觉,更加赏赐,以愧其心。专务以德化民,是以海内殷富,兴于礼义,断狱数百,几致刑措。呜呼,仁哉!

史书中的这些记载也许有一些溢美之词，但基本上与史实相去不远。按照《谥法》的说法，"慈惠爱民曰文"，刘恒获得这一谥号较之后世日益盛行的虚谥还是要实在一些。诚然，汉文帝刘恒"不懈于治"的目的在于稳固刘氏的家天下统治，但这种做法客观上对广大人民群众还是有好处的。正是在全国上下的共同努力下，才有了中国封建社会的第一个空前盛世——文景之治，广大人民群众从中也获得了不少实惠。因此，对于汉文帝的勤政，我们认为还是应该给予充分肯定的。这样的皇帝，总比那种不管死后洪水滔天的败家子要好些。我们时常说道德的评判与历史的评判应该分开，但有时它们又是一致的，作出准确的价值判断的确不是一件容易的事情。

在《尚书》勤政思想的指引下，经过一代代政治实践，封建国家的政权建设一步步发展起来，逐渐形成一个激励勤政、惩罚荒淫的监控机制。上计制度在战国时代已经出现，秦汉时期更加完善，这是一种奖勤罚懒的考核制度。历史渊源更为悠久的封建监察制度，在秦汉时期更是日臻完善。汉武帝设立十三刺史部，对于各级官吏，尤其是地方大员起到了震慑作用，在一定范围内和一定程度上净化了社会风气，遏制了官场腐败。《汉官典职仪》对其职掌有这样的记载：

> 刺史班宣，周行郡国，省察治状，黜陟能否，断治冤狱，以六条问事，非条所问，即不省。一条，强宗豪右田宅逾制，以强凌弱，以众暴寡。二条，二千石不奉诏书遵承典制，倍公向私，旁诏守利，侵渔百姓，聚敛为奸。三条，二千石不恤疑狱，风厉杀人，怒则任刑，喜则淫赏，烦扰刻暴，剥截黎元，为百姓所疾，山崩石裂，祅祥讹言。四条，二千石选署不平，苟阿所爱，蔽贤宠顽。五条，二千石子弟恃怙荣势，请托所监。六条，二千石违公下比，阿附豪强，通行货赂，割损正令也。

《汉官典职仪》早已失传，这条重要的记载因为唐人颜师古在《汉书·百官公卿表》的注释中征引而被保存下来。从中可以看出，六条当中有五条是针对地方大员的。而在这五条当中，四条是纠察地方大员的施政状况，一条是针对地方大员对家属子女的管教情况的。两汉时期，监察官对地方大员就是按照这六条标准进行纠察的。对于中央朝官，则由御史大夫衙门的侍御史负责监督。地方低级官吏的纠肃由监御史来执行。通过上计制度与监察制度相配合，官吏施政的监控机制基本上建立起来，后世对这一机制又进行了不断完善。监控机制是政治清明的一个保障。在《尚书》勤政思想的引导下，在各种机制的监督下，历代都有一些兢兢业业的勤政官吏出现。

提到晋代的杜预,我们会想到他的"《左传》癖"、他的博学,他熟读《尚书》自然不在话下;想到他的雅号"杜武库"、他的足智多谋以及他在晋灭东吴行动中的重要作用;想起他的儒雅风度:"身不跨马,射不穿札,而每任大事,辄居将率之列。结交接物,恭而有礼,问无所隐,诲人不倦,敏于事而慎于言。"想起这些都不错,但我们更应该想到他首先是一个勤勤恳恳的"能员"。在他担任镇南大将军、都督荆州诸军事时,晋灭东吴,三分天下重新归一,他这个先锋官所起的作用是其他人无法相比的。天下统一后,出于需要,他留任原职,负责保卫南部中国的安全。他积极发展社会生产,在讲武的同时兴起文教,尽到了一个地方大员应该尽到的责任。《晋书·杜预传》对此记载说:

> 预以天下虽安,忘战必危,勤于讲武,修立泮宫,江汉怀德,化被万里。攻破山夷,错置屯营,分据要害之地,以固维持之势。又修邵(召)信臣遗迹,激用滍、淯诸水以浸原田万余顷,分疆刊石,使有定分,公私同利。众庶赖之,号曰"杜父"。旧水道唯沔汉达江陵千数百里,北无通路。又巴丘湖,沅湘之会,表里山川,实为险固,荆蛮之所恃也。预乃开杨口,起夏水达巴陵千

余里,内泻长江之险,外通零桂之漕。南土歌之曰:"后世无叛由杜翁,孰识智名与勇功。"预公家之事,知无不为。凡所兴造,必考度始终,鲜有败事。

像杜预这样的"能员",在封建时代还有不少。他们踏踏实实地干好本职工作,为老百姓做了不少实事和好事,如同《尚书》中所说的"施实德于民",他们应该划在鲁迅先生所说的那种"埋头苦干"派中。诚然,历史是广大人民群众创造的,没有劳动人民的埋头苦干,单靠这些"能员"无济于事,但我们不能因此而抹杀了这些人在历史上的重要作用。正是有了汉文帝、唐太宗这样的封建皇帝和杜预这样的"能员"在位,制定了符合实际的方针政策,调动了广大人民埋头苦干的积极性,这才有了封建时代的汉唐盛世,才有了光辉灿烂的中华文明。毛泽东说过,"政治路线确定之后,干部就是决定因素"。古今中外恐怕都是概莫能外的。

以上所讲的封建政治运作监控机制,对政治清明起到了一定的推动作用。在《尚书》勤政思想的熏陶下,古代中国逐渐形成了一个勤政的好传统。通观中国古代史可以发现,每个封建王朝走向没落差不多都是从政治腐败开始的,而一个新王朝开始之后,基本上都有一个政治上相对清明的时期,官员们大都能够尽职尽责地工作,因此,勤政传统虽历经中衰而绵延不绝，从而成为中国传统文化的一个重要组成部分。

古代勤政爱民面面观

从根本上讲，勤政的要求来自外部世界的压力。天子以下的各级官吏都承担着管理公共事务的重要责任，他们就如同棋手一样，"一着不慎，满盘皆输"，勤政的要求于是自然而然地被提了出来。《尚书》中的勤政主张的提出是迫于社会矛盾的巨大压力，后世相沿成为一种传统又何尝不是出于这样的原因呢？因此，对于中国历史上一直存在着一个勤劳政事的优良传统，我们不应该有任何疑义，并且对于这一传统的主流也应予以充分肯定。

在勤政传统的熏陶和感召下，历代都有一批勤勤恳恳的官吏在努力工作着。他们在为本阶级尽心尽力的同时，也为社会文明的整体进步作出了贡献，由此受到了世人的敬重。比如召信臣、杜预、包拯等人，因为他们实实在在地为社会发展作出了贡献，理所应当受到人们的尊敬。

然而毋庸讳言，封建时代存在着大批的淫昏之君和贪官污吏，这种状况在每个朝代的中期以后尤其严重。究其原因就在于政治运作的监控机制失去了效力。因为那是一个依靠人治而不是法治的时代。笔者在《中国早期监察学说初探》一文中，曾对中国古代的监察学说作了理论剖析，这篇文章发表在《中国社会科学院研究生院学报》1993年第2期上。

在这篇文章中我提出，中国古代监察学说存在着两大理论误区，由此导致了监督机制的败坏。误区之一在监督的根本宗旨上。封建法治不能贯彻到底的原因在哪里？先秦法家代表人物商鞅心里明明白白——"法之不行，自上犯之"。从本阶级长远利益出发，他乞求最高统治者"缘法而治"，"不以私害法"。然而他的新法颁布不久，太子就故意犯法以示挑衅。"太子，君嗣也，不可施刑"，商鞅斟酌再三，才下令"刑其傅公子虔，黥其师公孙贾"。因为是君嗣就不能施刑，君主被排除在法律制约的范围之外。监察制度设立的根本目的之一，就是为了保证这种特权法的正常运转，所以说这个宗旨错了。因为极端的专制很容易导致极端的无秩序，君主专制制度直接侵蚀着封建监察制度的肌体本身。在以后漫长的封建社会里，庞大的监察机构总是约束不了外戚和宦官这两种特殊的人物，究其原因就在于，他们寄生在专制皇权的肌体上，别人眼睁睁地看着外戚和宦官横行霸道而无可奈何。

误区之二在于监督机制上的缺环。监察制度设立之初，已经有人看出了这个弊端，《商君书·禁使》篇指出：

> 夫置丞立监者，且以禁人之为利也，而丞、监亦欲为利，则何以相禁？故恃丞、监而治者，仅存之治

也。……吏虽众,(事)同体一也。夫(事)同体一者,相(监)不可。……今夫驺、虞以相监,不可,事合而利异(当为同)者也。若使马焉能言,则驺、虞无所逃其恶矣——利异也。利合而恶同者,父不能以问子,君不能以问臣。吏之与吏,利合而恶同也。(据高亨《商君书注译》本)

同体监督不行,有效的监督必须来自异己的力量,古代政治思想家已经明确地认识到了这一点,只是囿于剥削阶级的一己私利,他们既不敢、更不愿意让"马"来监督那些"驺、虞"们——也就是让人民来监督官吏,而把对官吏有效监督的希望寄托在封建君主身上,因为"上与吏也,事合而利异者也"。基于这种错误的认识,他们设计的监督模式为:君主监督各级官吏,官吏在统治广大人民的同时还要互相监督。后世的监督机制就是依照这一理论设计出来的。事实证明,这仍然是一个直线式的监督模式,而没有真正的循环交叉:封建君主只是地主阶级利益的总代表,他与各级官吏虽然存在着矛盾,但根本利益是一致的。由于没有广大人民群众方面的有效参与,再加上封建政治的暗箱操作,封建监察机构在每个朝代差不多都是设置不久就运转不灵了,因为它缺乏真正的外部力量的积极推动。

今天我们仍然坚持这种看法：根本宗旨上的失误和监督机制上的缺环破坏了封建监察制度自身，限制了它的制约力量。正因为如此，古代中国的淫昏之君和贪官污吏代不乏人，总是断不了根。他们口中念叨着"上帝引逸"的教条，实际上却极尽骄奢淫逸、贪污腐化之能事，社会被他们搞得乌烟瘴气。究其原因就在于，尽管有《尚书》等圣贤经典的引导，但由于缺乏一个真正强有力的制约保障机制，古代圣贤的谆谆教诲显得苍白无力，根本约束不了地主阶级的腐化堕落。他们一边念叨着"牝鸡之晨，惟家之索""酒色误国"的格言，一边却仍是"粉黛三千""佳丽如云"。

后世"继体苗裔""生于帷墙之中，长于妇人之手"，"不知稼穑之艰难"，荒淫无耻似乎尚可原谅，若开国之君如此荒淫，实在是找不出开脱的理由了。晋武帝司马炎是代曹魏即大统的开国之君，即位之初曾装模作样地举行了籍田仪式，颁布五条诏书于郡国："一曰正身，二曰勤百姓，三曰抚孤寡，四曰敦本息末，五曰去人事。"从表象上看，似乎他要励精图治一番。然而一旦天下稍安，本色也就暴露无遗。《晋书·武帝纪》记载说，"平吴之后，天下义安，遂怠于政术，耽于游宴，宠爱后党，亲贵当权，旧臣不得专任，彝章紊废，请谒行矣"。在时人十分关注的女色问题上，晋武帝真可以算得上前无古人了。《晋书·后妃列传》胡贵嫔传记载说：

《尚书》与中国传统政治

> 时帝多内宠，平吴之后复纳孙皓宫人数千，自此掖庭殆将万人，而并宠者甚众，帝莫知所适，常乘羊车，恣其所之，至便宴寝。宫人乃取竹叶插户，以盐汁洒地，而引帝车。

西晋在中国历史上也是一个短命的王朝。武帝去世后，他的傻儿子司马衷即位，是为惠帝。惠帝在位时爆发了"八王之乱"，怀帝时又发生"永嘉之乱"事件，西晋王朝因此而被颠覆。后世封建史学家在总结西晋灭亡的历史教训时，往往把责任推在贾后的专权上，似乎这又是一个"牝鸡之晨，惟家之索"的典型案例。且不说这种说法与历史的真实有多少相符合，即便完全符合，以司马炎父子的所作所为，这不正好应验所谓"历史的报应"了吗？如此昏淫的君主，早就应该让位了！

中国古人的思维往往喜欢绝对化，站在"三代圣王尧舜禹汤文武"对面的，必然是"三代暴王桀纣幽厉"。在三代暴王中，周厉王显然是被拉过来凑数的，为的是说起来顺口一些，他的罪责原本就比前三位小得多，因为他没有导致西周的亡国。自从"牝鸡之晨，惟家之索"的教条传开之后，人们便给三位亡国之君找到了灭亡的原因——宠爱女人。夏桀眷恋妹喜，殷纣王眷恋妲己，二人因此荒废了国事，最终导致天下的灭亡。而"褒姒一笑失天下",原因更是一目了然。西汉末年,凭借王政君的关系,王莽篡汉;东汉时期的外戚、宦官交替专政,是东汉衰亡的一大原因;唐代的武则天实实在在地司了一阵子晨,几乎导致李氏统绪的中绝。于是不知从什么时候开始,国人的口中开始念叨着一个十分严肃的词——"女祸"。这个词是牝鸡不能司晨理论的高度浓缩和进一步发展。然而这一说法是否正确呢?请听听鲁迅先生在《且介亭杂文·阿金》中的评判吧:

> 我一向不相信昭君出塞会安汉,木兰从军就可以保隋;也不相信妲己亡殷,西施沼吴,杨妃乱唐的那些古老话。我以为在男权社会里,女人是决不会有这种大力量的,兴亡的责任,都应该男的负。但向来的男性的作者,大抵将败亡的大罪,推在女性身上,这真是一钱不值的没有出息的男人。

鲁迅先生的这些分析十分中肯、精辟。在"上帝引逸"的旗帜下,《尚书》中的勤政原则对政治清明发挥了重要作用,但它又时常被那些昏君乱相、贪官污吏们用作遮羞布,为他们的荒淫败德开脱罪责。这才是"《书》以道事"的真实历史。既有正面的引导,又有反面的掩饰,"《书》以道事"

在中国历史上就是这样辩证地演进着。

"明明扬侧陋"——《尚书》与古代的贤人政治

《尚书》写就在中国思想史上那个从神到人的转变时代。从周初诸诰开始,人们已经认识到贤人在政治生活中的重要作用,这一认识在较晚写就的篇章中越来越明确,贤人政治的要求由此提了出来。所谓的贤人政治,就是政治运作过程中的清明状态。要达到这种状态,关键要有贤人。由贤人来操作的政治自然就是贤人政治,贤人是这一政治状态存续的根本。因此,《尚书》反复号召寻求贤人。贤人政治与前面所讲的"德政""勤政"并行不悖,只是强调的侧重点有所不同罢了。《尚书》中的贤人政治主张,深深影响了传统政治的演进历程。

《尚书》中的贤人政治观

"贤人"这个称呼是从后世的说法中借来的,《今文尚书》二十八篇中没有这种提法。《君奭》篇出现过一个"贤"字,但那是一个巫者的名字,与贤人的"贤"不搭界。《大诰》篇中有这样的话,"民献有十夫予翼,以于敉宁武图功","伪孔传"对"民献"的解释是:"四国人贤者。"顾颉刚先生根据郭沫若《两周金文辞大系图录考释》中的说法,认为本篇的"民献"和《洛诰》中的"献民"一样,"都是献于宗庙的俘虏",与"四国贤者"毫不相干,所以他在《〈尚书·大诰〉今译》中,把"民献"直接解释为"投降过来的人民"。如果去掉了这两处"民献"和"献民",《尚书》中能和贤人的"贤"字拉上关系的就只剩下《皋陶谟》(《尚书正义》中在《益稷》篇)中的一个"黎献"了:"俞哉!帝,光天之下,至于海隅苍生,万邦黎献,共惟帝臣,惟帝时举。"这是大禹劝告帝舜的话。"伪孔传"解释说:"献,贤也。万国众贤。"这种解释会不会又像对《大诰》中"民献"的解说那样在望文生义呢?这一点也很难说。即使"伪孔传"的解说不误,《今文尚书》二十八篇讲到贤人的地方也很少,这一点则是确定无疑的。

那么为什么我们还要用"贤人"来标目呢?这自有我们的理由。"贤"字从"贝"得义,本来是富有财物的意思。"财"是一个后起字,其古体原来写作"才"。"才"在上古时代既可以当作"财物"讲,也可以当作"才能"讲,因此"贤"字从"富有财物"引申出"多才多艺"的意思。后来这个字又被赋予了鲜明的道德意义,于是又有了"德才兼备"的意思。《尚书》较早写就的那些篇章,没有赶上"贤"字的这些历史变迁,所以《今文尚书》二十八篇中没有"贤人"的提法也就是一件十分自然的事情了。然而这并不意味

《尚书》与中国传统政治 | 171

着《尚书》不注重贤人。后世所理解的"贤者"——德才兼备的人,《尚书》中随处可见,只是称呼不同罢了。在《今文尚书》二十八篇中,多次讲到"正人""俊民""老成人""耇成人""寿耇""先哲王""哲""彦圣"等名目。这些词语的意义虽然有些差别,但其中一部分内容与后世所谓的"贤人"在内涵、外延上是重叠的。这些人是政治清明的希望所在,这一点为《尚书》所反复强调,因此我们决定用"贤人政治"作为这一部分的题目。

强调贤人在社会生活中的重要作用,这种结论是从历史经验教训中直接引申出来的。夏、商两代的灭亡首先是由其君主荒淫败德造成的,就像《尚书·汤誓》所说的那样:"夏王率遏众力,率割夏邑,有众率怠弗协,曰:'时日曷丧?予及汝皆(偕)亡!'"这样的君主要他何用呢?这个教训是十分惨痛的。

与此同时,用人失当也是夏、商灭亡的重要原因之一。譬如殷纣王,"昏弃厥遗王父母弟不迪。乃惟四方之多罪逋逃,是崇是长,是信是使,是以为大夫卿士,俾暴虐于百姓,以奸宄于商邑"(《尚书·牧誓》),从而激化了社会矛盾,加速了商王朝的灭亡,可见淫昏之君、乱臣贼子所起的负面作用是多么大。

而从正面经验上看,"爽邦由哲",正是在贤王文王、武王以及一群贤臣的共同辅佐下,我"小邦周"才一步步壮大起来,最终取得了推翻"大邑商"的胜利。在《康诰》中,周公明确告诉卫康叔:

> 惟乃丕显考文王,克明德慎罚,不敢侮鳏寡,庸庸,祗祗,威威,显民,用肇造我区夏,越我一二邦,以修我西土。

正是由于任用了可用的人,敬重了可敬的人,才能够"肇造我区夏","修我西土"。可见任用贤人有多么重要。

周初诸诰中强调重用贤人的思想被后来写就的篇章所继承并发扬光大,《尧典》《皋陶谟》等篇突出表达了这种思想。尧传位给舜,舜又把君位传给了禹,被后世视为"传贤"的楷模。《尧典》中推举的二十二位贤人互相谦让,也为后世举贤做出了榜样。不管这些记载符合历史真实的成分有多少,《尧典》篇作者的尚贤意图是十分明显的。在《皋陶谟》(《尚书正义》中在《益稷》篇)中,大禹告诫帝舜"慎乃在位",表达了作者的贤君主张。作者理想的政治形态是:"元首明哉!股肱良哉!庶事康哉!"这里的"股肱",帝舜有一个明确的说法,"臣作朕股肱耳目",后世遂有"股肱大臣"的说法出现。元首英明,群臣贤良,众事康宁,这就是理想中的贤人政治。在另一个地方,作者假借皋陶之口讲出了同一层意思:"九德咸事,俊乂在官,百僚师师,百工惟时,抚于五辰,庶绩其凝。"只有"俊乂在官,百僚师师",才能够"抚于五辰,庶绩其凝",强调的也是贤人政治这一主题。

《尚书》中反复强调要尊重贤人,遇事多听贤人的意见。《盘庚上》篇记录了盘庚告诫大臣的话,"汝无侮老成人,无弱孤有幼",说的就是这层意思。在《康诰》中,周公告诫卫康叔:"汝丕远惟商耇成人宅心知训。别求闻由古先哲王用康保民,弘于天,若德裕乃身,不废在王命。"说的还是这层意思。在《洪范》篇中,箕子假借天意告诫周武王:"无虐茕独,而畏高明,人之有能有为,使羞其行,而邦其昌。凡厥正人,既富方谷,汝弗能使有好于而家,时人斯其辜。"弹的还是那个尊重贤人的老调子。

如何持久地保有贤明的品德,这是贤人政治必须解决的一个重要问题,《尚书》对此也给以充分的关注。除了坚持中庸之道外——"无偏无党""无党无偏""无有作好""无有作恶"之外,还要虚心接受批评意见,勇于修正自己的错误。周公告诫卫康叔,"明乃服命,高乃听,用康乂民"(《康诰》),说的就是这层意思。在《无逸》篇中,周公告诫成王说,殷王中宗、高宗、祖甲以及我们的文王,"兹四人迪哲"。当别人告诉他们说"小人怨汝詈汝"时,他们立即敬修自己的德行；当别人指出了他们的过失时，他们不但不生气，反而诚恳地说，"我的过错的确是这样"。正因为如此，他们才成就了自己的圣德。在较晚写就的《秦誓》篇里，秦穆公也从正反两方面讲了这个意思：

> 人之有技，若己有之；人之彦圣，其心好之，不啻如自其口出：是能容之，以保我子孙黎民，亦职有利哉！人之有技，冒疾以恶之；人之彦圣，而违之俾不达：是不能容，以不能保我子孙黎民，亦曰殆哉！邦之杌陧，曰由一人；邦之荣怀，亦尚一人之庆。

可见，贤人是多么重要，千万不要嫉贤妒能哟！这是秦穆公从崤之战的惨败中总结出来的经验教训。

《立政》篇是周公还政之后告诫成王如何选拔、任用官吏的谈话记录，自然更多地谈到了贤人政治问题。周公指出：夏桀和殷纣王"暋惟羞刑暴德之人，同于厥邦；乃惟庶习逸德之人，同于厥政"，最终陷于败亡的境地。而成汤、文王、武王，任用俊杰，"以敬事上帝，立民长伯"，这才有了克夏与灭商的胜利。所以周公要求成王，"自一话一言，我则末惟成德之彦，以乂我受民"。因为"立政用憸人，不训于德，是罔显在厥世"，所以"继自今立政，其勿以憸人，其惟吉士，

《尚书》与中国传统政治 | 175

用勖相我国家"。殷切的希望溢于言表。

由于承担着管理公共事务的重要责任,各级官吏必须由贤人来充任,用《吕刑》篇中的话说就叫作"一人有庆,兆民赖之,其宁惟永"。事情非同小可,决不能等闲视之,这是贤人政治的基本前提。《尚书》因此反复强调要实行贤人政治:"在今尔安百姓,何择非人?"(《吕刑》)并且告诉人们一些永久地保有贤德、力戒嫉贤妒能坏毛病的方法。尧、舜、禹、汤、文、武是贤人政治的表率,他们的所作所为及其功效等,都在为后世立法,《尚书》虽然没有明确地这样讲,但其存在着这样的意趣则是显而易见的,后世封建社会也正是从这些方面来理解的。

《尚书》中关于贤人政治的种种说法,对后世的政治生活产生了重要的指导意义。

贤人政治的历史发展

贤人政治在后世的历史演进中得到进一步的发展和完善,这主要表现在两个方面:一是历代思想家都在不断地丰富着这一学说,从而加深了整个社会对它的认识,指引着社会政治的改造和更新;二是后世的政治实践都要为贤人政治增添一些新内容,从而推动了贤人政治的发展。两者相辅相成,互相推进,构成传统政治不断进步的基本内容之一。

《尚书》提出的贤人政治学说在春秋战国时代获得了大发展，诸子百家差不多都在关注着这个问题，从而大大推动了这一学说的理论建设。尽管诸子百家所理解的"贤人"内涵有所不同，但除了道家学派外，强调贤人在位则几乎是众口一词的。在诸子百家当中，儒、墨两家对于贤人政治最为倾心，理论建树也最多，尤其是墨家学派。尽管墨家学派在秦汉以后顿然泯灭，但他们的"尚贤"主张在中国政治史上则是应该大书一笔的。

孔子主张施行贤人政治。当他的学生仲弓向他请教施政方针时，孔子明确回答：

先有司，赦小过，举贤才。

这句话记录在《论语·子路》篇中。"举贤才"可以说是孔子政治思想的一个纲领。在同一篇的下面，录下了孔子对"善人为邦"的一句评论：

子曰："'善人为邦百年，亦可以胜残去杀矣。'诚哉是言也！"

对于贤人治国的功效，孔子坚信不疑。《论语·尧曰》篇

记录下了一段没头没脑的谈话,后世一般把它视为反映孔子思想的东西。这段话的原文是:

> 谨权量,审法度,修废官,四方之政行焉。兴灭国,继绝世,举逸民,天下之民归心焉。

在后世的政治实践中,"举逸民"成为贤人政治中的一大举措。对隐士隆重而执着的礼遇,对"逸才"孜孜以求,往往成为封建国家实施贤人政治的一个重要表现形式,尽管有许多时候只是一种姿态。

孟子继承了孔子"举贤才"的思想,对此做了更多的强调。他说:

> 仁则荣,不仁则辱。今恶辱而居不仁,是犹恶湿而居下也。如恶之,莫如贵德而尊士。贤者在位,能者在职。国家闲暇,及是时,明其政刑。虽大国,必畏之矣。

这是《孟子·公孙丑上》篇的一段谈话。在同一篇里,孟子提出了仁政的五项基本内容,认为做到这五点,就可以"无敌于天下"。这五条中最为重要的一条,从而也被列在第一条的内容是:

尊贤使能，俊杰在位，则天下之士皆悦，而愿立于其朝矣。

儒家学派的论述往往比较零碎，因为《论语》和《孟子》都属于语录体著作。虽然儒家学派对于贤人政治问题没有长篇大论地展开去说，但他们对这一政治的向往与追求则是十分明确的。墨家学派在这一点上与儒家学派明显不同。

传世的《墨子》一书七十一篇中，除了《备城门》以下二十篇成书较晚，内容也属于军事攻防性质的著作外，前面讨论社会思想的五十一篇，基本上每篇都有一个中心思想，从而能够展开讨论。特别是述说墨子十大主张的各篇，有论点，有论据，有事实，有分析，层层剥开，读后使人口服心服。

墨家学派的十大主张是其改造社会的指导思想。在这十大主张中，我们认为可以分为三个层次："天志""明鬼"只是改造社会的辅助性手段，这是一个层次；"节葬""节用""非攻""非乐""非命"是从消极方面对社会进行的批评与矫正，这又是一个层次；而从积极建设方面考虑的，则有"尚贤""尚同""兼爱"三个主张，这是另外一个层次。"尚贤""尚同""兼爱"这三大主张是墨家思想中最具根本性的东西，特别是"尚贤"，《墨子》书中把它排在十大主张的最前面，强调的意味十分明显。《尚贤》上、中、下三篇详略有所不同,但中心思想是一样的,据说这是墨家学派一分为三所留下的痕迹。这里且看《尚贤上》篇都说了些什么。

这篇文章指出,现在那些治理国家的王公大人们,行政举措往往适得其反,根本原因就在于他们"不能以尚贤事能为政也"。

> 是故国有贤良之士众,则国家之治厚;贤良之士寡,则国家之治薄。故大人之务,将在于众贤而已。

那么怎样才能招徕更多的贤人呢?墨子也做了明确的回答:要像奖赏、鼓励那些善于射御的武士那样,"必且富之贵之,敬之誉之,然后国之良士,亦将可得而众也"。

墨子已经明确看到,对于贤良之士,单靠"富之贵之"的办法是不够的,还必须信任他们,尊敬他们,这样他们才能够心情舒畅地工作,从而发挥出更大的作用。真正的贤人政治应该做到一切以道义、才能为指归,这样做对于整个社会的引导作用立即就可以显现出来。他说,古代圣王为政的时候就是这样的:

> 不义不富,不义不贵,不义不亲,不义不近。是以国之富贵人闻之,皆退而谋曰:始我所恃者,富贵也。

今上举义不辟（避）贫贱，然则我不可不为义。

由此引起连锁反应，亲者、近者、远者乃至于"远鄙郊外之臣、门庭庶子、国中之众、四鄙之萌人闻之，皆竞为义"。为什么会达到这么好的效果呢？这是因为富贵的标准统一了，抓住了为政的根本。因此，真正的贤人政治应该做到这一点：

> 列德而尚贤，虽在农与工肆之人，有能则举之，高予之爵，重予之禄，任之以事，断予之令。

让这些贤人建立起威信，有职有权，这样做不为别的，"非为贤赐也，欲其事之成"。尚贤的最高境界，据说在古代圣王当政时代曾经出现过：

> 当是时，以德就列，以官服事，以劳殿赏，量功而分禄，故官无常贵，而民无终贱：有能则举之，无能则下之。举公义，辟（避）私怨。

墨子接着列出尧举舜、禹举益、汤举伊尹、文王举闳夭和泰颠的成功事例，说明贤人政治的巨大意义：

> 当是时，虽在于厚禄尊位之臣，莫不敬惧而施；虽在农与工肆之人，莫不竞劝而尚意。

这个功效是其他任何政治举措都不能达到的，所以墨子在文章的结尾处总结了两句话：

> 得意，贤士不可不举；不得意，贤士不可不举。尚欲祖述尧舜禹汤之道，将不可以不尚贤——夫尚贤者，政之本也。

这是古代中国关于尚贤问题的一篇十分完整、全面的历史文献。它主张：选择官吏不能依照血统，只要德才兼备，不论怎样下贱也照用不误；对于那些无德无能的庸碌之辈，则要毫不犹豫地把他们拿下来，做到"官无常贵，而民无终贱"，以保证社会职司永远是贤者在位。社会政治向"远鄙郊外之臣、门庭庶子、国中之众、四鄙之萌人"以及"农与工肆之人"开放，这明确表达了墨家学派的阶级立场。无论就整体规模还是思想深度而言，墨家学派的贤人政治学说都是前无古人的，甚至在以后很长一个历史时期内，几乎也是后无来者的。这是古代社会所能提出来的最为彻底的贤人政治学说，是对《尚书》贤人政治理论的进一步丰富和发展。

从《尚贤》篇所列举的例证中可以看出,《尚书》尊贤思想对墨子尚贤主张的影响是十分明显的。墨家学派之后,贤人政治学说有所发展是可以肯定的,但在很长一段时间内没能超出墨家尚贤学说的思想高度也是一个基本事实,因此我们说,墨家学派的尚贤主张在中国政治思想史上是应该大书特书的。

理论的演进以实践的发展为基础,历代政治实践都要为贤人政治增添一些实际内容,从而推动了贤人政治学说的发展。这里也只能采取一个粗线条式的勾勒。

春秋战国时期,世卿世禄制度逐渐被打破,新的官僚制度慢慢确立下来。这种官僚制度作为新兴封建制度的一个重要组成部分,也是社会变革的产物。官吏选拔制度与过去按照血统原则世袭相传的办法有很大的不同,或出于臣下向国君的举荐,或通过上书和游说,或根据功劳的大小等等,不一而足,但都明确体现着一种尚贤精神,从而为封建官僚队伍的更新和改造准备了条件。我们常说春秋战国是一个勃发向上的时代,这种风貌与这一时代政治面貌的不断更新是分不开的。由于官吏的任用不再完全依照血统,许多贤才被选拔上来,从而推动了社会政治乃至整个社会的快速发展。

秦汉时期实行征辟察举制度,"贤良方正"是征辟的一个科目,政治中更为明确地体现出贤人特色。汉武帝独尊儒术后,"经明行修"也是征辟的一个重要对象,"五经"与政治的联系更为密切,《尚书》对社会政治的指导作用也更为直接。后世时常感叹两汉时期的"吏治清明",这固然有点以偏概全,但也不能说这种说法毫无根据。"清明"的重要原因之一在于一些贤良之才得以重用,从而为刷新政治准备了必要的条件。

董仲舒在应对汉武帝的著名的《天人三策》中,建议皇上设置太学,把培养人才这个关键抓在手里。他说:

> 臣闻尧受命,以天下为忧,而未以位为乐也,故诛逐乱臣,务求贤圣,是以得舜、禹、稷、离、咎繇。众圣辅德,贤能佐职,教化大行,天下和洽,万民皆安仁乐谊,各得其宜。……
>
> 今陛下并有天下……亲耕藉田以为农先,夙寤晨兴,忧劳万民,思惟往古,而务以求贤,此亦尧舜之用心也,然而未云获者,士素不厉也。夫不素养士而欲求贤,譬犹不琢玉而求文采也。故养士之大者,莫大乎太学;太学者,贤士之所关也,教化之本原也。……臣愿陛下兴太学,置明师,以养天下之士,数考问以尽其材,则英俊宜可得矣。(《汉书·董仲舒传》)

汉武帝接受了董仲舒的这一建议,设立五经博士,并为博士们置弟子员。博士弟子的队伍以后不断扩大,西汉末年增加到上万人,于是"公卿大夫士吏彬彬多文学之士矣"。董仲舒是西汉时期最为著名的"春秋公羊学"大师,但从他的这一应对中看得很明白,《尚书》对他的影响也很深。兴太学与贤人政治息息相关,实行贤人政治必须有自己的人才库,这是董仲舒"三策"中第二策的中心思想。后世封建王朝接受了他的这些思想,对兴办学校都给予了不同程度的关注,目的在于"施教化,兴太平",这是贤人政治的根本归宿之一。

隋唐时期创立的科举制度,是中国封建社会中后期最为重要的一项选官制度。这一制度一直推行到清朝末年"废科举,兴学堂"为止,前后持续了差不多一千三百年的时间。实行这一制度是为了选拔人才,为贤人政治的实施准备条件,这一点是没有异议的。这一制度推行久了之后,流弊丛生,成为士林怪诞与无耻的原因所在,对此只需看一下《儒林外史》即可。但有一点却是毫无疑问的:这一制度实施之初,曾为封建王朝选拔到了不少贤才,为社会的进步作出了一定的贡献。据说唐太宗"尝私幸端门,见新进士缀行而出,喜曰:'天下英雄人吾彀中矣。'"真可谓一语道破了天机。

贤人政治学说的不断发展和贤人政治的一步步实施,发扬光大了《尚书》中的贤人政治思想,这构成了中国传统文化中一项十分重要的内容。

古代贤人政治的简单评说

《尚书》中提出的贤人政治学说,抓住了管理者素质这个政治生活中的核心问题,对后世政治思想的发展和社会政治的演进产生了重要的指导意义。《尚书》希望俊义在位,希望社会职司永远廉洁高效,这些思想启发了后世对君道、臣道问题的讨论,促进了后世贤人政治学说的进一步发展。《尚书》要求在位者胸怀宽广,视野开阔,能虚心接受批评意见等,对后世封建官吏加强自身修养具有重要的指导意义。《尚书》贤人政治的主张对后世封建政权建设的指导作用更是显而易见的。前文讲到战国以后的官僚制度、汉代的征辟察举制度以及隋唐时期的科举制度,其诞生受《尚书》贤人政治主张的影响十分明显,不过它们还只是些荦荦大端者。"《书》以道事",在这里它再次扮演了封建时代政治教科书的作用,推动着封建政治的不断进步。

作为一部政治教科书,《尚书》对后世社会政治演进的引导是多方面的,仅贤人政治一项就有十分丰富的内容。《尚书》中的政治智慧异彩纷呈,后世不少人遂亦步亦趋地模仿起来。

按照《尧典》篇(《尚书正义》中在《舜典》篇)的讲法,虞舜本是一个无依无靠的庶民,因为德才兼备,才被四岳推荐给帝尧的;帝尧经过多方考察后确认他是一位贤人,于是让他摄政，进而把君位让给了他。后世把帝尧的这种做法叫作"禅让"。帝尧和帝舜身体力行了贤人政治的基本原则，俩人遂被奉为贤人政治的楷模。

对于尧舜禅让的真实性及其意义，后世存在着不同的说法，这里可以存而不论。现在我们需要注意的是，它提供了一种政权交接的方式，这种方式在那个家天下统治的时代里，显得弥足珍贵，于是有些人便刻意模仿起虞舜来，只是后世"帝尧"们的处境往往不大妙。

王莽的姑母是汉元帝的皇后，此后自然升为皇太后、太皇太后，王莽因此在仕途上一帆风顺，早早被封为新都侯，三十八岁便以大司马的身份辅政。后来王莽权力越来越大，成为西汉王朝实际上的最高统治者，但他仍然不满足。当十四岁的小皇帝驾崩之后，他拥立了年仅两岁的孺子婴为皇帝，权力握得更紧了。王莽是熟读《诗》《书》的人，也特别喜欢《尚书》中讲述周公居摄的那些话，于是他也像虞舜、周公那样居摄，由居摄而"即真天子位，定有天下之号曰新"。由于刘姓皇帝宣称自己是帝尧的后代，王莽也乖得很，宣布自己是虞舜的后代，舜之代尧顺从了天意民心，那么其后代的相替代也就是十分自然的事情了。不过他心里还是有些不踏实。当他宣布废除孺子婴而自代为皇帝的册命后，"亲执孺子手，流涕歔欷曰：'昔周公摄位，终得复子明辟，今予独迫皇天威命，不得如意！'哀叹良久"(《汉书·王莽传中》)。当然，这些眼泪是属于鳄鱼眼泪那一派的。这次的禅代以模仿周公的做法居多，当然也没有忘记尧舜禅让的典故。

王莽建立的新朝覆灭后，刘姓的人重新当上了皇帝，刘氏的统治又延续了二百年。汉末群雄反复较量，王朝权力最后落入曹操之手。曹操没来得及重演王莽演过的节目就去世了，他的儿子曹丕终于把这一剧目演完。曹丕也像虞舜接受帝尧的册命一样，接受了汉献帝的禅让册命：

> 咨尔魏王：昔者帝尧禅位于虞舜，舜亦以命禹。天命不于常，惟归有德。……於戏！天之历数在尔躬，允执其中，天禄永终，君其祗顺大礼，飨兹万国，以肃承天命。（《三国志·魏书·文帝纪》）

于是曹丕也就坦然地把这个"历数"接了过来。在这之前，曹丕曾经宣布自己是虞舜的后代。按照裴松之注所引《魏氏春秋》的记载，当禅让的节目演完后，曹丕环顾群臣，说了一句意味深长的话：

> 舜、禹之事，吾知之矣。

后来司马炎如法炮制，让魏元帝曹奂也下达了连文辞都几乎雷同的册命：

> 咨尔晋王：我皇祖有虞氏诞膺灵运，受终于陶唐，亦以命于有夏。惟三后陟配于天，而咸用光敷圣德。……肆予一人，祗承天序，以敬授尔位，历数实在尔躬。允执其中，天禄永终。於戏！王其钦顺天命。（《晋书·武帝纪》）

南朝宋、齐、梁、陈四家统治地位的得来如同魏晋，因此其做法也大致相同：模仿尧舜禅让的故事，由前朝皇帝册命，后朝皇帝接受，只是这四朝的相互交接更烦琐一些，除了册命词外，还要加一道"玺书"，"玺书"的末尾忘不了交代一句："受终之礼，一如唐虞、汉魏故事。"四家做法如出一辙，册命、玺书除了册命者和接受者变个名字之外，内容几乎一模一样，尧舜禅让的剧目被演得惟妙惟肖。参见《宋书》《南齐书》《梁书》《陈书》所载四代开国之君的"本纪"便可知道。

这不是对"《书》以道事"最为生动、准确的诠释吗？当然，禅让的根本目的是为了"明明扬侧陋"，为贤者让路。墨子向往的"有能则举之，无能则下之"，在这里不是得到歪曲地实现了吗？《尚书》真不愧为一部政治教科书啊！

《尚书》与中国传统政治

《尚书》与中国传统思想

《尚书》是对中国上古时期历史行程的记录。在目前存世的著作中，它属于最早的一部。作为"七经之冠冕"和"百氏之襟袖"，《尚书》中蕴涵着十分丰富的思想内容，被前人看作是"义之府"。"《书》记先王之事，故长于政"，在引导后世社会政治生活演进的同时，《尚书》里面的政治思想也在指点着后世社会政治理论的发展方向。前人说"《书》以道事"，"疏通知远，《书》教也"，这些总结是到位的。对于中国传统思想的凝练和发展来讲，《尚书》也起到了其他文化元典所不能起到的重要作用，成为古代思想的一个源头所在。

"皇天既付中国民越厥疆土于先王"——《尚书》与君权神授学说

《今文尚书》二十八篇各篇写就的时间有早有晚，但基本都赶上了中国古代思想史上那个从神到人的历史性转变的趟儿，由此深深打上了转变的烙印。在较早写定的篇章里，"天""帝""神""命"的故事比比皆是；而晚些时期的篇章则更多地透出些人文气息来。在这些"神""天""帝""命"的故事中，有一个强烈而明白的信息贯串于其中，这就是君权神授思想。《尚书》中的许多"发言人"都爱提起这个话题，君权神授从而成为《今文尚书》二十八篇中议论最多的内容之一。从这些讨论中可以看出来，君权神授是上古时代政治学说的一个支点，地位独特而重要，自然要引起人们的关注。在后来的历史发展中，"真命天子"的神话仍然史不绝书，究其原因就在于，封建统治需要一层神圣的灵光来装饰。说白了，也不过是为了糊弄老百姓罢了。

《尚书》中的君权神授思想

自从家天下统治代替了原始民主制度后，在位的既得利益者就一直在喜忧参半中过日子。喜的是统治地位给自己带来了巨大利益,忧的是这一地位随时都有丧失的可能。家天下统治建立之初,威胁主要来自习惯势力。据说东方的伯益曾借助于传统与夏启抗衡,"益干启位,启杀之";西方的有扈氏也蠢蠢欲动,夏启与他们大战于甘,《尚书》记录下了辗转流传下来的启在甘地所发布的誓词。《淮南子·齐俗训》篇说:"昔有扈氏为义而亡,知义而不知宜也。"旧有的传统没有挡住家天下统治的滚滚洪流,后者铺天盖地地向社会压过来。然而对于在位者来讲,威胁并没有真正解除,并且随着私有制的不断发展而呈现出日益严重的态势。用战国末年思想家韩非的话讲,君臣之间只是"缚于势而不得不事",这种关系是绝对靠不住的。有些大臣羽翼丰满之后,就要对君位产生觊觎之心,虎视眈眈地盯住君主的位置,"臣之所不弑其君者,党与不具也"(《韩非子·扬权》),家天下统治丧失的可能性在不断增大。为了巩固自己的统治,从夏启以后的历代统治者都千方百计地为自己统治的合法性寻找根据、制造舆论,这就是君权神授说自其诞生以后便盛传不衰的原因所在。《尚书》记录下了其中一些典型的说法。

夏启讨伐有扈氏,商汤讨伐夏桀,周武王讨伐殷纣王,不管别人怎么看,当事人自己都是理直气壮的。因为他们都是在按照"天意"行事,用后世的话讲,这叫作"替天行道"。请看他们自己的说法:

> 有扈氏威侮五行，怠弃三正，天用剿绝其命。今予惟恭行天之罚。(《甘誓》)
>
> 王曰："格尔众庶，悉听朕言！非台小子敢行称乱，有夏多罪，天命殛之。……予畏上帝，不敢不正（征）。"(《汤誓》)
>
> 今予发，惟恭行天之罚。(《牧誓》)

这些说法多么理直气壮啊！讨伐有罪之人是上天的旨意，我按照天意建立起自己的统治来，你们有什么可说的！于是别人也就无话可说、只好默认了，后人甚至进一步美化为："汤武革命，顺乎天而应乎人。"

然而有人也吃了这有恃无恐的亏。过于依赖天命，不注意敬修自己的德行，把社会政治搞得一团糟，这时距离丧失天命也就不远了。据说殷纣王就是这样的。当西伯戡黎，殷朝野上下一片惊恐时，殷纣王还在悠然自得地说：

> 我生不有命在天！(《西伯戡黎》)

结果白白丧失了"天命"。按照周公在《大诰》篇中的讲法：

> 天惟丧殷，若穑夫，予曷敢不终朕亩！

于是周人"革命",把原本属于殷人的"天命"夺过来据为己有。上天则顺水推舟地加以承认,把统治下民的大权交给了周人。用召公的话讲,这就叫:

> 皇天上帝,改厥元子,兹大国殷之命,惟王受命。(《召诰》)

用周公的话说,叫作:

> 天乃大命文王殪戎殷,诞受厥命越厥邦厥民。(《康诰》)

上古时代就是这样来理解改朝换代的。对于那些新贵们来讲,刚刚到手的统治大权是上天赐给的,《梓材》篇对此有一个简洁明快的说法:

> 皇天既付中国民越厥疆土于先王,肆王惟德用,和怿先后迷民,用怿先王受命。已若兹监,惟曰欲至于万年,惟王子子孙孙永保民。

我的统治地位是皇天上帝给的,你再眼红有什么用处?

人世间的一切事情都是上天安排的,"古我先后既劳乃祖乃父,汝共作我畜民",你们还有什么可说的?"予迓续乃命于天,予岂汝威,用奉畜汝众。"(《盘庚中》)连你们的生命都是我从上天那里讨回来的,你们还是老老实实接受我的统治吧!这就是《尚书》中的君权神授说的主要内容。

然而从"小邦周"灭掉"大邑商"的大变局中,西周王朝最高统治者还是初步感受到了"惟命不于常"的恐惧。就像周公警告召公时所说的那样,"弗吊天降丧于殷,殷既坠厥命,我有周既受。我不敢知曰:厥基永孚于休"(《君奭》)。在"民情大可见,小人难保"的情况下,为了"和怿先后迷民",统治者必须注意自己的"一话一言"、一举一动:

> 王敬作,所不可不敬德。……肆惟王其疾敬德。王其德之用,祈天永命。(《召诰》)

只有敬修自己的德行,"子子孙孙永保民","祈天永命",我们的"大命"才能长久地保住,否则,"惟不敬厥德,乃早坠厥命"(《召诰》)。夏、商两代相继灭亡的严酷现实就在眼前,绝不是闹着玩的。由此周人得出一个结论:

> 天不可信。我道惟宁(文)王德延,天不庸释于文

王受命。(《君奭》)

盲目信从上天的办法是不大可靠的,我们还必须把文王的美德发扬光大,这样上天才不会剥夺我们的天命。由此引申出一个重要的政治原则:在"敬天"的同时,我们还必须"敬德"和"保民"。这是从宗教神道主义世界观统治的铁幕中透露出来的一缕人文主义气息,尽管这缕气息在西周时代还很微弱,与宗教神道主义的熏天气势相比较,它要弱小得多,远远够不上所谓"二元发展"。但毫无疑问,这是一缕富有生命力的气息,因为它昭示着未来社会政治生活的发展方向。这是上古时代君权神授学说的一项重要内容,与"敬天"一起构筑起君权神授学说的大厦来。敬德保民的根本目的就在于,让那些"真命天子"们"万亿年敬天之休"。

在后来的历史发展中,《尚书》君权神授说中的"敬天"与"敬德保民"两项基本政治原则,对政治生活都曾发挥过十分重要的指导作用,只是敬德保民问题前面已经谈过一些,后面还将继续谈到,因此在下面的行文中,我们将集中讨论后世统治阶级如何敬天的问题。

按照通行的说法,自从战国时代以后,中国古代思想史上那场从神到人的历史性巨变已经基本完成,中国传统文化由此打上了"非宗教世俗化"的印记,君权神授说似乎应该寿终正寝了。然而，历史的真实显然不是这个样子：敬天的故事不断发生，装神弄鬼的闹剧接连上演，"真命天子"们乱哄哄地抢攘着，你方唱罢我登场。看来，君权神授说在后世的意义绝不仅仅是一根救命的稻草，它的分量要重得多。

君权神授说的实践与发展

《尚书》君权神授说下的敬德保民原则，直接引导着意识形态领域里的一场广泛而深刻的变革。从《尚书》里的"惟命不于常""天不可信"开始，到东周初年的"昊天不吊""昊天不惠""先祖匪人"，再到春秋中期的"吉凶由人""妖由人兴""民为神之主"等等说法的出现，上天、先祖的神圣地位一步步动摇，人的地位不断上升，后来便推出了春秋末年郑国贤大夫子产那句千古名言：

> 天道远，人道迩，非所及也。(《左传·昭公十八年》)

这种说法在中国思想史上树起了一座里程碑，它第一次将"人道"与"天道"作为一对对应的哲学范畴提了出来，"人道"与"天道"终于分离开来，人的地位大大提高。从此以后，天有天道，人有人道，人类不必事事都要匍匐在神天的脚下，考求上天的旨意，而是可以按照人类自身的法则来行事。于是，关于人道、人性、人类生活方式等问题的讨论便热闹起来，百家争鸣的序幕由此拉开。在社会整体文明现实演进的基础上，经过两个半世纪的大讨论、大争鸣，一个以世俗化、非宗教、崇尚文德与和平的基本风格的华夏文明正式确立下来。从此以后，不管宗教迷信势力多么顽固与强大，都不能改变华夏文明的这种基本风格。《尚书》"敬德""保民""天不可信"的种子终于结出了丰硕的思想成果来。

然而这只是问题的一个方面。既然"皇天既付中国民越厥疆土"于我，我"诞受厥命越厥邦厥民""迓续乃命于天"，那么你们就应该老老实实地做我的"畜民"，这是多么顺理成章的事情。对于在位君主来讲，君权神授说真好啊！它不但论证了自己统治的合法性，也证明了别人被统治的合理性。不服，你弄一个"天命"试试？这就把那些非分想法一下子给封死了，因为谁都知道获取"天命"不是一件轻而易举的事情，神祇手中掌握的君权可不是随便乱给的。这样，君权神授说既是在位君主手中的防身武器，又是掷向政敌的投枪，一举可以两得，怎能不受到在位君主的眷恋和偏爱呢！

于是我们看到，即使进入了"非宗教世俗化"的文明时代，封建君主仍在利用君权神授说为自己的统治服务。秦始皇"易服色，改正朔"，宣布"水德之始"等等，就是这一学说指导下的一场闹剧。只是这场闹剧太晦涩了，说出来不一定能引起读者的兴趣，这里也就不去细说了。还是来说说汉高祖刘邦吧，他的故事远比秦始皇的故事风趣得多。

刘邦本是泗水边上的一个小小亭长，时势把这个"无赖"推上了君临天下的皇帝宝座，以前看来不可思议的事情现在变成了现实。夏、商、周三代实行世卿世禄制度，卿大夫职位与庶民百姓无缘，更不用说"真命天子"了。战国时代的生存竞争迫使各国竞相延揽人才，一些人于是平步青云地爬上了高位，出现了所谓的"布衣将相之局"，然而向上再爬一步则比登天还要难。这种限制在秦汉之际被彻底打破了。司马迁在《史记·秦楚之际月表》序中对此给予了反映：

> 初作难，发于陈涉；虐戾灭秦，自项氏；拨乱诛暴，平定海内，卒践帝祚，成于汉家。五年之间，号令三嬗，自生民以来，未始有受命若斯之亟也。

五年之间，政令从秦王朝转到农民起义领袖陈胜手里，再从陈胜那儿转到项羽那里，最终刘邦成了大赢家。面对如此剧烈的社会变革，且不说整个社会没有足够的思想准备，就连局中人刘邦自己的心理准备也是不够的。《史记·叔孙通

传》给我们记下了一则有趣的故事:

> 汉五年,已并天下,诸侯共尊汉王为皇帝于定陶,叔孙通就其仪号。高帝悉去秦苛仪法,为简易。群臣饮酒争功,醉或妄呼,拔剑击柱,高帝患之。

这样下去成何体统?皇帝的尊严又在哪里呢?"叔孙通知上益厌之也",于是帮助刘邦制定了朝仪。第一次正式按照朝仪行礼时,"自诸侯王以下莫不振恐肃敬"。罢朝后饮酒,"无敢欢哗失礼者"。于是汉高祖发出了由衷的感叹:

> 吾乃今日知为皇帝之贵也。

威严一下子树立起来。刘邦君臣毕竟都是刚刚从草莽中走来,转变需要一个过程。

然而从庶民到皇帝的角色转换一旦完成,局中人在飘飘然的同时,不禁又对自己出身的低微感到害羞起来。与名门望族中出来的那些老贵族们相比,自己的父母是老实巴交的农民,够寒碜的。但刘邦毕竟是个大聪明人,他很快便从这个心理阴影中走了出来,出身低贱算不了什么,上天早就出现了预兆,老子是一个"真命天子",这才是更重要的。于是《尚书》中的君权神授学说被刘邦这位新贵借用过来,而且很快就能运用自如了。看了《史记·高祖本纪》中看似漫不经意记下的几则小故事,你就会对我们的说法笃信不疑了:

> 高祖,沛丰邑中阳里人,姓刘氏,字季。父曰太公,母曰刘媪。其先刘媪尝息大泽之陂,梦与神遇。是时雷电晦冥,太公往视,则见蛟龙于其上。已而有身,遂产高祖。

这是说刘邦是龙的儿子,用汉代纬书《诗含神雾》的话说,这叫作"赤龙感女媪,刘季兴"。

这位"龙种"与"凡夫俗子"果然不同,先天生就了一副"真龙天子"的相貌:

> 高祖为人,隆准而龙颜,美须髯,左股有七十二黑子。……好酒及色。尝从王媪、武负贳酒,醉卧,武负、王媪见其上常有龙,怪之。

据另一部纬书《河图》的说法,"帝刘季口角戴胜,斗胸,龟背,龙股,长七尺八寸"。这是多么特别的一副相貌啊！走到哪里神龙就跟到哪里，凡夫俗子能够做到吗？并且"七十二黑子"也是有讲究的。据说这是赤帝七十二日的数目。刘邦左腿上长的这七十二个黑麻子或曰黑疙瘩，恰恰应了火德七十二日的征兆。

毫无疑问这是一位"真龙天子"，不但算命先生看出了这一点，连声称赞其前程"贵不可言"，就连远在千里之外的西北方的当朝天子秦始皇也感受到了刘邦那咄咄逼人的"天子气"：

> 秦始皇帝常曰"东南有天子气"，于是因东游以厌之。高祖即自疑，亡匿，隐于芒、砀山泽岩石之间。吕后与人俱求，常得之。高祖怪问之。吕后曰："季所居上常有云气，故从往常得季。"高祖心喜。沛中子弟或闻之，多欲附者矣。

读到这里，你还敢怀疑刘邦真命天子的真实性吗？不过且慢，且不说这类神话大都是刘邦登基之后的产物，即便产生在龙飞九五之前，谁敢保证这不是夫妻俩编造的鬼话，其目的在于让"沛中子弟或闻之，多欲附"呢？

刘邦成就大事以前，还有一个"斩蛇起义"的故事，也是扣人心弦的。据说刘邦当差往郦山押送刑徒，路途上有许

多人开了小差。于是他一不做,二不休,干脆把所有的刑徒放走,自己也亡命山泽:

> 徒中壮士愿从者十余人。高祖被酒,夜径泽中,令一人行前。行前者还报曰:"前有大蛇当径,愿还。"高祖醉,曰:"壮士行,何畏!"乃前,拔剑击斩蛇。蛇遂分为两,径开。行数里,醉,因卧。后人来至蛇所,有一老妪夜哭。人问何哭,妪曰:"人杀吾子,故哭之。"人曰:"妪子何为见杀?"妪曰:"吾子,白帝子也,化为蛇,当道,今为赤帝子斩之,故哭。"人乃以妪为不诚,欲告之,妪因忽不见。

这不是活见鬼了吗?后世志怪小说中才有的这些离奇情节,赫然出现在号为"实录"的《史记》当中,这不能不令人稍感意外。这里需要注意的是,不管这则故事有多少水分,也不管有没有斩蛇故事的真正发生,哪怕被刘邦一刀挥为两段的只是一条小小的蜥蜴,这都无关宏旨,我们只来追究一下编造这个故事或者叫作鬼话的目的就行了。对此,司马迁在上面这段话的后面交代得清清楚楚:

> 后人至,高祖觉。后人告高祖,高祖乃心独喜,自

负。诸从者日益畏之。

这就叫黑夜里独行吹口哨——既给自己壮胆同时又吓了鬼,一举两得。即便后面这个情节完全真实,谁敢保证前来汇报不是出于刘邦的授意?不过在当时,这种鬼话还真管用,"诸从者日益畏之"。这才是编造故事者的初衷所在。

如此说来,不论是起事过程中还是取得胜利之后,刘邦对君权神授说都是情有独钟的。不厌其烦地编造和宣传这些鬼话,还不是因为在出身问题上感到心虚?先天不足,后天弥补,经过这些鬼话的粉饰之后,刘邦终于沐猴而冠,身上有了一道神意的光环,越看越像个"真龙天子",于是也就成了"真龙天子"。在"从虫到龙"的飞跃过程中,这君权神授说真没少给刘邦帮忙啊!

正因为如此,刘氏家族对这一学说十分偏爱。前面提到的那位颇有心计的汉文帝,他是刘邦的儿子,也是一位"龙的传人"。据说他母亲怀上他的前一夜,梦见苍龙伏在自己身上,后来便生下了汉文帝,真是有其父必有其子呀!

东汉开国皇帝刘秀也是"隆准,日角",生就一副龙颜。难怪唐代大诗人杜甫在《哀王孙》中这样来"赞扬"皇室后代:

高帝子孙尽隆准,龙种自与常人殊。

我们之所以不厌其烦地讲述刘邦的这些琐碎事，只是为了说明这样一个道理：即便在华夏社会已经走出了宗教神道主义占据统治地位的迷信时代之后，君权神授说仍然是地主阶级手中的一个得心应手的工具。通过刘邦的例子可以看出，新的帝王神话是怎样产生的，它们对于那些新贵们来讲又是多么必要！

君权神授说在地主阶级一代宗师董仲舒那里被进一步加工整理，从而显得更加理论化和体系化，《春秋繁露》记下了董仲舒的一些典型说法：

> 唯天子受命于天，天下受命于天子。(《为人者天》)
> 受命之君，天意之所予也。(《深察名号》)
> 天子受命于天，诸侯受命于天子，子受命于父，臣妾受命于君，妻受命于夫。诸所受命者，其尊皆天也，虽谓受命于天亦可。(《顺命》)

经过这番粉饰之后，君权神授说更为迷人，更为有用，自然也就更为流行了。在董仲舒以后的时代里，这一学说盛传而不衰，演义出了许许多多、形形色色的帝王神话来。这些神话与刘邦的故事一样离奇而"神圣"，使你在超验的前提下不由得不相信。这样的故事史书中俯拾皆是，我们只拣那些比较著名的帝王故事来说一说,这些故事都赫然记载在所谓的正史——"二十四史"中他们各自的"本纪"里。

汉宣帝少年时代历经坎坷,吃了不少苦头,但毕竟是一位"真命天子",即使蛰居在民间,也是不同凡响的。据说他"舍长安尚冠里,身足下有毛,卧居数有光耀。每买饼,所从买家辄大雠(售)"(《汉书·宣帝纪》)。不但有特异功能,还能给人招财进宝,一般人能够做到吗?显然是不行的。宣帝做到了,因为他是"真命天子"。

唐太宗李世民是一位英明的君主,在他的治理下,社会经济出现了空前的繁荣,于是有了"贞观之治"的说法。看看人家的来头,你就会觉得后来的丰功伟绩并不突兀。他是隋文帝开皇十八年十二月戊午日出生于武功别馆的。出生的时候,"有二龙戏于馆门之外,三日而去。高祖之临岐州,太宗时年四岁。有书生自言善相,谒高祖曰:'公贵人也,且有贵子。'见太宗,曰:'龙凤之姿,天日之表,年将二十,必能济世安民矣。'高祖惧其言泄,将杀之,忽失所在,因采'济世安民'之义以为名焉"(《旧唐书·太宗本纪》)。这不又是活见鬼了吗?否则怎能一下子就失其所在呢?既然害怕泄漏儿子"济世安民"的绝对机密,却又给儿子起了个"世民"的名字,岂不自相矛盾?对于这种破绽百出的鬼话,今天自当一笑了之。

五代后梁太祖朱温本是一位草莽英雄。也许草莽英雄更需要神祇的帮助,朱温诞生的神话从而编造得更为离奇。据说在他出生的那天晚上,"所居庐舍之上有赤气上腾,里人望之,皆惊奔而来,曰:'朱家火发矣。'及至,则庐舍俨然。既入,邻人以诞孩告,众咸异之"(《旧五代史·梁书·太祖纪》)。朱温可能是火星爷转世的吧,否则怎么会这么光明耀眼呢!

几百年之后,在安徽凤阳一个朱姓农家里,与朱温诞生时一样的怪异现象再次出现了:

……母陈氏。方娠,梦神授药一丸,置掌中有光,吞之寤,口余香气。及产,红光满室。自是,夜数有光起。邻里望见,惊以为火,辄奔救,至则无有。(《明史·太祖本纪》)

陈氏生的这个宁馨儿,就是后来赫赫有名的明太祖朱元璋。说来也怪,老朱家的人只要当上皇帝,诞生之初便要光芒四射,是不是他家有什么"祖传秘方"?当然,不姓朱,只要是"真龙天子",放放光明也不是太大的难事。北魏道武帝拓跋珪、后周太祖郭威、宋太祖赵匡胤与太宗光义兄弟等人,诞生的时候不都"光牖烛天""赤光照室""星火四迸"吗?

汉族出身的皇帝喜欢给自己的统治镀上一层神圣的灵光,异姓他族的皇帝只要入主中原,又何尝不喜欢这样呢?看看《辽史·太祖本纪》就可知道我们的这种说法是有根据的。这种状况一直持续到中国封建王朝的末世清朝。这些满族出身的皇帝诞生之前也出现了一些奇异的征兆。据说顺治皇帝福临的母亲在怀着他的时候:

> 红光绕身,盘旋如龙形。诞之前夕,梦神人抱子纳后怀曰:"此统一天下之主也。"寤,以语太宗。太宗喜甚,曰:"奇祥也,生子必建大业。"翌日上生,红光烛宫中,香气经日不散。(《清史稿·世祖本纪》)

后来,他的儿子玄烨——赫赫有名的康熙皇帝出生之前也出现了类似的情形:

> (其母亲)衣裾有光若龙绕,太后问之,知有妊,谓近侍曰:"朕妊皇帝实有斯祥,今妃亦有是,生子必膺大福。"(《清史稿·后妃列传·孝康章皇后》)

要知道,最后这两则故事产生在二三百年以前,而记载这两则故事的《清史稿》则是 20 世纪 20 年代的人匆匆修定的。从古代直到近世,帝王神话盛传不衰,由此可见《尚书》君权神授说的生命力有多么强大。

君权神授学说批判

在后来的历史演进过程中,《尚书》中的君权神授说得到了继承和进一步发展,变成了封建时代国家学说的核心内容之一。它揭示了封建君主权力的来源和基础,论证了封建统治的合理性,并为这一统治镀上了一层神圣的灵光。毋庸置疑,这是一种专门为统治阶级,特别是为其中的最高统治者服务的政治学说,这种服务是不加掩饰的、赤裸裸的。君主的权力来自上天或曰神祇,这种谎言建立在欺骗和社会性愚昧的基础上,由此反映出家天下统治的基础是多么薄弱。

从上文征引的那些内容雷同、情节近似的故事或曰鬼话中,我们似乎可以感受到这一点:骗子行骗的手法并不怎么高明。因此,一旦这种欺骗失去了效力,神授君权的权力基础也就快要坍塌了。从商纣笃信"我生不有命在天"而不久便连同身家姓名一同搭上的悲剧开始,古代中国的末代君主便一次次地上演着同一种剧目。君权神授学说在欺骗被统治者的同时,也麻痹着统治者自己,使他们在虚幻的自信和浑噩的无知中丧失了"天命"。王莽所上演的,就是这样一种人生悲剧。

王莽本是西汉末年的一位外戚。他凭借姑母王太后的支持，三十八岁便当上了大司马，执掌国政，后来便由安汉公、"假皇帝"而至真皇帝，一路顺风地爬了上去。他相信自己代汉如同虞舜代尧一样符合天意，于是编造出许许多多的神话来，一时间举国上下"争为符命封侯"，没有这样做的人见面后便以玩笑的口吻发问："独无天帝除书乎？"然而上天并没有保佑他一生平安。在他统治的晚年，"反贼"四起，搞得他精疲力尽。当农民起义军打到长安郊外时，王莽真的恐慌起来。于是有人给他献出一条"奇计"，《汉书·王莽传下》对此记载说：

> 莽愈忧，不知所出。崔发言："《周礼》及《春秋左氏》，国有大灾，则哭以厌之。故《易》称'先号咷而后笑'。宜呼嗟告天以求救。"莽自知败，乃率群臣至南郊，陈其符命本末，仰天曰："皇天既命授臣莽，何不殄灭众贼？即令臣莽非是，愿下雷霆诛臣莽！"因搏心大哭，气尽，伏而叩头。又作告天策，自陈功劳，千余言。诸生小民会旦夕哭，为设飧粥，甚悲哀及能诵策文者除以为郎，至五千余人。

然而这条奇计最终没能挽救王莽的政治生命和肉体生

命,他始终没能笑到最后,不久便被杀掉了。王莽哭天的闹剧,终于变成了一则历史笑料。他个人的人生悲剧也在"天生德于予,汉兵其如予何"的呼叫声中闭幕。君权神授说帮了他的忙,最终却害了他的命。这可能就是所谓的"历史报应"吧!

因此,在承认其存在有其合理性一面的同时——这种合理性建立在社会性愚昧的基础上,对《尚书》中的君权神授说我们持完全否定的态度。这种学说是《尚书》中的渣滓和糟粕,应当予以历史的批判。至于它在后世的沉渣泛起,更是应该彻底否定。这就是我们对这种学说的基本观点和认识。

"天子作民父母,以为天下王"——《尚书》与家天下观念

按照传统讲法,夏王朝的建立,标志着原始社会"天下为公"时代的结束和阶级社会"天下为家"时代的开始。经过夏、商两代的历史发展,家天下统治秩序在西周春秋时代日益巩固下来。写857于这一时期的《尚书》各篇,自然要对这种统治秩序给予一定的关注。从《今文尚书》二十八篇中看,它们赞成这种政治秩序,并为它的进一步巩固与确立献计献策,提出了一系列应该遵循的原则。《尚书》中的这些观

念，在后世家天下统治继续运行的时代里自然是十分有用的，实实在在地发挥出"疏通知远"的指导作用，从而深深影响了传统政治文化的演进历程。

《尚书》中的家天下思想

所谓的"家天下"，是指君主把国家作为自己一家的私有财产，世代相传，为所欲为。作为一种政治秩序，家天下是原始社会末期私有制力量发展壮大起来后在政治上的必然要求，也是原始血缘关系在阶级社会里严重遗存的表现形式。中国的家天下统治是从大禹时代开始的。大禹把部落酋长的位置一反推举传统传给了自己的儿子启，启正式建立起夏王朝的统治，家天下的政治秩序于是被确立下来。历史发展到西周时代后，这种统治秩序已经被视为理所当然的事情了，以至于人们时常把统治天下的王室直接称为"王家"：

> 惟我事不贰适，惟尔王家我适。(《多士》)

我不把你们这些士人当作敌人，只把你们的"王家"当作敌人。这是周公分化瓦解殷遗贵族们的话，这里的"王家"显然是指殷商王室而言。还是在这篇《多士》中，周公指责殷纣王昧于天意，"矧曰其有听念于先王勤家？"先王勤劳从事的明明是国家大事,却偏要说成是"勤家",这是家国一体观念支配下的说法。

在《君奭》篇中,周公告诫召公奭说,殷先哲王在位的时候,都有贤人辅佐,从而把国家治理得井井有条:

> 在太戊,时则有若伊陟、臣扈,格于上帝,巫咸乂王家。

巫咸所安顿的显然是殷商王朝,而周公则把它说成"王家"。在《顾命》篇(《尚书正义》中在《康王之诰》篇)中,刚刚即位的康王钊在告诫"庶邦侯、甸、男、卫"们的时候,也沿用了周公的这种说法。他说,过去文王和武王在位的时候,"亦有熊罴之士,不二心之臣,保乂王家,用端命于上帝。皇天用训厥道,付畀四方,乃命建侯树屏"。"熊罴之士"和"不二心之臣"所保卫安定的"王家",事实上也就是西周政权。"国家"与"王家"一而二,二而一,这是家天下统治秩序被视为理所当然的事情之后才会产生的观念。这种观念与前面讲到的君权神授思想结合起来之后,使家天下统治镀上了一层神圣的灵光,使之更加庄严肃穆起来。

对于家天下统治秩序,《洪范》这篇政治哲学文献有一个提纲挈领式的表述:

> 凡厥庶民，极之敷言，是训（顺）是行，以近天子之光。曰："天子作民父母，以为天下王。"

这是对家天下统治秩序整体建构的一个纲领性说法。天子是天下的中心——"天下王"，天子的教导，庶民必须"是训（顺）是行，以近天子之光"，这是对后世出现的专制主义政治体制的一个重要提示。

"天子作民父母，以为天下王"，后世广为传诵的这句"千古名言"，大体上包含了两层意思：

第一层意思是说，天子是父母，是尊者，庶民是子女，是奴隶，这样的定位为家天下统治秩序的存在找到了理论根据，由此衍生出专制主义统治的理论来。因为在父权制占据统治地位的社会里，父亲对子女是有生杀予夺的权力的。

第二层意思是说，既然是父母和子女之间的关系，那么君民之间就应该互相亲近才是，这就给家天下统治披上了一层温情脉脉的血缘关系的面纱，由此又派生出一系列的孝道伦理和任人唯亲的组织路线来。

在《尚书》的其他篇章中，这些内容差不多都得到了进一步的论证，由此构成了完整的家天下统治理论。

马克思在《摩尔根〈古代社会〉一书摘要》中指出，父权制家庭自其诞生之日起，便"以缩影的形式包含了一切后来在社会及其国家中广泛发展起来的对立"。在这众多的对立中,父系家长与其家庭成员之间的矛盾是十分重要的一种。随着国家的建立,君民之间的对立便成了这种矛盾的突出表现形式。一方要尽力扩大手中的权力,另一方则拼命抵制,于是我们看到直到西周时代,王朝统治的水平还没有超出威慑统治的范畴,绝对君权尚未出现。当然,君主的尊严还是有的,这是《尚书》较早写就的篇章中存在鼓吹专权论调的根据所在。经过春秋时代尊王攘夷的血与火的锻炼,古代君权踏上了更生与再造的行程,战国时代专制主义中央集权的政治体制便在七雄当中逐步确立下来。古代政治体制的这一演进历程,《尚书》中有明确的反映。战国时代写就的篇章大力鼓吹专制主义,就是对现实生活的真实写照。家天下统治于是以一个崭新的姿态出现在世人面前,显得更为威严和庄重了。

在《康诰》篇中,周公告诫卫康叔:

> 非汝封刑人杀人,无或刑人杀人;非汝封又曰劓刵人,无或劓刵人。

周公的本意是"慎刑","若保赤子,惟民其康乂",这与《吕刑》篇中吕侯的话是一个意思:

> 一人有庆,兆民赖之,其宁惟永。

这些话都是告诫执掌生杀大权的人应该明德慎罚,千万不要滥杀无辜。然而其中也透露出了司法专横的气息。在这之前,盘庚张口闭口"予制乃短长之命","听予一人之作猷",已经初步透露出这层意思和气息。这种气息进一步播扬开来后,就有了《洪范》篇中更为明确的说法:

> 惟辟作福,惟辟作威,惟辟玉食。臣无有作福、作威、玉食。臣之有作福、作威、玉食,其害于而家,凶于而国,人用侧颇僻,民用僭忒。

前面的三个"辟"字都是君主的意思。作威作福是君主的特权,决不允许臣下这样做。话说到这个份上,有谁还会怀疑这不是专制主义的论调呢?

《皋陶谟》篇(《尚书正义》中在《益稷》篇)所讲述的是原始民主制度时期的政事,但由于写就的时间比较晚,也不免掺进去一些大一统和专制主义的东西。它一会儿说:"臣哉邻哉,邻哉臣哉!"一会儿又说:"臣作朕股肱耳目。"显而易见,邻居的地位比受大脑支配的"股肱耳目"要高一些。"股肱耳目"是《尚书》给臣下与君主关系的明确定位,这种说法在后世家天下统治的时代里一直是一种标准的提法。

上古时代小国林立,大一统要求在战国时代才日益强烈起来,但这并不意味着上古时代这样的要求一点也没有。在《立政》篇中,周公勉励成王说,"其克诘尔戎兵以陟禹之迹,方行天下,至于海表,罔有不服。以觐文王之耿光,以扬武王之大烈",已经初步提出了这种要求。这一要求在战国时代最终写定的《禹贡》篇中变成了"现实",成为大禹圣道王功的重要组成部分:"九州攸同,四隩既宅……东渐于海,西被于流沙,朔南暨声教,讫于四海。禹锡玄圭,告厥成功。"你看,在当时所知道的"天下"里,不是已经实现了"九州攸同"了吗?这个"家"在不断地扩大着,进而和专制主义思想搅到了一起:

> 光天之下,至于海隅苍生,万邦黎献,共惟(为)帝臣,惟帝时举。……谁敢不让,敢不敬应?

这是《皋陶谟》中(《尚书正义》中在《益稷》篇)的一段话,据说出自圣王大禹之口,其分量自然是很重的。"光天之下"直到天涯海角,"万邦黎献,共惟(为)帝臣",大一统加上专制主义思想,一下子把家天下统治抬到了至高无上的地位。

家天下统治下的组织路线也是《尚书》中讨论较多的一个问题,上文说到的"明明扬侧陋"是一个总纲。《尚书》在许多地方提到了"旧人""老(耇)成人":

> 古我先王,亦惟图任旧人共政。……汝无侮老成人,无弱孤有幼。各长于厥居,勉出乃力,听予一人之作猷。(《盘庚上》)
> 父师若曰:"王子,天毒降灾荒殷邦,方兴沉酗于酒,乃罔畏畏,咈其耇长旧有位人……"(《微子》)
> 汝丕远惟商耇成人宅心知训。别求闻由古先哲王,用康保民。(《康诰》)

寻求"旧人""老成人""耇成人"共政,这是《尚书》各篇中的一个重要指导思想。《盘庚上》篇借用古代贤人迟任留下的一句格言,集中表达了这种思想:

> 人惟求旧,器非求旧,惟新。

周武王在《牧誓》中指责殷纣王不用亲人用远人,说的也是这个意思,"人惟求旧"的组织路线是《尚书》所设计的家天下政治的一个重要准则。

《尚书》与中国传统思想 | 219

孝道是家天下统治中最为重要的伦理道德，自然受到了《尚书》的提倡。据说帝尧"克明俊德，以亲九族。九族既睦，平章百姓"；帝舜"父顽，母嚚，象（舜之弟——引者）傲，克谐。以孝烝烝，乂不格奸"。（《尧典》）他们都是孝道的楷模。周公告诫卫康叔，要教育人民遵守孝道：

> 纯其艺黍稷，奔走事厥考厥长。肇牵车牛，远服贾用，孝养厥父母。（《酒诰》）

这是正面引导。如果这种做法不能奏效，"子弗祗服厥父事，大伤厥考心；于父不能字厥子，乃疾厥子；于弟弗念天显，乃弗克恭厥兄；兄亦不念鞠子哀，大不友于弟"（《康诰》），对于这种"不孝不友"、人人痛恨的罪恶，那就无须客气了：

> 乃其速由文王作罚，刑兹无赦。（《康诰》）

引导在先，惩罚在后，《尚书》对孝道的倡导可以算得上是热心的了。

家天下统治秩序中的政治路线、组织路线和伦理道德，《尚书》都明确地提了出来，这就难怪后世赞扬它"长于政"，能够起到"疏通知远"的指导作用了。事实上,这些内容对后世封建社会的政治建设也确实发挥出了重要的指导作用。

家天下观念的历史发展

家天下统治在后世获得了进一步发展。实有君位的人自然很赞成这种政治秩序,于是心安理得地把天下传给了后世子孙;一般臣民也把这一秩序视为理所当然,不敢对此有任何微词。当然,历朝历代都存在着一些异端思想和"反叛行为",与家天下统治秩序显得不太协调,但这些思想和行为在封建时代始终没能占据主导地位。于是,家天下统治在众人的"拥戴"声中一代代延续下来,请看一些具体事例。

孟子是具有强烈民本思想倾向的人,这在后面我们还要说到,但他对于家天下统治也是赞成的。有人问他,"至于禹而德衰,不传于贤而传于子",有这么回事吗?孟子的回答很明确:

> 否,不然也。天与贤,则与贤;天与子,则与子。……孔子曰:"唐虞禅,夏后殷周继,其义一也。"(《孟子·万章上》)

家天下统治完全符合天意,没有什么值得怀疑的。这是孔孟一派的看法，这种看法很有代表性。再看一看汉文帝初年关于议立太子问题的一次争论吧，这次争论中的一些说法也很具典型意义。

汉文帝刘恒是一个有心计的人，他知道自己以藩王的身份入继大统，肯定有人不服气，开始阶段必须韬光养晦。所以，在他即位三个月之后，有关部门建议为了宗庙社稷考虑宜早立太子，汉文帝回答说：

> 诸侯王宗室昆弟有功臣，多贤及有德义者，若举有德以陪朕之不能终，是社稷之灵，天下之福也。今不选举焉，而曰必子，人其以朕为忘贤有德者而专于子，非所以忧天下也。朕甚不取也。

文帝这个姿态做得很好，然而有关部门的回答也是坚决而果断的：

> 古者殷周有国，治安皆千余岁，古之有天下者莫长焉，用此道也。立嗣必子，所从来远矣。高帝亲率士大夫，始平天下，建诸侯，为帝者太祖。诸侯王及列侯始受国者皆亦为其国祖。子孙继嗣，世世弗绝，天下之大义也，故高帝设之以抚海内。今释宜建而更选于诸侯及

宗室，非高帝之志也。更议不宜。子某最长，纯厚慈仁，请建以为太子。(《史记·孝文本纪》)

家天下统治既是先帝遗志，更是"天下之大义"，你怎能违背呢？一番话说得文帝哑口无言——事实上说到了文帝的心坎儿上，于是汉文帝在"极不情愿"中答应了群臣的请求。

一般臣民已把家天下看作是"天下之大义"，那么君主们对君位世代相传也就更加心安理得了。请看秦始皇和汉高祖的例子。

秦王嬴政统一天下后，胜利的喜悦使他飘飘然起来，他不断推出新举措以"称其成功"。举措之一就是废除谥法制度。上古时代，王公大人去世后，后人根据其生前所作所为给他一生作出个评价，这个评价是用一两个字概括出来的，这一两个字就叫作"谥"。秦始皇说这样做不好：

> 朕闻太古有号毋谥，中古有号，死而以行为谥。如此，则子议父，臣议君也，甚无谓，朕弗取焉。自今已来，除谥法。朕为始皇帝。后世以计数，二世三世至于万世，传之无穷。(《史记·秦始皇本纪》)

秦始皇用静止的观点看问题，后来的历史发展表明，他的这段话不过为社会增加了一则笑料而已。然而,在表征着封建皇帝狂妄自私的同时,这段话也明白无误地表达出秦始皇对家天下统治的心安理得。他一个人心安理得不要紧,却引起了许多人的心理失衡。其中就有后来推翻秦人统治的项羽和刘邦。两人看到秦始皇的尊严和高贵后,一个说:"彼可取而代也";一个则长叹一声:"嗟乎,大丈夫当如此也!"

后来刘邦果然遂了愿,一下子登上了皇帝的宝座,建立起自己的家天下统治,这下别提心里有多高兴了。《史记·高祖本纪》为我们记录下了一则有趣的小故事:

> 高祖大朝诸侯群臣,置酒未央前殿。高祖奉玉卮,起为太上皇寿,曰:"始大人常以臣无赖,不能治产业,不如仲力。今某之业所就孰与仲多?"殿上群臣皆呼万岁,大笑为乐。

"天子以四海为家",刘邦真不愧为"无赖",直率得也十分可爱。宋代有人骂他说:"纵酒疏狂不治生,中阳有土不归耕。偶因乱世成功业,便向翁前与仲争。"这并没有骂到点子上。刘邦的炫耀是以家天下为前提的。把天下说成是个人的"产业",可以算作对家天下统治的一个直白注解。

然而家天下统治又是专横的。在封建社会里,父子相残、夫妻反目、兄弟互戕的事情史不绝书，从根本上讲都是为了争权夺利。一部血淋淋的家天下统治史被一层温情脉脉的面纱所掩盖。为了争权夺利，骨肉之间也毫不客气。唐太宗李世民杀兄害弟，逼父退位，仍不失为历史上著名的圣君，后世原谅了他的出格，因为还有比他更出格的，这里就不去说他们了，还是说说刘邦吧！因为刘邦的做法还比较文明些。

还是《史记》中的那篇《高祖本纪》，记下了刘邦与他父亲之间的另一件事情。刘邦登上皇帝宝座不久，还像以前那样：

> 五日一朝太公，如家人父子礼。太公家令说太公曰："天无二日，土无二王。今高祖虽子，人主也；太公虽父，人臣也。奈何令人主拜人臣！如此，则威重不行。"后高祖朝，太公拥篲，迎门却行。高祖大惊，下扶太公。太公曰："帝，人主也，奈何以我乱天下法！"于是高祖乃尊太公为太上皇。心善家令言，赐金五百斤。

"天无二日，土无二王"，简洁明快的八个字，一下子把太公和刘邦都变成了演员，父子之间的亲情荡然无存，剩下的只是赤裸裸的君臣关系。从刘邦对太公家令的重赏中可以看出来，他是多么赞成自己的父亲对自己躬身迎送啊！因为他深深懂得这其中的含义。

在后世的历史发展中,大一统局面越来越巩固,虽然有魏晋南北朝和五代十国几个大的分裂时期存在,但统一毕竟占据了中国历史的主导地位。专制主义统治也在这大一统的格局中一步步地加强着。从秦汉时期的三公九卿到隋唐时期的三省六部,再到明代的内阁制和清代的军机处,一次次改制都为专制统治提供了更加有力的制度保障。完全可以这样讲,《尚书》所提出的家天下统治的政治路线,在后世得到了全面贯彻和真正的落实。

"人惟求旧"的组织路线在后世仍然是有效的。人事变动的无序性是封建时代的常事,用社会上流行的话讲,叫作"一朝天子一朝臣,这朝不用那朝人",由此衍生出拉帮结派、任人唯亲的弊端来。科举时代的"同年关系","年兄""年伯"表面上亲热得如同一家人,说穿了也不过是为了"一荣俱荣"而已。叙乡党、攀亲谊,为的是壮大自己的势力。因为在那个时代,单枪匹马是十分危险的。《红楼梦》第四回给我们讲述了一个"护官符"的故事:

> 如今凡作地方官者,皆有一个私单,上面写的是本省最有权有势极富极贵的大乡绅名姓,各省皆然;倘若不知,一时触犯了这样的人家,不但官爵,只怕连性命

还保不成呢!——所以绰号叫作"护官符"。

这种强大的封建关系网的形成,究其原因,无疑是从"人惟求旧"的组织路线中派生出来的。

孝道伦理在后世更是大放异彩。孟子说:

> 人有恒言,皆曰天下国家。天下之本在国,国之本在家,家之本在身。(《孟子·离娄上》)
>
> 道在尔而求诸远,事在易而求之难。人人亲其亲、长其长而天下平。(同上)
>
> 老吾老,以及人之老;幼吾幼,以及人之幼。天下可运于掌。(《孟子·梁惠王上》)

这些都是在讲述家国一体的道理。这些道理被后世的最高统治者心领神会,所以历代的封建帝王都成了"孝子贤孙"。不管实际情况怎么样,他们的谥号中总忘不了加上一个"孝"字,以此来给万民做表率。不信的话,请看下面的统计数字。

两汉一共二十四位皇帝,除了开国君主刘邦和中兴之主光武帝刘秀外,其余二十二位皇帝的谥号前一律加有"孝"字,因为汉代皇帝反复标榜"以孝治天下"。唐代共有二十二位皇帝,只有两位皇帝的谥号中没有"孝"字,其中一位是末代皇帝哀帝。他把国家给弄丢了，这本身就是最大的不孝；况且亡国之后，也没有人再去迎合他而给他加一个美谥了，他只配一个"哀"字。两宋时期共有十八位皇帝，除了南宋末年的三位亡国之君和太宗赵光义的谥号中没有孝字外，其余十四位皇帝无一例外都是孝子。特别是赵昚——孝宗绍统同道冠德昭功哲文神武明圣成孝皇帝，谥号与庙号加在一起共有两个"孝"字。明代十七朝共有十六位皇帝，除了开国君主太祖朱元璋和末代皇帝庄烈帝朱由检外，谥号和庙号中不带孝字的只有两位：一位是建文帝朱允炆，一位是景泰帝朱祁钰，二人都不得善终，所以不配谥以"孝"字。

辽、金、元、清是以异族入主中原的封建王朝，但它们的君主也都没有忘记以孝治天下。不信的话，看一看中国最后一个封建王朝清朝皇帝的谥号就明白了。清朝共有十二位皇帝，除了末代宣统皇帝外，其余十一位的谥号中都有个"孝"字。这表明他们对孝道也是十分重视的。完全可以这么说，孝道伴随着整个封建时代，由此可以看出《尚书》提倡的孝道具有多么强大的生命力。

大一统格局下的专制主义统治，"人惟求旧"的组织路线以及孝道伦理等，《尚书》中提倡的这些家天下统治的政治准则，在后世封建社会里都得到了反复的演绎与实施，从而为封建政治打上了深深的家天下的烙印。

家天下观念的历史定位

家天下统治是在私有制不断发展，阶级分化达到一定水平的基础上建立起来的一种政治秩序。由于适应了私有制发展的现实需要，这种体制便绵延不绝地沿袭下来。就中国历史而言，家天下体制伴随着奴隶社会和封建社会两个大的历史阶段走完全程，时间持续了四千多年，成为传统政治的一大要件，自然不能等闲视之。

在这四千多年的历史发展中，家天下政治形态大体经历了有限君权和绝对专制两个历史阶段，时间各占去两千多年。前一个阶段，由于上古社会的质朴性，宗法血缘关系还很严密地存在着，各地区之间的相互联系比较松散，从而限制了君主的权力，家天下统治更多地笼罩在温情脉脉的面纱中。而后一个阶段则是另外一种情形。随着社会经济、文化的进一步发展，华夏社会逐渐凝为一体，封建主义的大一统统治和君主绝对专制的政治体制由此建立起来，并且这种绝对专制呈现出日益强化的趋势，这一趋势越到封建社会后期越明显，家天下统治从而更多地表现出了自己那副阴森森的真面目。《尚书》恰好在这前后两个两千年之间最终写定，其总结历史、开辟未来的意义自不待言。

以历史唯物主义的眼光看，在原始氏族制度及其原始军事民主制度走到尽头的时候，采用家天下统治是一个历史性的进步。它把全社会更加紧密地凝聚在一起，使得社会在征服自然和抵御外敌方面更加强大有力，从而推动了历史的前进。此后，家天下统治的大一统精神，在中华民族像滚雪球一样不断壮大的过程中，发挥出了一定的指导作用；孝道伦理对维护社会安定也有一定的积极意义。从这些方面看问题，《尚书》引导家天下统治的发展还是应该给予一些肯定的。

然而，家天下统治毕竟是一种维护剥削和压迫的政治制度，它维护了社会中极少数人的利益，绝对专制压抑了社会大众的积极性、主动性和创造性；"人惟求旧"的组织路线时常与"任人唯亲"联系在一起，从而阻挠了历史的进步；而孝道伦理则是一把杀向广大人民"心中贼"的软刀子，这些内容都是应当予以坚决否定的。《尚书》大肆宣扬这些内容，对后世历史发展和社会进步产生过严重的负面影响，这是应当加以批判的。

其实，这种批判在中国历史上很早就开始了。墨家学派彻底的"尚贤主义"，主张"官无终贵而民无终贱"，"不劳者不得其食"等，这些原则与家天下统治的基本精神是相抵触的。《庄子》外篇、杂篇中的那些指责君主的言论，公开主张"无君论"，也是这种批判的较早尝试。战国末期问世的《吕氏春秋·贵公》篇明确指出：

> 天下非一人之天下也，天下之天下也。阴阳之和，不长一类；甘露时雨，不私一物；万民之主，不阿一人。

我们怀疑这是墨家学派的遗说。把天下说成是"天下之天下"，这是对原始社会天下为公生活的甜蜜回忆，也是对现行家天下统治秩序的理性否定。这些思想随着家天下统治的日益稳固而逐渐变为异端，并且由于封建大一统统治和思想钳制的进一步加强而日益不被现行统治者所容忍。汉宣帝时盖宽饶的遭遇对此可以做一个注脚。

盖宽饶担任司隶校尉时，看到宣帝任用宦官而造成政治混乱，于是冒冒失失地奏上一本：

> 五帝官天下，三王家天下，家以传子，官以传贤，若四时之运，功成者去，不得其人则不居其位。

这些言论明确记载在《汉书·盖宽饶传》里，显然尽是一些不合时宜的话。汉宣帝听后很不高兴，就把这道奏议交给群臣讨论。"时执金吾议，以为宽饶指意欲求禅，大逆不道"，应该施以"大辟"——砍头的处罚。这是宣帝赞成的一种意见。却有那么一位不识时务的谏大夫郑昌替盖宽饶开脱，说他"忠直忧国"，只是一个"言事不当意"的问题，这道奏议并没有什么恶意。对于这种就事论事的肤浅见识，汉宣帝不屑一顾：

> 上不听，遂下宽饶吏。宽饶引佩刀自刭北阙下，众莫不怜之。

这就是胆敢向家天下统治秩序发出挑战的人的最终下场，因为这是一个家天下统治的时代。然而历史的脚步并没有因为强权的阻挠而彻底停下，这种异端思想经过后世的继承和发展，到明末清初黄宗羲那里达到了一个新的水平。他在《明夷待访录·原君》中尖锐地指出：

> 古者以天下为主，君为客，凡君之所毕世而经营者，为天下也；今也以君为主，天下为客，凡天下之无地而得安宁者，为君也。是以其未得之也，屠毒天下之肝脑，离散天下之子女，以博我一人之产业，曾不惨然，曰："我固为子孙创业也。"其既得之也，敲剥天下之骨髓，离散天下之子女，以奉我一人之淫乐，视为当然，曰："此我产业之花息也。"然则为天下之大害者，君而已矣。

把君主视为"天下之大害"，今天我们把黄宗羲的这种思想称为原始民主思想。在对家天下统治秩序的批判中，黄宗羲的这种批判达到了他那个时代所能达到的思想高度，由此赢得了后世的敬重。

还有一派人则拿起了批判的武器，向家天下统治秩序发出了直接的挑战，这就是历朝历代的农民起义。自从陈胜、吴广等人发出"王侯将相宁有种乎"的质问以后，这种挑战不断出现，东汉末年张角等人提出的"苍天已死，黄天当立"，唐朝末年王仙芝、黄巢等人提出的"冲天均平"口号等即是。只是在那个家天下统治还处于上升势头的时候，这种挑战很少能有取得最后胜利的时候；即便暂时胜利了，农民起义很快也就变了味，看看明太祖朱元璋的例子就可以明白这一切。"皇帝轮流做，明年到咱家"，这是一种十分典型的流氓无产者的呼声，从一个侧面也反映出家天下统治的"魅力"来。

不过，家天下统治在中国历史上最终还是寿终正寝了，《尚书》对它的宣扬从此也可以休矣。

"天聪明，自我民聪明"——《尚书》与传统民本思想

作为"政事之纪"，《尚书》中蕴涵着丰富而又深刻的政

治思想内容。除了君权神授说和家天下观念之外,与之对立的重民思想在《尚书》中也有许多反映。书中的"发言人"纷纷从不同的角度来谈论这个问题,不断发出重民的呼吁。这种呼吁在后世得到了广泛的回应,进一步演变为传统民本思想,从而影响到传统政治的发展方向。因此,研究《尚书》对中国传统思想文化发展的影响,撇开其中的重民思想不谈是说不过去的,这个问题理所当然应该引起我们的注意。

《尚书》中的重民思想

按照传统说法,《尚书》记录了虞、夏、商、周四代历史中的一些重大事件。虞夏之际,是中国历史上原始社会向奴隶社会的转型时期;而夏、商、周三代则是古代中国的奴隶制度从发生、发展到走向衰落的重要历史时期。上古时代的社会结构正是在奴隶制度的衰落中发生了裂变。

随着阶级矛盾和阶级斗争的演进,各种社会力量的对比逐渐发生了一些变化,人民大众逐渐从社会的底层显露出来。夏朝末年,民众发出了"时日曷丧?予及汝皆亡"的怒吼,夏王朝正是在这万众唾骂声中灭亡的。商朝灭亡的前夜,又出现了类似的情况,对此有识之士不禁忧心忡忡地指出:

> 小民方兴,相为敌仇。今殷其沦丧,若涉大水,其

无津涯。殷遂丧，越至于今。(《微子》)

可惜殷纣王无视这一严峻的现实，依然我行我素，殷商王朝不久也就灭亡了。据说周人的军队来到商都郊外的时候，殷人的阵前发生了奴隶倒戈事件，这对周人的胜利帮了不小的忙。周王朝建立后，尽管最高统治集团反复宣扬什么"天乃大命文王，殪戎殷，诞受厥命越厥邦厥民"，但他们在严峻的现实面前还是十分清醒的：

天畏棐忱，民情大可见，小人难保。(《康诰》)
今惟民不静，未戾厥心，迪屡未同。(同上)

在这种情况下，如果继续无视广大人民的存在，全然不顾下层人民的合理要求，显然是行不通的。于是西周王朝适时地调整了统治方针，在重弹"敬天"老调的同时，又反复强调要"敬德""保民"，试图以此来缓和十分尖锐的社会矛盾，求得王朝统治的平稳与安宁。后来的历史发展表明，西周初年对统治方针的调整具有深远的历史意义：它不但使姬姓统治延续下来，同时也使民众的地位有了一定的提高。《尚书》清晰地录下了这个转变的思想轨迹。

在《康诰》篇中，通过总结历史经验，周公不断强调保民的重要性，反复告诫和要求卫康叔：

> 往敷求于殷先哲王用保乂民，汝丕远惟商耇成人宅心知训。别求闻由古先哲王用康保民。
>
> 往尽乃心，无康好逸豫，乃其乂民。我闻曰：怨不在大，亦不在小。惠不惠，懋不懋。已！汝惟小子，乃服惟弘王应保殷民，亦惟助王宅天命，作新民。
>
> 若有疾，惟民其毕弃咎；若保赤子，惟民其康乂。
>
> 呜呼，肆汝小子封！惟命不于常，汝念哉！无我殄享，明乃服命，高乃听，用康乂民。

诸如此类的训词在《康诰》中还有一些，这里就不再一一引出了。保护人民要像保护"赤子"一样，时常要把人民的疾苦放在心上，这些要求在当时虽然不能真正做到，但它们的提出还是具有重大进步意义的。统治者的"保民"并不是出于他们的怜悯和恩赐，而是人民力量展示的结果，这也是不言而喻的事实。

《尚书》从本质上讲是一部史书，因此特别爱从历史经验教训中引出结论，重民与保民的思想也是有例可循的。据周公讲：

> 文王卑服，即康功田功。徽柔懿恭，怀保小民，惠鲜鳏寡。自朝至于日中昃，不遑暇食，用咸和万民。文王不敢盘于游田，以庶邦惟正之供。文王受命惟中身，厥享国五十年。

这是《无逸》篇中周公的一段谈话，讲述的是一个正面典型。通过文王这个榜样，给我们提供了保民而成功的正面经验。而《多方》篇中的末代夏王显然是一个反面教员：

> 有夏诞厥逸，不肯戚言于民，乃大淫昏，不克终日劝于帝之迪……天惟时求民主，乃大降显休命于成汤，刑殄有夏。

夏王违背了天意，不听从上天的训导，对人民的疾苦漠不关心，于是上天为人民寻求称职的主子，最终找到成汤，把美好的天命降到了他的头上，让他代夏而统治天下。重民思想经过这样包装之后，显得更加"神圣"起来。周公上面的这段话，和他在《梓材》篇中训诫卫康叔的下面这段话，用意是一样的：

> 皇天既付中国民越厥疆土于先王，肆王惟德用，和

怿先后迷民，用怿先王受命。

而召公的话则讲得更为明了。他在《召诰》篇中指出：

天亦哀于四方民，其眷命用懋。王其疾敬德！

"敬德""保民"是上天的要求，你敢违拂吗？不敢，那就照此办理吧！这就是周公、召公等人的潜台词。盘庚号召在位大夫们"施实德于民"，说的也是这层意思。

东周以后，随着社会结构的进一步裂变，广大下层人民开始拿起"批判的武器"，反抗旧有的社会制度。于是我们看到，在《左传》等历史文献中，"民溃""民叛"事件的记载随处可见。在意识形态领域中，"武器的批判"从而也就更加尖锐、激烈起来。广大劳动人民把那些不劳而获的剥削者比作大老鼠，义正词严地斥责了他们的剥削行为，并且公开宣称：

逝将去女，适彼乐土。乐土乐土，爰得我所。(《诗经·魏风·硕鼠》)

这股思潮与《尚书》的"保民"思想汇合起来后，直接推动着重民思想的发展。因此，在写就较晚的《尚书》各篇中，重民思想更为明确。

按照《尧典》篇的讲法，帝尧生前勤劳于民事，从而赢得了广大人民的衷心爱戴，以至于他死的时候，"百姓如丧考妣，三载，四海遏密八音"。而继位的帝舜与尧比起来也毫不逊色。他一年到头在外巡视，十分关心国计民生。他吩咐道：

> 弃！黎民阻饥，汝后稷，播时百谷。
> 契！百姓不亲，五品不逊。汝作司徒，敬敷五教，在宽。

这些事迹所表达的基本精神就是重民，只是这一精神由这些圣人和他们的事迹来具体体现罢了。而《皋陶谟》篇的讲法则明快得多：

> 天聪明，自我民聪明；天明畏，自我民明威，达于上下，敬哉有土！

据说这是帝舜朝廷里的大法官皋陶所发表的高见。上天听取意见和观察问题是以人民的视听为凭借的，上天的奖惩也以人民的好恶为依据。上古时代的重民思想至此更加明白无误了。而《左传》两次征引古《泰誓》中的那句格言——"民之所欲，天必从之"，说的也是同一个意思。保留天意的躯壳，填上民意的内容，这种手法在思想史上时常见到，偷梁换柱的目的只是为了强调后来填充进去的那部分内容。

《尚书》重民思想顺理成章的逻辑发展，被后来的伪《五子之歌》中的一句名言给概括出来了：

民惟邦本，本固邦宁。

这是对古代重民思想的经典性表述。人民是国家的根本，人民稳固了，国家也就安宁了。后人把这种思想称为"民本思想"。"民惟邦本"的说法最终出现在东晋时代，然而它的出现并不突兀，这是《尚书》重民思想的有机延续。为了尊重历史，本段标题使用的是"重民思想"而不是"民本思想"，因为《今文尚书》28篇对民众的重视尚未达到以民为本的地步。"重民"与"民本"只是量的差异，并且这个差异也不难消除。事实上，从"重民"向"民本"的跨越在孟子时代就已经完成了，此后便绵延不绝地发展下来。民本思想成为传统社会思想中一项十分重要的内容，对古代中国的社会生活产生了重要影响。

民本思想的历史发展

春秋时期,"民溃""患盗"之类的记载已屡见不鲜,战国时代遂演变为大规模的农民起义:

> 盗跖从卒九千人,横行天下,侵暴诸侯,穴室抠(一作枢)户,驱人牛马,取人妇女。贪得忘亲,不顾父母兄弟,不祭先祖。所过之邑,大国守城,小国入保,万民苦之。

这是《庄子·盗跖》篇的记载。由于《庄子》一书"寓言十九",而《盗跖》显而易见又是一篇嘲骂儒家学派的寓言,所以许多人都不大相信这条记载。我们的看法是,盗跖其人其事虽不一定完全就是《庄子》书中记载的那个样子,但《盗跖》篇所反映的战国时代农民起义风起云涌的情状,则是不争的事实。这并不是思想家们的向壁虚构,战国时期已有大规模农民起义发生,这是完全可以肯定的。起义农民"所过之邑,大国守城,小国入保",他们以独特的方式展示了自己的力量,使那些高高在上的统治者不得不正视他们的存在,这就从根本上推动了重民思想的发展,于是在战国时期出现了"民重君轻"的说法。秦朝末年的陈胜、吴广起义之后，几乎每个封建王朝的末世都有大规模农民起义的发生，这始终是民本思想向前发展的原动力。

随着各种社会力量对比的不断变化，华夏社会很早就开始了对统治者与被统治者关系明确定位的理论思考。公元前559年，卫国大夫孙林父赶走了暴虐的卫献公，另立新君。消息传到当时最为强大的诸侯国——晋国那里后，兔死狐悲，晋国国君悼公不无义愤地批评孙林父做得太过分了。著名乐师师旷不同意他的看法。师旷说，过分的恐怕是卫献公，现在这么个下场完全是他咎由自取的：

> 良君将赏善而刑淫，养民如子，盖之如天，容之如地。民奉其君，爱之如父母，仰之如日月，敬之如神明，畏之如雷霆，其可出乎？夫君，神之主而民之望也。若困民之主，匮神乏祀，百姓绝望，社稷无主，将安用之？弗去何为？天生民而立之君，使司牧之，勿使失性。有君而为之贰，使师保之，勿使过度……天之爱民甚矣，岂其使一人肆于民上，以从（纵）其淫，而弃天地之性？必不然矣。

这是《左传·襄公十四年》的一条记载，中间还有一段讲述古代中国纳言系统和陪贰制度的话，文长不录。总起来看，师旷的意思是说，君民关系是自然形成的，它符合天意，顺乎民心，君主的存在完全必要，臣民应该敬重君主，这是一些老生常谈的"旧话"。师旷的意思却不止于此。他还指出，君民之间更应该是一种互相妥协和谅解、互相尊敬和爱护的关系。君主一人高高在上，肆行暴虐，天理不容，决不允许这样的君主存在，因为上天是十分爱民的。这些说法不过是古人惯常使用的我注天意的手法而已。为了防止君主的专横跋扈，社会必须有制约机制的存在，这就是陪贰制存在的根据。上古时代究竟存在没存在像师旷所说的那么完整的社会监控机制，这本身并不重要，我们关注的只是师旷谈话的意义所在。在他看来，一个完整的政权设施，应当能够及时地倾听人民的呼声，畅通社会情绪的宣泄渠道，从而修正自己在政治上的过失，保证社会秩序的正常运转。这就是师旷对君民关系——统治者与被统治者关系的明确定位，其中对人民的重视，已经超越了西周初年周公等人的认识水平。

战国是一个思想空前解放的时代。人道主义思潮的闸门一旦打开，立即呈现出奔腾之势宣泄出来，清算神道主义、确立人文精神成为这一时代思想奏鸣曲的主旋律，重民思想由此演进到了一个新阶段。这一时代的思想家大都热切地关注着这个问题。

老子说:"天之道,损有余而补不足。人之道则不然——损不足以奉有余。"(《老子·七十七章》)这是对不平等现实的尖锐批判,其中不乏对"不足"者的深切怜悯。

墨家学派理想中的社会状况是"饥者得食,寒者得衣,乱者得治",这也是广大下层人民的殷切希望。

在春秋战国时期的这股重民思潮中,儒家学派的重民思想始终居于主导地位,时常引导着时代思想的新潮流。其哲学基础就是孔子所倡导的"泛爱众"。孔子劝告统治者"使民以时","养民也惠","博施于民而能济众","因民之所利而利之",要求统治者把重民思想落到实处。而孟子迈出的步子则更大。他强调与民同乐的重要性,直斥"今世之能臣",实际上不过是一帮"民贼"而已。他指出:施政的关键在于得民心,得民心者得天下。

> 桀纣之失天下也,失其民也;失其民者,失其心也。得天下有道:得其民,斯得天下矣;得其民有道:得其心,斯得民矣;得其心有道:所欲与之聚之,所恶勿施尔也。(《孟子·离娄上》)

要想得天下,必须得民心;而得民心的唯一途径就是行仁政,想人民之所想,与人民同好恶,否则就会陷于败亡的境地，事情就是这么简单。孟子把土地、人民、政事看作国家的"三宝"，强调"天时不如地利，地利不如人和"，"得道者多助"，"失道者寡助"。在这些认识的基础上，孟子给君民关系作出了明确定位，讲出了一段千古名言：

> 民为贵，社稷次之，君为轻。是故得乎丘民而为天子，得乎天子为诸侯，得乎诸侯为大夫。诸侯危社稷，则变置。牺牲既成，粢盛既絜（洁），祭祀以时，然而旱干水溢，则变置社稷。（《孟子·尽心下》）

人民是国家的根本，君主是依附于人民而存在的，因此，如果在位者不能为人民做事情，危及了国家的根本，那就应当把他们废去，后世称之为"民贵君轻"思想。"民贵君轻"的提出，把《尚书》以来的重民思想大大推进了一步，具有重大的进步意义。在大批孔孟之道的岁月里，上面所引的这段话也被否定了：说什么孟轲所谓的"民"具有鲜明的阶级性，根本没有把劳动人民包括在内，这种观点在今天已经成为笑谈，不必再去说它了。"民贵君轻"是孟轲对君民关系的明确定位，这种提法不但前无古人，而且在后来很长一段历史时期内也没有"来者"跟得上，伪《五子之歌》所说的"民惟邦本，本固邦宁"，不过是孟轲上面这段话的集中表述而已，并没有太大的理论跨越，因此我们认为，对孟子的"民贵君轻"观应该予以充分肯定。

正是基于这样的定位，孟子敢于当面尖锐地批评梁惠王、齐宣王和邹穆公等高高在上的封建君主。对于那些暴戾恣睢的统治者，孟子根本不承认他们的君主地位。齐宣王问孟子：商汤流放夏桀，周武王讨伐殷纣王，这种以下杀上的做法，恐怕不太合适吧？孟子的回答简洁明快：

> 贼仁者谓之"贼"，贼义者谓之"残"，残贼之人谓之"一夫"。闻诛一夫纣矣，未闻弑君也。(《孟子·梁惠王下》)

像殷纣王那样的独夫民贼，实在是死有余辜，把他们杀掉太合适了，没有什么值得惋惜的。重民思想是孔孟之道的一个重要组成部分，也是孟子思想精华之所在。

荀子是战国时代儒家学派的最后一位大师。随着时代的变迁，历史发展到荀子所生活的战国末年时，儒家学派与统治阶级的结合已经比较紧密了，这从荀子事事处处都设身处地地为统治阶级着想这一点上就可以看出来，所以我们在另一本书里曾称荀子为"地主阶级的准宗师"。然而由于起义农民"横行天下"，地主阶级也不得不正视他们的存在。这种思

想也从荀子的口中表达出来,于是有了下面这段著名的说法:

> 马骇舆,则君子不安舆;庶人骇政,则君子不安位。马骇舆,则莫若静之;庶人骇政,则莫若惠之。选贤良,举笃敬,兴孝弟,收孤寡,补贫穷,如是则庶人安政矣。庶人安政,然后君子安位。传曰:"君者,舟也;庶人者,水也。水则载舟,水则覆舟。"此之谓也。故君人者,欲安,则莫若平政爱民矣;欲荣,则莫若隆礼敬士矣;欲立功名,则莫若尚贤使能矣。是君人者之大节也。(《荀子·王制》)

荀子把广大人民比作正在拉车的马,为了车上君子们的安全,必须使正在拉车的惊马平静下来;同样道理,为了统治阶级的长远利益,也应该适当减轻人民的负担,以保证地主阶级的政权之舟不至于被人民之水掀翻。显而易见,荀子立论的前提是保障君主们的利益,这与孟子"民贵君轻"思想相比是一个倒退。对庶人的让步实际上是出于无奈,但能够看到人民的力量,承认其覆舟的潜能,这在客观上仍是有积极意义的。后来唐太宗就曾反复提起"载舟覆舟"的话头与其群臣共勉,这对于刷新唐初政治还是起到了一定作用的。

汉武帝以后,随着儒家学说独尊地位的进一步确立,《尚书》以及孔孟等人的重民思想也被后世继承下来。这种继承表现在两个方面：

第一，封建国家为了统治平稳的考虑，也不断强调"爱民"与"重民"，这在每个朝代的开始阶段表现得更为突出一些，史书中对此留下了大量的记录。这里仅举一例来加以说明。

五代时，孟昶为后蜀之主。广政四年（941），他著《令箴》二十四句颁行于境内，以警诫其统治下的各级官吏。宋太祖赵匡胤灭蜀后，摘取其中的四句十六个字，更名为《戒石铭》而颁行于天下：

尔俸尔禄，民膏民脂。下民易虐，上天难欺。

这件事和这十六字箴言记录在张唐英的《蜀梼杌》中。这十六字箴言应该说讲的是很尖锐、很深刻的。赵匡胤宣传它的目的，毫无疑问是为了赵氏政权的长治久安，但客观上所起到的进步意义也不容抹杀。

第二，后世封建社会里的正直士大夫对古代重民思想的继承和发展，更是一个显而易见的事实，史书中这方面的记载比比皆是。他们或直接为民请命，或鞭挞统治阶级对广大人民的剥削与压迫，或对下层人民的困苦生活赋予深切同情，不一而足。他们以自己的作品为投枪,射向黑暗,冲向光明。杜甫的《悲陈陶》《北征》与"三吏""三别",白居易的《杜陵叟》《卖炭翁》《红线毯》等可以作为这方面的代表作。

> 安得广厦千万间,大庇天下寒士俱欢颜。风雨不动安如山。呜呼!何时眼前突兀见此屋,吾庐独破受冻死亦足!
>
> 剥我身上帛,夺我口中粟。虐人害物即豺狼,何必钩爪锯牙食人肉!
>
> 一丈毯,千两丝。地不知寒人要暖,少夺人衣作地衣!

这是诗人的语言。诗人的语言生动而犀利,而哲人的语言则冷静而深沉。范仲淹的志向是"先天下之忧而忧,后天下之乐而乐",明确表达出一个正直士大夫的博大胸怀。哲学家张载则明确宣称:

> 天地之塞,吾其体;天地之帅,吾其性;民吾同胞,物吾与也。

人民是我的"同胞",这是人的类意识进一步觉醒之后才

《尚书》与中国传统思想 | 249

会产生的说法。这些说法连同杜甫、白居易等人的诗篇,在中国思想史上都是占有一定地位的。与那些高高在上的封建君主赵匡胤之流比起来,这些正直士大夫的"重民"要来得真诚一些。正是在他们的推动下——当然,最根本的动力还在于广大劳动人民自身的反抗与斗争,传统"重民思想"或曰"民本思想"才得以绵延不绝地发展下来,成为中国传统政治思想的一个重要组成部分。

传统民本思想的历史评说

自从阶级社会开始以来,社会上就出现了压迫与被压迫两大阶级之间的对立,这种对立关系后来被简化为君民关系。由于这是阶级社会最为重要的社会关系,自然要引起世人的格外关注。特别是战国以后,随着专制主义中央集权政治体制的一步步确立,君民关系自然而然地也就更加显眼了。

一般说来,历史发展的大趋势是,君主从"帝""神""龙""真命天子"等走向"伟人"乃至于平常之人;而民众则从可屠杀、可买卖、会说话的牲畜的奴隶地位一步步攀升,后来成了国家公民乃至于国家主人。这一升一降的历史运动,实实在在地表征着历史的进步。人民地位的高低,是一个时代、一个国家文明程度高低的重要标尺之一。因此,《尚书》重民思想的提出,本身就是历史进步的产物,同时它又引导着后世社会更大进步,其积极意义自不待言。这是《尚书》中最富生命活力的政治思想之一。

在《尚书》重民思想的指引下,历代统治者在对君民关系进行定位时,都不得不或多或少地考虑到广大下层人民的利益,而且越到后世,考虑得越多,社会从而也一步步走向了文明。封建社会中后期,国家对广大人民的超经济强制一步步减弱,广大下层人民赢得了更多的人身自由,就是这一趋势的一个重要表象。《尚书》重民思想对后世社会生活的这种指导作用自然应该充分肯定。

然而在"爱民重民""民惟邦本"的旗帜下,封建社会里仍然存在着两种与这一精神根本背离的思想与现实,这也是毋庸讳言的历史真实。

其一是,随着专制主义中央集权不断加强而日益强化的重君思想。在中国封建社会的中后期,君主的地位越来越尊贵,他们高高地盘踞在神坛的顶端,俯瞰着下界臣民对他们的顶礼膜拜,帝王神话于是层出不穷。他们不是"人",而是尊贵的神祇,他们的名字是叫不得的,于是就有了种种避讳的存在。如果你不懂得避讳,胆敢叫出皇帝的名字,哪怕是与这个名字同音的字或谐音字,在那个时代也是有生命之虞的。朱元璋少年时代曾当过和尚,后来参加过红巾军起义,农民起义军在那个时代被称为"贼",所以他当上皇帝之后,

《尚书》与中国传统思想

不但他的名字不能叫,"贼"字不能叫,连"则"和"光"字也不能说。因为"则"与"贼"音近,而和尚则是光头的,你说"贼""则""光",就等于在揭皇帝的老底,不杀你杀谁?由此可见封建政治专横之一斑。那个倡导"民贵君轻"的孟夫子,朱元璋对他烦透了。他命令臣下对《孟子》搞一个节录本,必须删去的自然是那些"民贵君轻"之类的言论;他要求臣下把孔庙中的孟子塑像扔出去,而此前孟子一直是作为"亚圣"在孔庙中陪祀的。这件事可以看作是重民思想在后世的一个典型遭遇。

其二是,在"邦本"的名义下,广大人民事实上连末梢的地位也占不了。政权、神权和族权,广大妇女再加上夫权,重重压力下的广大人民群众不堪重负,自主、自由丧失殆尽。我们来看看汉代一位叫鲍宣的官员是怎样说的吧:

> 凡民有七亡:阴阳不和,水旱为灾,一亡也;县官重责更赋租税,二亡也;贪吏并公,受取不已,三亡也;豪强大姓蚕食亡厌,四亡也;苛吏徭役,失农桑时,五亡也;部落鼓鸣,男女遮迣(列),六亡也;盗贼劫略,取民财物,七亡也。
>
> 七亡尚可,又有七死:酷吏殴杀,一死也;治狱深刻,二死也;冤陷亡辜,三死也;盗贼横发,四死也;

怨仇相残，五死也；岁恶饥饿，六死也；时气疾疫，七死也。(《汉书·鲍宣传》)

这"七亡""七死"，是汉代社会现实的真实反映，后世封建社会吏治混乱的时候，自然比这好不到哪里去。正如鲍宣所指出的那样，这样一种局面，是"公卿守相贪残成化之所致"。在"重民""民本"思想的指引与熏陶下，却有广大人民的"七亡"与"七死"，这恐怕是周公、召公以及孔丘、孟轲等人所始料不及的吧！

《尚书》与中国传统法制

按照经学家们的说法,《尚书》是一部叙述先王圣道王功的著作,德教方面的内容自然要多一些。然而古代圣王们手中所掌握的不仅有德教,更有棍棒与屠刀,于是我们在《尚书》里看到了许多有关刑罚方面的记录。除了《吕刑》篇专门论述外,《甘誓》《汤誓》《盘庚》《牧誓》《大诰》《康诰》《酒诰》《费誓》等篇也都讲到了刑罚,德教与刑罚在《尚书》中各有自己的位置。对于此后古代中国的法制建设来讲,这种布局具有重要的启迪意义。而圣王贤相们所提出的那些刑罚原则,在后世同样具有重要的指导作用。"《书》以道事"再次得到了验证。前人说《尚书》是一部"治国宝典",至少在古代中国它是当之无愧的。

"虽畏勿畏，虽休勿休，惟敬五刑，以成三德"——《尚书》与古代的德主刑辅

在讲到刑罚的时候，《今文尚书》二十八篇的基调是"刑罚适中"，"明德慎罚"，"惟敬五刑，以成三德"。德教是第一位的，刑罚是第二位的，后者必须慎之又慎。这种刑罚思想被后世接受后，经过进一步的发展演变，德主刑辅的政治布局终于在两汉时代确立下来，并被此后的封建王朝奉为不变的圭臬。正本溯源，这种布局的源头在《尚书》。

《尚书》中的明德慎罚原则

除了《尧典》和《皋陶谟》之外，《今文尚书》其余二十六篇所记述的，全是夏、商、周三代历史中的一些重大事件和嘉言善语。夏、商、周三代是中国历史上的奴隶制时代，奴隶主阶级在这一时期建立了自己的阶级统治，并且使这一统治的实现形式——国家机器不断强化起来。

刑罚是国家机器的一大要件，理所当然地要受到统治阶级的重视。在发出"敬德保民"之类号召的同时，奴隶主阶级也很关注刑罚的建设工作。"夏有乱政，而作《禹刑》；商有乱政，而作《汤刑》；周有乱政，而作《九刑》"（《左

传·昭公六年》),就是对这一现实的明确反映。"刑"是那个时代的流行称呼,其字从刀,井声,是惩罚犯罪的意思。限于社会文明的整体发展水平,所谓的《禹刑》《汤刑》《九刑》等刑典,全都由统治集团中的少数人秘密掌握,而没有向社会大众公开。因为按照那个时代通行的"法理","刑不可知,则威不可测",怎么能向社会公开呢?由此反映出奴隶社会刑罚制度的残酷性和专横性。《尚书》对此也有明确的记录:

乃有不吉不迪,颠越不恭,暂遇奸宄,我乃劓殄灭之,无遗育,无俾易种于兹新邑。(《盘庚中》)

元恶大憝,矧惟不孝不友。……乃其速由文王作罚,刑兹无赦。(《康诰》)

非汝封刑人杀人,无或刑人杀人。非汝封又曰劓刵人,无或劓刵人。(同上)

字里行间流露出一股阴森森的杀气。《尚书》反复宣扬什么"恭行天之罚","予畏上帝,不敢不正(征)",以此来论证奴隶社会刑罚制度存在的合理性。既然"予迓续乃命于天",那么我"制乃短长之命"也就是理所当然的事情了。于是,他们放手实施了残酷毒辣的五刑,最终招致了王朝的覆灭。

新王朝建立后,"今惟民不静,未戾厥心,迪屡未同";"我民用大乱丧德";"民情大可见,小人难保"。在这种情况下,最高统治集团不得不重新审视自己的刑罚制度,一种新的刑罚思想应时而生,周初诸诰带有这股清新的时代气息:

王曰:"呜呼,封!敬明乃罚。……若保赤子,惟民其康乂。"(《康诰》)

予罔厉杀人。(《梓材》)

继自今文子文孙,其勿误于庶狱庶慎,惟正是乂之。(《立政》)

周公若曰:"太史!司寇苏公式敬尔由狱,以长我王国。兹式有慎,以列用中罚。"(同上)

惩罚是必要的,但必须恭敬而谨慎,认真从事。这有先王成功的经验可以借鉴。在《多方》篇中,周公告诫多方诸侯们说:自从成汤"代夏作民主"之后,商代各王都能谨慎从事,"以至于帝乙,罔不明德慎罚,亦克用劝";他们或囚禁杀戮,或开释无罪,都足以使人得到劝勉,从而保证了其统治的平稳延续。"乃惟尔商后王逸厥逸,图厥政,不蠲烝,天惟降时丧"。纣王的淫逸滥罚招致了王朝最终的丧亡。这一正一反的经验教训是多么深刻啊!

商代的贤王是这样，我们圣明的文王更是这样。在《康诰》篇中，周公告诫卫康叔说：

> 惟乃丕显考文王，克明德慎罚，不敢侮鳏寡，庸庸，祗祗，威威，显民，用肇造我区夏，越我一二邦，以修我西土。

从商代正反两方面的经验教训中，尤其是从文王伟大的实践中，可以看出除了"明德慎罚"之外，我们别无选择。这就是周初最高统治集团从历史经验教训中得出的一个基本结论。

说它是为缓和现实矛盾也好，或是出于眼前的考虑也罢，归根结底"慎罚"的根本目的在于长治久安，对此周公有一个明确的说法：

> 我闻曰：怨不在大，亦不在小。惠不惠，懋不懋。

（《康诰》）

清儒王鸣盛对这句话的解释是："时殷乱方定，尚多反侧，故戒以民怨无恒，宜服以宽大也。"这个解释是准确的。民怨无常，不在大小，积小可以成大，积少可以成多；人民怨恨太多,我们的统治也就危险了。因此,周公用这句话来告诫卫康叔。为了消弭民怨,实现长治久安,我们必须待民以宽大,"明德慎罚",这就是周公的结论。

随着社会的不断发展和刑罚实践的进一步展开,奴隶主阶级的刑罚思想也日益丰富起来,于是西周晚年出现了专门讨论刑罚问题的《吕刑》篇。《吕刑》篇不但阐明了周王朝实施刑罚的指导思想,更提出了许多刑罚原则。这些内容无论在当时还是对后世都是富有启迪意义的。

"明德慎罚"思想在《吕刑》篇中得到了进一步的肯定与阐释,篇中反复强调这种思想:

> 典狱非讫于威,惟讫于富。敬忌,罔有择言在身。惟克天德,自作元命,配享在下。
>
> 王曰:"嗟!四方司政典狱,非尔惟作天牧?今尔何监?非时伯夷播刑之迪?其今尔何惩?惟时苗民匪察于狱之丽,罔择吉人,观于五刑之中……乃绝厥世。"
>
> 尔尚敬逆天命,以奉我一人。虽畏勿畏,虽休勿休,惟敬五刑,以成三德。一人有庆,兆民赖之,其宁惟永。
>
> 王曰:"吁!来,有邦有土,告尔祥刑。在今尔安百姓,何择,非人?何敬,非刑?何度,非及?……"
>
> 王曰:"呜呼!敬之哉!官伯族姓,朕言多惧。朕敬

于刑,有德惟刑。……"

王曰:"呜呼!嗣孙,今往何监,非德?于民之中,尚明听之哉!哲人惟刑,无疆之辞,属于五极,咸中有庆。受王嘉师,监于兹祥刑!"

"明德慎罚"思想贯穿于《吕刑》篇之始终。怎样施刑才算"慎罚"呢?《吕刑》篇也有明确的说法,这就是它的"适中"原则。《吕刑》篇多次运用"中"字。曾运乾先生在《尚书正读·吕刑》中指出:

> 中字为全篇主旨。首云"士制百姓于刑之中",又云"故乃明于刑之中",云"观于五刑之中",云"罔非在中",云"咸庶中正",云"罔不中听狱之两辞",云"于民之中尚明听之哉",云"咸中有庆",凡八用中字。得此"中道",守而弗失,庶几其祥刑矣。

事实上曾先生还少数一个"非天不中"的"中"字,但曾先生的解说无疑是正确的。"惟敬五刑,以成三德",敬慎五刑,刑罚适中,以助成德教,这是《吕刑》篇的中心思想。刑罚虽然必不可少,但它毕竟是第二位的东西,因此必须适中、适度,必须慎之又慎;德教才是最为根本的东西,这既是《吕刑》篇也是《尚书》其他篇章基本的刑罚观,这种刑罚思想贯穿于全书当中。在较晚写就的《尧典》篇(《尚书正义》中在《舜典》篇)中,我们也能看到这种观点:

> 象以典刑,流宥五刑,鞭作官刑,扑作教刑,金作赎刑。眚灾肆赦,怙终贼刑。钦哉,钦哉,惟刑之恤哉!

这是在重弹周初诸诰以及《吕刑》篇的"慎罚"老调。在后面的阐释中,我们将会看到这种刑罚观对后世政治生活具有多么重要的启迪意义。

《尚书》不但提出了明德慎罚的原则,而且还对这一原则提出了许多具体要求,使之成为具有很强的可操作性的施政原则。这些要求包括狱官良善、区分惯犯与偶犯、认真斟酌案情、反对只听一面之词等。

> 非佞折狱,惟良折狱,罔非在中。

这是《吕刑》篇提出的要求。狱官良善是刑罚适中的前提之一,自然要受到《尚书》的重视。所以《吕刑》篇又说:狱官受贿不是一件好事,这是犯罪行为,最终会受到上天惩罚的。

《康诰》篇提出了区分惯犯与偶犯、认真斟酌案情的问题：

> 人有小罪，非眚，乃惟终自作不典；式尔，有厥罪小，乃不可不杀；乃有大罪，非终，乃惟眚灾；适尔，既道极厥辜，时乃不可杀。
>
> 要囚，服念五六日至于旬时，丕蔽要囚。

区分惯犯与偶犯、过失犯罪与故意犯罪，认真斟酌案情等，都是慎罚思想的具体体现。

《吕刑》篇还提出了疑狱赦免的问题：要取信于众人，治狱必须有旁听者——"惟貌有稽"，没有实际罪行者不予治罪：

> 墨辟疑赦，其罚百锾，阅实其罪。劓辟疑赦，其罚惟倍，阅实其罪。剕辟疑赦，其罚倍差，阅实其罪。宫辟疑赦，其罚六百锾，阅实其罪。大辟疑赦，其罚千锾，阅实其罪。

怀疑罪行不实而可以赦免的，要先拟出罚金数额，然后核实情况。如果情况属实，则要施以刑罚；情况仍然可疑，则处以罚金后加以赦免。这也是慎罚的意思。

从上面的阐释中可以看出来,《尚书》在提出"明德慎罚"主张的同时,对于"德"与"刑"之间的关系也进行了明确定位。对后世中国法制建设来讲,这个定位具有重要的启迪意义。

德主刑辅布局的确立与发展

"明德慎罚"本来是说给各级统治者听的。自其诞生之日起,这个主张便在政治生活中发挥了一定的作用,后来作用越来越大,进而演变为封建政治的一个根本方针。这么一个演进历程,是与封建统治术的艰难抉择同步进行的。当然,"德"与"刑"的内涵、外延在这个抉择过程中不断地发展变化着,这也是一个不言而喻的基本事实。

我们常说,任何一个时代占据统治地位的思想,都是统治阶级的思想,这话本是不错的。然而随着社会实际生活状况的发展变化,统治阶级对自己的统治方针又要不断地予以调整,以适应变化了的形势,求得统治的稳固。从公元前8世纪到公元前2世纪的几百年间,在东方大地上发号施令的那些人就是这样干的。统治思想调整的结果,历史选择了所谓的德主刑辅。

西周时期,在血缘关系浓重遗存的历史条件下,分封制度依照宗法的原则来进行,王朝统治依礼而行,"名以制义,义以出礼，礼以体政，政以正民"(《左传·桓公二年》)，礼乐制度从而成为西周王朝的生命线。各级贵族的行为方式靠礼来约束，而制裁庶民违规行为的则是刑罚，二者的区别一目了然——"礼不下庶人"，"刑不上大夫"。在那个时代，依礼而行是各级贵族应该遵循的公德，"德""礼"内涵部分重叠，因此，所谓的"明德"，许多时候就是"明礼"的意思，礼明而尊卑有序；"慎罚"则可以缓和紧张的社会关系。"明德慎罚"被周初最高统治集团反复强调，道理就在这里。"德刑"原则推而广之，就有了后来的"德以柔中国，刑以威四夷"说法的出现。再到后来，"德以施惠，刑以正邪"(《左传·成公十六年》)，遂成为华夏社会的共识。

历史发展到春秋战国时期，华夏社会步入了一个空前剧烈的变革时代。作为上层建筑重要组成部分的礼乐制度，受到社会变革的冲击最大，从而出现了所谓的"礼崩乐坏"的局面。旧有的籍礼、冠礼、大蒐礼、乡饮酒礼、乡射礼、聘礼、享礼、投壶之礼等，由于失去了存在的意义而逐渐被华夏社会所抛弃，朝礼、婚礼、祭礼等则更加隆重地举行着。传统的礼乐制度在社会变革中得到了新生。"礼""德"的意义从而也发生了巨大变化。

与此同时，刑典的作用越来越重要，旧有的那种神秘状态已经不能适应社会发展的需要，于是有了春秋末年那种艰难的公开化历程。刑典的调节范围不断扩大,逐渐越过刑事的樊篱而伸向民事领域,李悝的《法经》应运而生。从"刑"到"法",强调的重心发生了变化:

> 法者,天下之程式也,万事之仪表也。(《管子·明法解》)
>
> 法者,宪令著于官府,刑罚必于民心,赏存乎慎法,而罚加乎奸令者也:此臣之所师也。(《韩非子·定法》)
>
> 法者,编著之图籍,设之于官府,而布之于百姓者也。(《韩非子·难三》)

从这些界定中可以看出来,除了刑罚的本质没有变化之外,"法"更强调公开性和公正性。后来商鞅把《法经》带到秦国,改"法"为"律",结合秦国的实际而创立了"秦律",后世遂有"法律"的说法出现。按照《说文解字》的说法:

> 律,均布也。从彳,聿声。

段玉裁对此进一步解释说:

> 律者,所以范天下之不一而归于一,故曰均布也。

律所强调的重心在于齐一性。商鞅一派在《商君书·赏刑》篇中指出：

> 刑无等级：自卿相、将军以至大夫、庶人，有不从王令、犯国禁、乱上制者，罪死不赦。有功于前，有败于后，不为损刑；有善于前，有过于后，不为亏法；忠臣孝子有过，必以其数断；守法守职之吏有不行王法者，罪死不赦，刑及三族。

尽管在实际执行的过程中时常会走样，但从"法"到"律"增加了齐一性则是一个基本事实。从"刑"到"法"再到"律"，这种变迁绝非无谓的文字游戏，其中蕴涵着丰富的实质性内容。

与政治上的分裂割据相适应，宗教神道主义王国的一统天下瓦解后，意识形态领域在战国时期呈现出百花齐放、百家争鸣的喜人局面。各种新思潮、新学说如雨后春笋般破土而出，一时间使人眼花缭乱。儒、墨、道、法、阴阳、纵横诸家学说一齐涌来，摆在了各国统治者的面前，统治思想的抉择遂成为一个不大不小的难题。

儒家学派接受了"明德慎罚"的主张，大力宣扬仁政教化。王道仁政是其政治理想的最高境界，因此这派人被视为主"王道"、主"德教"派。其实，自从《尚书》与这个学派发生关系之后，他们何曾不主张实施刑罚呢？只是没有德教那样更为强调罢了。

法家学派主张以法治国。他们最大的心愿是帮助自己的君主称霸于天下，因此这派人又被看作主"霸道"派。与传统的明德慎罚及儒家学派的德教主张不同，这派人主张严刑峻法、轻罪重罚，并美其名曰"以刑去刑"。《商君书·赏刑》篇还指出：

> 重刑，连其罪，则民不敢试。民不敢试，故无刑也。夫先王之禁——刺杀、断人之足、黥人之面，非求伤民也，以禁奸止过也。故禁奸止过，莫若重刑；刑重而必得，则民不敢试，故国无刑民。

这是赤裸裸的暴力主义。然而战国时代异常酷烈的生存竞争，为法家学说赢得了市场。而儒家学派的温情脉脉更容易让人接受一些，也有自己的生存空间。正所谓"天下同归而殊途，一致而百虑"，归结点全都落在帮助君主达到天下大治这个根本宗旨上，只是其途径有些不同。由于历史与现实的差异，战国七雄对统治思想的选择自然也就有所区别。自商鞅变法以后，法家学说便在秦国赢得了主导地位，而东方六国的统治思想则呈现出摇摆不定的态势。因此我们认为，像意识形态领域中的其他方面一样，战国时期的统治思想也是丰富多彩的，"德"者自"德"，"刑"者自"刑"。

秦始皇统一六国后，这种状况彻底改变了。秦王朝在"车同轨，书同文"、统一度量衡的同时，又采取了"禁游学""燔《诗》《书》""坑儒士"等措施，旨在实现以法家学说为指导的封建大一统。史书记载秦始皇"刚毅戾深，事皆决于法，刻削毋仁恩和义，然后合五德之数。于是急法，久者不赦"。刑罚的作用在他这里产生了放大效应，他毫不犹豫地选择了重刑方针，从而为自己的王朝赢得了"暴秦"的称号，"赭衣塞路，囹圄成市"，最终导致了迅速灭亡，其统治总共存在了不过十五年的时间。看来，一味地重罚不是一个好办法。

经过暴政和战争的蹂躏之后，汉初社会经济陷于崩溃的边缘，广大人民流离失所，中原大地上满目疮痍。在这种情况下，汉王朝统治集团不得不改弦更张。法家学说断送了秦王朝的前程，这像一块浓浓的阴云，笼罩在汉初统治者的心头。"以秦为鉴"成为一种时代呼声，贾谊《过秦论》等著名政论文章由此产生。而凋敝破败的社会经济，的确也需要一个休养生息的阶段。最高统治集团于是毅然摈弃专任法术的政治主张，决定采用黄老学说作为王朝统治的指导思想。

黄老学说是道家中的支流,战国晚期在南方地区的楚国广为传播。这种学说反对战争,主张与民休息,劝告统治者无为而治,"治大国若烹小鲜",必须小心谨慎。汉初社会的百孔千疮亟待医治,自然欢迎这种理论。在最高统治者的支持下,由丞相萧何、曹参等人具体操作,黄老学说被推上政治思想的主宰地位。高祖时,组织军队官兵复员以发展农业生产,释放奴婢,安置流民,减轻人民赋税和徭役负担等措施,就是这一指导思想的具体体现。惠帝、高后时,"黎民得离战国之苦,君臣俱欲休息乎无为。故惠帝垂拱,高后女主称制,政不出房户,天下晏然。刑罚罕用,罪人是希。民务稼穑,衣食滋殖"(《史记·吕太后本纪》)。

由于政策对路,社会经济在复苏、恢复之后得到了大发展,汉王朝终于迎来了一个空前的大繁荣——文景之治。武帝即位时,"太仓之粟陈陈相因,充溢露积于外,至腐败不可食","民则人给家足,都鄙廪庾皆满,而府库余货财"。这就为具有雄才大略而又好大喜功的汉武帝施展抱负准备了坚实的物质基础。与此同时,由于无为而治,"汉兴六十余载,海内艾(乂)安,府库充实,而四夷未宾,制度多阙"。外有匈奴奴隶主贵族的不断侵扰,内有诸侯王势力膨胀、豪强地主横行乡里、封建法制疲软无力等社会问题,而思想上的不统一更使整个社会处于一盘散沙的状态。无为而治的黄老政治已经完成了自己的历史使命,指导思想的抉择于是再次提到了汉王朝的议事日程上来。

此时的地主阶级政治上趋向成熟,对指导思想的选择已不再盲目;儒家学派经过秦始皇火烧土埋的锻炼之后也更加强大起来,其思想体系日趋驳杂而开阔,为日后的攀升铺平了道路。内外因结合促成了"儒术独尊"局面的最终形成,德主刑辅的政治格局也由此确立下来。

儒家学派宣扬德教不遗余力,但在心灵深处他们并不排斥刑罚。因为"明德慎罚"是他们素所敬仰的文武周公们讲的,"慎罚"不是不要刑罚,只是应该谨慎从事罢了。儒家学说在发展过程中吸纳了不少法家思想,这本是一个公开的秘密。儒学大师荀子为数不多的弟子中竟出了两位赫赫有名的法家代表人物——韩非和李斯,这绝不是一件偶然的事。汉初有人抱怨儒学驳杂不纯,因为此时已无"醇儒"可言。因此汉武帝所尊奉的儒学早已变了味,对此汉宣帝后来有一个简洁明快的说法:

> 汉家自有制度,本以霸王道杂之,奈何纯任德教,用周政乎!(《汉书·元帝纪》)

"霸道"指的是法家学说,"王道"指的是儒家学说,"内法外儒""霸王道杂之"是汉家的"制度",这个制度在武帝时代确立下来,准确一点说是从武帝独尊儒术以后开始推行的。以德教、儒术来装点地主阶级法制的门面,这就是汉武帝独尊儒术的真实含义。

德教凸现在外,刑罚深藏于内,这一表一里,事实上就是一主一辅的关系。刑罚只是德教的辅助手段,德教才是根本目的,这就是那个时代对德刑关系的确切定位。这种定位为周秦以来统治术的选择画上了一个圆满的句号。汉武帝时代的政治思想家董仲舒在其著名的《天人三策》和《春秋繁露·基义》篇中,对此曾作出一个神秘的解释,使之更为"庄严神圣"起来:

> 王者欲有所为,宜求其端于天。天道之大者在阴阳。阳为德,阴为刑;刑主杀而德主生。是故阳常居大夏,而以生育养长为事;阴常居大冬,而积于空虚不用之处:以此见天之任德不任刑也。……王者承天意以从事,故任德教而不任刑。

> 王道之三纲,可求于天。天出阳,为暖以生之;地出阴,为清以成之。不暖不生,不清不成。然而计其多少之分,则暖暑居百而清寒居一。德教之与刑罚,犹此也。故圣人多其爱而少其严,厚其德而简其刑,以此配天。

既然上天"任德教而不任刑",那么我们也就只能德居百而刑居一,德主而刑辅了。从此以后,汉儒对德刑关系的这种定位就一直指导着古代政治的发展方向,并逐渐成为传统政治的基本格局。就连《唐律疏议》这样专门的刑法典,也必须把德教放在首位,承认刑罚乃圣王不得已而用之的东西。具有总则性质的《名例》篇,开宗明义就讲述了德刑之间的关系:

> 夫三才肇位,万象斯分。禀气含灵,人为称首。莫不凭黎元而树司宰,因政教而施刑法。……《易》曰:"天垂象,圣人则之。"观雷电而制威刑,睹秋霜而有肃杀,惩其未犯而防其未然,平其徽纆而存乎博爱,盖圣王不获已而用之。……德礼为政教之本,刑罚为政教之用,犹昏晓阳秋相须而成者也。

经过皇上钦定,最终由国家正式颁布的刑法典尚且如此定位,何论其他?就立法而言,《唐律疏议》是中国封建社会中后期水平最高的一部刑法典,具有很强的代表性。"德礼为政教之本,刑罚为政教之用",这一体一用的关系,是对"德主刑辅"说的进一步抽象化和哲理化的说法,反映了中国封建社会中后期的官方看法。而民间的正统认识也是如此。南宋

时一个号称此山贳冶子的人在《唐律释文·序》中指出:

> 夫礼者民之防,刑者礼之表,二者相须,犹口与舌然。礼禁未萌之前,刑制已然之后,使民在宥,各遂其生,圣人用之,不得已也。

"刑者礼之表",二者功用不同,一禁未萌之前,一制已然之后,互相配合,才能达到天下大治,这是"内法外儒""德主刑辅"说的翻版。黄仁宇先生在其史学名著《万历十五年·自序》中指出:

> 中国二千年来,以道德代替法制,至明代而极,这就是一切问题的症结。

黄先生是研究明史的,所以他说"至明代而极",其实清代何尝不是这样?乾隆皇帝八次亲自到曲阜祭孔,还不是为了提倡礼教?然而黄先生说"以道德代替法制"是一切问题的症结,这话说得十分中肯。汉武帝以后,德主刑辅成为封建政治的根本方针,政治生活中的许多弊端都从这个方针中产生,因此它难辞其咎。

如此说来,《尚书》中的"明德慎罚",可真是一句至理名言啊!

德主刑辅的简单评价

"明德慎罚"说的提出,是一个历史性进步。而"德主刑辅"则是历史选择的结果,其中也蕴涵着历史前进的一些信息。

"明德"要求各级贵族敬修自己的德行,以身作则,"施实德于民";"慎罚"则要求各级贵族在施行刑罚的时候谨慎从事。这些原则进一步演变为"德主刑辅"后,德教的要求更为强烈,刑罚的实施更应慎重。这两个原则的提出,是人民显示力量的结果——"今惟民不静",迫使统治者不得不调整其统治方针,文明施政,文明行刑,因此它们的提出既是社会文明化的产物,更是政治进步的一个标尺。在此后的历史发展中,每个封建王朝的前期大体能够遵循明德慎罚、德主刑辅的原则,使得其政治较为清平,社会发展从而也较快。从这个意义上讲,这两个原则的提出具有一定的进步意义,应该予以充分肯定。

然而地主阶级德教的实际效果往往与其实施的初衷严重背离。正如前文所分析的那样,空洞的德教、礼教根本约束不住地主阶级的荒淫无耻,越到后来,其职能越向去杀广大人民"心中贼"的方向集中,鲁迅先生说这种"仁义道德",其实质就是"吃人"。

不唯如此，将空洞无物、苍白乏力的德教教条硬性灌输给人，不但没有实际的正面效果，反而导致了社会性虚伪。孔夫子的口头禅"克己""爱人"等，后来越念越变味，谁也不相信，不念又不行。正如五四运动时期所批判的那样，地主阶级德教的结果，"满嘴仁义道德，满肚子男盗女娼"。

同时，作为一种政治体制，过分依赖德教，依赖教化之后的自觉行动，必然会忽视监督保障机制的建设。在中国封建时代，虽然有监察制度的存在，却始终治不了官场腐败这个"顽疾"，其原因固然是多方面的，但德主刑辅的方针也难辞其咎。

"慎罚""刑辅"不是不要刑罚，而是应该在实施过程中谨慎从事，因为它只是德教的辅助手段，这是对这一方针的准确诠释。然而中国古代法制史的实际状况却时常不是这样。在儒术独尊的时代里，"慎罚"的旗帜高高飘扬，旗帜下面却发生了不少"不慎"的事情。试举一例加以说明。

上古时代存在许多伤残人肢体的酷刑。随着社会文明整体水平的不断提高，这些刑罚逐渐被社会所批评、所抛弃。汉文帝顺应了法制发展的历史潮流，在他即位的第十三年，明确下诏废除这些伤人肢体的"肉刑"，他的理由仍然是"德主刑辅""明德慎罚"。他说：

> 今法有肉刑三，而奸不止，其咎安在？非乃朕德之薄，而教不明与！吾甚自愧。故夫训道不纯而愚民陷焉。《诗》曰："恺弟君子，民之父母。"今人有过，教未施而刑已加焉。或欲改行为善，而道亡繇（由）至，朕甚怜之。夫刑至断支（肢）体，刻肌肤，终身不息，何其刑之痛而不德也！岂称为民父母之意哉？其除肉刑，有以易之；及令罪人各以轻重，不亡逃，有年而免。具为令。

这道诏令收在《汉书·刑法志》中。文帝所说的"肉刑三"，指的是把人脸上刺破以后涂墨的"黥刑"、割鼻子的"劓刑"和剁左右趾的"刖刑"。这些刑罚被汉文帝明令禁止。在此后的中国历史发展中，这些刑罚连同肉刑在法理上是废除了，在现实生活中却没有废除，并且越到后世，刑罚越加残酷，酷刑在中国古代一直没有停止过。五代时开始出现一种叫作"凌迟"的刑罚，宋代在以"仁"为庙号的仁宗皇帝执政时期开始广泛施行，宋神宗熙宁年间以后遂定为常刑。按照《宋文鉴》的记载，这种刑罚的过程为：

> 支解脔割，截断手足，坐钉立钉，悬背、烙筋及诸杂受刑者，身具白骨而口眼之具尤动，四肢分落而呻痛之声未息。置之阛阓，以图示众。

想来令人毛骨悚然,这哪有一点"慎罚"的味道?"仁者爱人"哪里去了?

德主刑辅的另一个影响是,抑制了法文化的培育,压制了法的独立精神的形成。就像哲学在中世纪的欧洲是神学的婢女一样,法学在古代中国一直是儒学的辅助,因为德教是根本性的东西。这种定位后的现实是,法律从属于德教,从属于封建政治,成为后者的附庸,失去了自己的独立性。而独立性是法律的生命线之一,一旦失去,也就没有什么严肃性和公正性可言了。朕即社稷,朕即法律,法律如同儿戏,这就是德主刑辅的必然结果之一。请看杜周是怎么说的。

杜周在汉武帝时担任司法长官——廷尉,审判案件依照的不是法律,而是武帝的个人意见。有人责问他:"君为天下决平,不循三尺法,专以人主意指为狱,狱者固如是乎?"杜周的回答十分滑稽却不可笑——话题太沉重,让人笑不起来:

> 三尺安出哉?前主所是著为律,后主所是疏为令;当时为是,何古之法乎!(《汉书·杜周传》)

这就是德主刑辅布局下封建法律的历史遭遇。一旦这样,所谓的"法不阿贵,绳不挠曲,法之所加,智者弗能辞,勇者弗敢争。刑过不避大臣,赏善不遗匹夫",只能成为空话。

古代中国法文化不发达,法的独立精神培育不起来,这与德主刑辅的布局有着非常直接的关系。因此,德主刑辅也可以休矣。

"轻重诸罚有权。刑罚世轻世重,惟齐非齐,有伦有要"——《尚书》与传统刑罚灵活原则

对于刑罚在社会生活中的作用问题,《尚书》作出了明确的定位,"明德慎罚"是其讨论较多的一个话题,这是该书最为基本的刑罚观。除此之外,圣王贤相们还对刑罚提出了不少建设性意见,以指导当时的刑罚工作。在这些意见中,刑罚灵活原则对后世中国的法制建设影响特别大,自然应该专门加以讨论。

《尚书》中的刑罚灵活原则

在谈到刑罚的时候,《尚书》的主旨在于明德慎罚,这是没有任何疑义的,刑罚的实施必须慎之又慎,由此引出了灵活掌握的问题来。

> 人有小罪,非眚,乃惟终自作不典;式尔,有厥罪小,乃不可不杀。乃有大罪,非终,乃惟眚灾;适尔,

既道极厥辜,时乃不可杀。

这是《康诰》篇中周公告诫卫康叔的话。这段话用今天的话说就是:一个人犯了小罪,不加悔过,还继续做出一些违背刑典的事情;如果是这样,其罪虽小,也不可不杀。而一个人犯了大罪,但不坚持错误,并且知道悔过;如果是这样,在开导让其服罪的同时,这个人却不要杀掉。这是在区分惯犯与偶犯、过失犯罪与故意犯罪。虽然其根本目的在于"敬明乃罚"——也就是"慎罚"的意思,这一点周公讲得很清楚,但其中所体现的刑罚灵活精神也是显而易见的。

这种精神在《吕刑》篇中进一步升华为一种指导性原则。吕侯告诫四方诸侯们说:

上刑适轻,下服;下刑适重,上服;轻重诸罚有权。刑罚世轻世重,惟齐非齐,有伦有要。

这段话是本节的中心思想,这里的解说稍微要详细一点。以句号为界,它大体讲了两层意思。

"伪孔传"对第一句话的解释是:"重刑有可以亏减,则之轻,服下罪。一人有二罪,则之重而轻并数,轻重诸刑罚各有权宜。"孔颖达进一步阐释道:"上刑适轻者,谓一人虽犯一罪，状当轻重两条，据重条之上有可以亏减者，则之轻条，服下罪也。下刑适重者，谓一人之身轻重二罪俱发，则以重罪而从上服，令之服上罪。或轻或重，诸所罪罚，皆有权宜，当临时斟酌其状，不得雷同加罪。"二孔的解释是正确的。这第一层意思是说，对于具体的罪行和罪犯，要根据实际情况灵活掌握，可轻判则轻判，需重判则重判，不必过分拘泥于刑典的规定。

后面这句话讲了第二层意思。"伪孔传"对此注释道：刑罚世轻世重，"言刑罚随世轻重也：刑新国用轻典，刑乱国用重典，刑平国用中典"。国分"新""乱""平"，刑典有三种，这是借用了《周礼·秋官·大司寇》的观点：

> 大司寇之职，掌建邦之三典，以佐王刑邦国、诘四方：一曰刑新国用轻典，二曰刑平国用中典，三曰刑乱国用重典。

《周礼》一书的最终写定远在《吕刑》篇流行之后，其"三国三典"之说显而易见是对《吕刑》篇"刑罚世轻世重"观点的具体阐释，并且这个阐释基本符合《吕刑》篇的本意，因此我们说"伪孔传"反过来征引《周礼》以说《吕刑》，其解说基本是可信的。

按照《尚书正义》所引郑玄《周礼注》的说法,"新国者,新辟地立君之国;用轻法者,为其民未习于教也";"平国,承平守成之国;用中典者,常行之法也";"乱国,篡弑叛逆之国;用重典者,以其化恶伐灭之也"。《吕刑》篇提出"刑罚世轻世重",这第二层意思是说,根据不同的现实状况,对不同的群体,使用的刑罚要有所区别。这是针对不同地区、不同历史阶段、不同社会状况而言的,而不像第一层意思那样只对具体的犯罪主体——个人。

"轻重诸罚有权""刑罚世轻世重",从不同的侧面指明了刑罚适用的范围及其灵活性。在"明德慎罚"这个总方针的规范下,《尚书》刑罚灵活原则的归宿在于"刑罚适中"或曰"中罚"。这是在总结现实斗争经验基础上提出的一条明智的刑罚原则。它的提出,表明西周奴隶主阶级统治艺术已经达到了一个较高的水平,并且具有一定的进步意义。

刑罚灵活原则是西周统治集团从政治实践中逐步摸索出来的统治手段。"小邦周"灭掉"大邑商"之初,"商周之不敌"是一个显而易见的基本事实:人口居少数,实力也没有强到哪里去。正视现实,实现周人最大限度的有效统治,进而把这一统治在强化扩大中稳定下来,成为摆在周初最高统治集团面前的最为迫切的问题。周王朝对殷商顽民采取了一打一拉、分化瓦解的手法,表现出极大的克制和耐心。在《多士》篇中，周公告诫殷遗多士们，我现在并不想杀你们，我不以你们为敌，只把你们的王家当作敌人，只要你们能够服从我的统治，你们的利益保证不会受到损害：

> 尔乃尚有尔土，尔乃尚宁干止。尔克敬，天惟畀矜尔；尔不克敬，尔不啻不有尔土，予亦致天之罚于尔躬！

一打一拉，意图昭然若揭，并且把球踢给了对方。在《多方》篇中，周公在告诫多方诸侯们——包括殷遗民——的时候，似乎更加语重心长，也更加克制与耐心：

> 今尔尚宅尔宅，畋尔田，尔曷不惠王熙天之命？尔乃迪屡不静，尔心未爱。尔乃不大宅天命，尔乃屑播天命，尔乃自作不典，图忱于正。我惟时其教告之，我惟时其战要囚之，至于再，至于三。乃有不用我降尔命；我乃其大罚殛之。非我有周秉德不康宁，乃惟尔自速辜！

我一而再，再而三地劝告你们，如果你们还不服从的话，那就别怪我不客气了！你们受到处罚完全是自找的，不是我周人没有持续施行德政。有哄，有劝，有恐吓，如此温和的

《尚书》与中国传统法制 | 283

态度，表达了周王朝安抚殷人的耐心和克制。

《酒诰》是一篇戒酒令。周人来自西方，崇尚俭朴，反对奢靡，对于殷人酗酒成风很不以为然，所以周公明令周人"刚制于酒"。如果告发有人群饮，不要放过："尽执拘以归于周，予其杀。"但对于殷之臣工，"乃湎于酒，勿庸杀之，姑惟教之"。同一种过失，处理时明显有轻重之分。大约这就是"世轻"的具体体现。正是在这些实践的基础上，才有后世"刑罚世轻"以及"刑新国用轻典"说法的出现。

社会安定下来后，历史发展进入了平稳期，刑罚适中原则有了实践的机会，自然应该运用"中典"了。但乱世接踵而来，那就只能使用"重典"了。《尚书》中虽然没有如此完整的实践过程，但重典还是有其表现机会的。

> 乃有不吉不迪，颠越不恭，暂遇奸宄，我乃劓殄灭之，无遗育，无俾易种于兹新邑！（《盘庚中》）
>
> 王曰："封！元恶大憝，矧惟不孝不友。……乃其速由文王作罚，刑兹无赦。"（《康诰》）

像这样杀气腾腾的话，《尚书》中还有不少，遇上迁都之类的大变故，尤其面对着大规模的武装叛乱，为了统治的延续，严刑峻法似乎是盘庚、周公们的唯一选择。当时的史官和后世社会认同甚至赞扬他们的做法，于是那些充满杀气的谈话也就变成了"嘉言善语"而被保存下来，这就有了《盘庚》篇和《大诰》篇的传世。这之后，类似的场面继续出现，处置的手法也大同小异，《盘庚》《大诰》等典籍的价值于是显得弥足珍贵，它们事实上为后世社会提供了实施重罚的样板。经过进一步的演绎之后，遂有"刑罚世重""刑乱国用重典"的理论现世，《大诰》等文献由此也身价倍增。

"轻重诸罚有权。刑罚世轻世重"，在后世的历史发展中，这些刑罚原则不断显现出它的指导意义来。

刑罚灵活原则的历史实践

刑罚灵活原则成为法律制度发展演变的理论根据之一。后世封建社会不断修订法律，刑罚的宽严尺度经常有所变化，从某种意义上讲也是为了体现这种原则。

历代封建王朝在沿袭前朝法律制度的同时，对一些具体条文也进行了调整。从《秦律》到汉代的《九章律》，许多苛罚被删除了。《唐律疏议》是封建社会中期立法水平的代表作，但其中对汉律的因袭和改造都很明显。再往后，从《宋刑统》到《大清律》，后代与前朝的法典相比较也有不少差别，变化的依据就是"轻重诸罚有权"，刑罚应该因时制宜。战国时期法家学派的代表人物商鞅对此曾有一个简洁明白的说法：

> 前世不同教，何故之法？帝王不相复，何礼之循？伏羲、神农教而不诛，黄帝、尧、舜诛而不怒（孥）。及至文、武，各当时而立法，因事而制礼。礼法以时而定，制令各顺其宜；兵甲器备，各便其用。臣故曰：治世不一道，便国不必法古。（《商君书·更法》）

"当时而立法，因事而制礼。礼法以时而定，制令各顺其宜"，这既表达了法家学派对现行政治制度和刑罚制度的基本态度，又是他们变法图强的理论根据。这些理论受"轻重诸罚有权。刑罚世轻世重"的影响是显而易见的。当然，商鞅等人所要变革的"法"，主要指的是政治制度，但其中包含着狭义的法律制度也是不言而喻的。商鞅变法的重要成果之一就是创立了对后世社会影响极大的《秦律》。

根据具体情况而施行薄罚，这一思想在后世也得到了反复实践。这种实践大体可以分为两种情形。

第一种情形是在少数民族聚居区实行所谓的"羁縻政策"。自秦汉以降，以汉民族为核心，包括"蛮夷戎狄"在内的各兄弟民族共同化成的华夏民族开始巍然屹立于世界的东方，各民族共同参与、共同发展的政治格局逐渐确立下来。

中央政府在少数民族聚居区设立的政权机构不但名称不同于内地，或曰"道"，或曰"羁縻州""羁縻县"等，不一而足，更重要的是它们执行着不同的方针政策，这就是所谓的羁縻政策。因为这些地区与内地的联系还比较松散，有效的统治还不能一下子建立起来，只能采取羁縻的办法。羁縻政策在刑罚、赋税等方面表现得最为明显。历代封建王朝在少数民族聚居区施行的刑罚一般比内地要轻一些，正是为了体现"刑新国用轻典"的刑罚思想，诸葛亮对孟获七擒七纵却一直不杀，直到后者口服心服，明确表态"南人不复反矣"而后止，就是一个典型事例。

第二种情形发生在大规模的农民战争之后。就世界范围而言，古代中国农民战争规模之大和次数之多，可以说是独一无二的。农民战争发生的原因一般不外乎政治昏暗、横征暴敛、严刑峻法等。在农民战争摧毁腐朽的旧王朝之后而建立起来的新兴王朝，一般都能有意识地去刷新政治、减轻刑罚、轻徭薄赋，从而把社会安定下来。汉初和唐初的做法可以算作这方面的典型例子。

汉高祖刘邦起义之前不过是泗水之上一个小小的亭长，对下层人民的疾苦有深刻的了解——"父老苦秦苛法久矣，诽谤者族，偶语者弃市"，所以他率领起义军攻入咸阳后，立即向秦人明确宣布："与父老约，法三章耳：杀人者死，伤人及盗抵罪。余悉除去秦法。"(《史记·高祖本纪》)彻底废除了苛刻的秦法体系。除了杀人偿命、伤人偿创、盗窃坐罪之外,其他罪罚一律停止,一时间"秦民大悦"。汉王朝正式建立后,社会秩序逐渐进入了正常状况,"三章之法不足以御奸",于是丞相萧何"捃摭秦法,取其宜于时者,作律九章",这就是著名的《九章律》。《秦律》与《九章律》虽然都已经失传了,但从存世的一些条文中可以看出来,后者显然比前者要宽松得多。在"无为而治"总方针的指导下,"萧何为法,讲若画一;曹参代之,守而勿失。载其清靖,民以宁壹"(《汉书·曹参传》),"约法省禁"的方针落到了实处。史书形容当时的刑罚情况是"法网疏阔""网漏吞舟之鱼",尽管这种说法有一些夸张的成分,但还是能说明一点问题的。轻罚使社会很快安定下来,有利于社会经济的恢复和发展,从而为"文景之治"的出现准备了前提条件。

唐初的情形与汉初类似。鉴于隋炀帝"法令尤峻,人不堪命,遂至于亡"的深刻教训,唐高祖李渊起兵之初就发布了"宽大之令",以示与隋王朝的区别。唐朝建立后,他又反复要求立法"务在宽简,取便于时"。唐太宗即位之初,建成、元吉的党羽尚未完全肃清,有人劝他"以威刑肃天下",魏徵则劝告他推行宽大之政,他欣然采纳了后者的建议,"遂以宽仁治天下,而于刑法尤慎"。他时常告诫臣下说,"死者不可再生，用法务在宽简"。他指出：

> 国家法令，惟须简约，不可一罪作数种条。格式既多，官人不能尽记，更生奸诈。若欲出罪，即引轻条；若欲入罪，即引重条。数变法者，实不益道理，宜令审细，毋使互文。(《贞观政要·赦令》)

简约的背后是司法公正、公平与慎罚，所以诤臣魏徵曾经说过，"贞观之初，志存公道，人有所犯，一一于法"。执法严格，减少了滥罚现象，刑罚由此而显得较为轻松。贞观五年，唐太宗错误地下令杀死了大理丞张蕴古，后来又错杀了交州都督卢祖尚，事后他十分后悔，明确下令："比来决囚，虽三覆奏，须臾之间，三奏便讫，都未得思，三奏何益？自今已后，宜二日中五覆奏，下诸州三覆奏。"(《旧唐书·刑法志》)虽然反复奏报的目的在于加强封建皇帝的司法权力，但这样做对于避免滥杀无辜还是起到了一定的作用。贞观之初"法良政善"的局面，为社会经济的恢复发展营造了一个较好的氛围，从而成为贞观之治的先导。完全可以这么说，中国封建社会的"汉唐盛世"的出现，与汉初、唐初的明法轻罚是分不开的。

但重罚原则在漫长的封建社会里也时常显现出"英雄本

色"，理论上有突破，实践上也有发展。

周秦时代的法家学派对重刑理论作出了"突出贡献"，这在前面征引商鞅学派的"高论"中已经可以看出这一点。他们崇尚暴力，主张严刑峻法，其用心与刑乱国而用重典的精神是一致的。在他们看来，"凡治天下，必因人情"，世道人心是施政的出发点。今天我们处在一个什么样的时代呢？《商君书·开塞》篇的回答是，"古之民朴以厚，今之民巧以伪"；《韩非子·心度》篇也明确指出，"夫民之性，喜其乱而不亲其法"；荀子的回答则更直接明白——"人之性恶，其善者伪也"（《荀子·性恶》）。在这种情况下，没有严刑峻法怎么能行呢？"刺杀""断人之足""黥人之面""连坐""族诛""挖眼""碎尸"等完全是必要的，韩非在《显学》篇中对此讲过一段很有名的话：

> 力多则人朝，力寡则朝于人，故明君务力。夫严家无悍虏，而慈母有败子，吾以此知威势之可以禁暴，而德厚之不足以止乱也。

这是从君权崇拜的狂热中派生出来的暴力迷信，反映了法家学派的基本立场。迷信暴力直接为重刑主义提供了理论依据。既然暴力是完全必要的，那么所谓的"以暴止暴""以刑去刑"也就是正当合理的举措。通过严刑峻法的威慑作用，人民畏而却步，这是减少刑罚最有效的途径。《商君书·开塞》篇指出：

> 夫利天下之民者，莫大于治；而治莫康于立君；立君之道，莫广于胜法；胜法之务，莫急于去奸；去奸之本，莫深于严刑。故王者以赏禁，以刑劝，求过不求善，借刑以去刑。

这种所谓的"以刑去刑"，不过是法家学派滥施残暴的借口而已，实在不足以相信。对这种理论的倡导者及其实践者，道家学派曾语重心长地提出过批评：

民不畏死，奈何以死惧之？（《老子·七十四章》）

可惜法家学派和热衷于重刑主义的人听不进去这种忠言。后来秦始皇就吃了这个亏，严刑峻法的结果是二世而亡。然而历史的辩证法告诉我们说，后世并没有因为秦始皇的前车之鉴就却步不前了，隋炀帝不是重蹈了秦二世的覆辙吗？

随着霸王道杂用格局的最终确立，法家学派的重刑理论被儒家学派吸纳过来而成为统治思想的一个重要组成部分，从而指导着后世的政治生活。诸葛亮的一段话可以为此作证。

"诸葛一生唯谨慎",他平生勤勤恳恳,不懈于治,绝不能算是一个残暴的官员。但他与法正的一段对话则颇为发人深思。据裴松之注《三国志·诸葛亮传》所引《蜀记》的记载,诸葛亮入蜀之初,"刑法峻急",法正谏曰:

> 昔高祖入关,约法三章,秦民知德。今君假借威力,跨据一州,初有其国,未垂惠抚;且客主之义,宜相降下,愿缓刑弛禁,以慰其望。

法正的意思是"刑新国"应该"用轻典",但诸葛亮不这样看,他回答道:

> 君知其一,未知其二。秦以无道,政苛民怨,匹夫大呼,天下土崩,高祖因之,可以弘济。刘璋暗弱,自焉已来有累世之恩,文法羁縻,互相承奉,德政不举,威刑不肃。蜀土人士,专权自恣,君臣之道,渐以陵替;宠之以位,位极则贱;顺之以恩,恩竭则慢。所以致弊,实由于此。吾今威之以法,法行则知恩;限之以爵,爵加则知荣;荣恩并济,上下有节。为治之要,于斯而著。

一打一拉，恩威并施，"为治之要，于斯而著"，这就是古代政治家治理天下的一大诀窍。看来，严刑峻法不算什么，在特殊的历史条件下，它甚至是不可缺少的。从这种意义上，说诸葛亮是法家学派政治遗嘱的执行人勉强可以成立。当然，在中国历史上，重刑主义的实践家绝不止一个诸葛亮，平心而论，比起"宁可错杀一千，决不放过一个"的做法来，诸葛亮的重罚实践要逊色得多，只是他的这段议论十分典型，所以这里做了征引。下面两个受《大诰》启发而推行的重刑实践则要严重得多。

《尚书·大诰》篇记下了周公东征前的训词。这篇训词杀气腾腾，由此启发了后世重刑主义者的灵感。王莽是一个忠实的学者，他对《大诰》十分熟悉，并且喜欢学以致用，一举一动都爱模仿周公。周公居摄他居摄，周公称王他称王，于是就有一个像"三监"一样不知趣的东郡太守翟义起来造反，"自号大司马柱天大将军"，"移檄郡国，言莽鸩杀孝平皇帝，矫摄尊号"，并号召天下起来造反。王莽听说后十分害怕，一面调兵遣将，一面安抚人心，他每天抱着自己所拥立的婴儿皇帝向群臣解释说："昔成王幼，周公摄政，而管蔡挟禄父以畔，今翟义亦挟刘信而作乱。自古大圣犹惧此，况臣莽之斗筲！"群臣赶紧安慰他："不遭此变，不章圣德。"王莽"于是依《周书》作《大诰》"，揭发了翟义称乱的狼子野心，阐明了自己居摄正当合理，宣布了自己的平叛决心，并派大夫桓谭等"班行谕告"天下。上面这些引文以及这篇诰文全部登载在《汉书·翟方进传》所附的《翟义传》中。由于这是王莽所作的《大诰》，前人一般把它称为《莽诰》。《莽诰》的言辞、语气一依《尚书·大诰》篇，并且误读、误定的地方清晰可辨，因此成为研究汉代《尚书》学乃至《大诰》本文的一篇十分重要的参考文献。王莽发布《大诰》之后，立即像周公那样派遣大军平叛，所差一点的是他没有"御驾亲征"。叛乱很快被平定下去。翟义也被捕获，"尸磔陈都市"——碎尸以后陈列在长安的大街上示众，这就是叛乱者的最终下场。这还不算完，接着"莽尽坏义第宅，污池之。发父方进及先祖冢在汝南者，烧其棺柩，夷灭三族，诛及种嗣，至皆同坑，以棘五毒并葬之"(《汉书·翟方进传》)。除了让其断子绝孙外，房舍变为污池，先辈的尸骨被掘出后放入荆棘五毒之类的东西重新埋葬，死后也让其灵魂不得安宁，看看谁人还敢造反？周公《大诰》篇的重刑精神被王莽发挥得淋漓尽致。后来又抓到了翟义的同伙王孙庆，再次为王莽实践《大诰》精神提供了机会：

> 莽使太医、尚方与巧屠共刳剥之，量度五藏，以竹筳导其脉，知所终始，云可以治病。(《汉书·王莽传中》)

谁说古代中国没有解剖学？这不是解剖是什么？但王莽本意不在解剖学也是不言而喻的事实。他这样做的目的只不过是为了惩罚政敌，为了体现重罚精神而已。王莽不愧为周公的得意门生，学起老师来惟妙惟肖。

朱元璋的表演就逊色多了，可能这与他出身贫寒、读书不多有关，他不能像王莽那样对周公的事迹烂熟于胸；或者是他后来无须对周公亦步亦趋，因为他是君主，而周公不过一介臣子而已。但他对周公是敬重的。周公伐灭叛乱毫不犹豫，他诛杀大臣也决不手软；周公以《大诰》表达自己的平叛决心，他也以《大诰》四编来宣布自己重典治吏的诚意。明《大诰》所举案例，多数都是法外用刑，轻罪重判，甚至无罪苛刑，明确体现了朱元璋用重典的思想，因为他认为自己处于衰乱之世。四编《大诰》共二百三十六条，治吏的条目占了80%以上，惩治贪官污吏和豪强作恶的案例尤多，这就是朱元璋所谓的"重典治吏"。作为封建政治的教科书，经过明朝初年朱元璋的这次"改版"之后，《大诰》成为一部专门的法律文书，由此我们再次看到了《尚书》的功用。

通过上面的叙述可以看出，"轻重诸罚有权""刑罚世轻世重"，《尚书》所提出的这一灵活原则在后世封建社会的法制发展史上曾经发挥过多么重要的作用，由此再次验证了"《书》以道事"的真实性。

刑罚灵活原则的简短评价

《尚书》刑罚灵活原则,是古代刑罚制度发展到一定水平之后的产物,"夏有乱政,而作《禹刑》;商有乱政,而作《汤刑》;周有乱政,而作《九刑》"(《左传·昭公六年》),长期的刑罚实践为理论总结提供了前提条件,正是在这样的历史条件下,刑罚灵活原则应运而生。因此,《尚书》"轻重诸罚有权""刑罚世轻世重"原则的提出,是一个历史性的进步。

如上所述,刑罚灵活原则在历史上曾起过非常积极的作用。针对具体情况采取轻罚的方针,本身就是尊重实际的表现。从根本上讲,刑罚不能脱离社会现实,而一旦做到尊重实际,这种刑罚制度就能得到很好的贯彻,从而能够真正起到推动历史进步的作用,汉初和唐初的历史发展对此作出了确切的诠释。

然而从某种意义上讲,刑罚制度的诞生本来是出于无奈。人类异化到一定程度之后,不得不把自己的命运交给一个外在的、异己的东西来加以约束,否则社会正常秩序就无法维系下去。马克思主义讲国家、刑罚等是阶级矛盾不可调和的历史条件下的产物,说的也是这个意思。因此,刑罚必须有自己的相对稳定性。如果失去了这一点,灵活得一旦过了度,事情就会走向自己的反面,那将是十分危险的。中国历史上的许

多滥罚与此不无关系。所以,法家学派特别强调法律的威严:

> 法者,天下之程式也,万事之仪表也。(《管子·明法解》)
>
> 法令者,民之命也,为治之本也,所以备民也。(《商君书·定分》)
>
> 明主之国,令者,言最贵者也;法者,事最适者也。言无二贵,法不两适,故言行而不轨于法令者,必禁。(《韩非子·问辩》)

既然如此,执法必须严格,应该彻底排除个人喜怒的干扰:

> 至治之国,有赏罚而无喜怒。故圣人极有刑法,而死无螫毒,故奸人服。发矢中的,赏罚当符,故尧复生,羿复立。(《韩非子·用人》)

"法不阿贵,刑不挠曲",这是韩非子理想中的法治境界。然而历史发展的实际往往与之背道而驰,昏君乱相淫赏滥罚、贪官污吏草菅人命的事实史不绝书,而他们往往打出"刑乱国用重典"的旗号,由此可以看出封建时代刑罚灵活的实质来。

汉武帝晚年，连年征伐、大兴土木，引起了广大人民的群起抵制。《史记·酷吏列传》对此记载说：从南楚到齐鲁大地、燕赵之间，一时间"盗贼滋起"。"大群至数千人，擅自号，攻城邑，取库兵，释死罪，缚辱郡太守、都尉，杀二千石，为檄告县趣具食；小群（盗）以百数，掠卤乡里者，不可胜数也。"在封建地主阶级的眼里，这是最为典型的乱国、乱世。"于是天子始使御史中丞、丞相长史督之。犹弗能禁也，乃使光禄大夫范昆、诸辅都尉及故九卿张德等衣绣衣，持节，虎符发兵以兴击，斩首大部或至万余级，及以法诛通饮食，坐连诸郡，甚者数千人。"刀光剑影下的血流成河、冤魂不散就是"刑乱国用重典"实施后的必然结果之一。刑罚灵活原则成为地主阶级残暴统治的借口，对此必须予以彻底的批判。

刑罚灵活掌握必须有强有力的监督机制做保障，而后者在古代中国是十分软弱的，这也是刑罚灵活原则在古代中国失败多、成功少的原因所在。

《尚书》与中国史学

"《书》记先王之事",它的本色是一部史书。它是中国传世史书的鼻祖。成书时间之早和后来享有的经典地位,决定了《尚书》在中国史学史上的位置。直到近世疑古思潮兴起之前,《尚书》一直被当作上古时代的权威信史来研读,影响之大是同类性质的著作不能与之相比的。《尚书》不但记录下了上古时代历史进程中的一些重大事件,大致勾勒出上古社会演进轨迹的基本轮廓,从而不折不扣地为我们提供了一部"上古史纲要";更为重要的是,它还为后世史学的发展拿出了一个样本:《尚书》所表达的史学思想,成为中国传统史学的灵魂;《尚书》的编纂原则,对后世史书的编纂也产生了重要的启迪意义。因此,探讨《尚书》对中国传统文化的影响，撇开它与传统史学的源流关系也是说不过去的。

"我不可不监（鉴）于有夏，亦不可不监（鉴）于有殷"——《尚书》与传统史学中的鉴戒意识

《今文尚书》28篇中处处流露出浓郁的忧患意识。面对着"怀山襄陵"的滔天洪水，面对着举国迁徙的纷纷扰扰，面对着殷遗顽民的不时反抗，面对着败仗之后的痛苦怨恨，我们的当事人不由得忧心忡忡。以史为鉴，认真总结前人成败得失的经验教训，发扬成绩，纠正错误，以利再战的要求油然升起，强烈鲜明的历史鉴戒意识也从中产生。这是《今文尚书》28篇的另一根思想主线。这种鉴戒意识成为后世史学最为基本的指导思想之一。

《尚书》中的历史鉴戒意识

从某种意义上讲，《尚书》是一部古代圣王贤相的忧思录，书中记录下了他们的忧愁和烦恼。

皋陶反复告诫他人，"慎厥身，修思永"，"无教逸欲有邦，兢兢业业，一日二日万几。无旷庶官，天工，人其代之"（《皋陶谟》），体现出来的是一种战战兢兢的忧患意识。

商族在不断迁徙的过程中壮大起来，历史上留下了"前

八后五"的迁徙记录。当商王盘庚感到压力太大而决定再次迁徙的时候,他遇到了强大的阻力。于是盘庚指责反对派目光短浅,不能深谋远虑。他一则劝告在位的众戚们:"先王有服,恪谨天命。兹犹不常宁,不常厥邑,于今五邦!今不承于古,罔知天之断命,矧曰其克从先王之烈?"(《盘庚上》)再则告诫众多庶民:"汝不谋长以思乃灾,汝诞劝忧。今其有今罔后,汝何生在上?""今予告汝:不易!永敬大恤,无胥绝远。"(《盘庚中》)殷殷忧思,溢于言表。

面对着武王新丧和三监叛乱的严峻局面,周公实实在在地感受到了巨大的压力:"予惟小子若涉渊水,予惟往求朕攸济。"(《大诰》)这个难关渡过以后,百废待兴,将一个新兴王朝支撑下来也不是一件轻松的事情,所以周公依然忧心如焚。他告诫卫康叔说:"呜呼,肆汝小子封!惟命不于常,汝念哉!"(《康诰》)他告诫召公奭说,"君肆其监于兹!我受命无疆惟休,亦大惟艰。告君,乃猷裕我,不以后人迷";"今在予小子旦,若游大川,予往暨汝奭其济"。(《君奭》)周公反复申明的仍是这个忧患主题。

在内外压力交织的情况下,最高统治集团被一种忧患氛围所笼罩,因此忧心忡忡的不仅仅周公一个人,周初统治集团的另一个重要角色召公也曾发出深深的感叹:"呜呼!皇天上帝改厥元子,兹大国殷之命。惟王受命,无疆惟休,亦无

疆惟恤。"(《召诰》)他宣称："我亦不敢宁于上帝命，弗永远念天威越我民；罔尤违，惟人。"(《君奭》)

这种忧患意识逐渐积淀到华夏社会的潜意识中而挥之不去，究其原因就在于，主客体之间对立统一的矛盾是永远存在的。秦穆公在崤之战失败后痛惜不已，"我心之忧，日月逾迈，若弗云来"(《秦誓》)，大有"识尽愁滋味"之后"欲说还休，欲说还休"的味道。

忧愁是人类对巨大外力压迫的一种反应，是人类情感的自然流露，然而一味忧愁又解决不了实际问题。面对着巨大压力，有人唉声叹气，有人摩拳擦掌。积极的生活态度是正视现实，迎接挑战，战胜困难，化险为夷。要达到这一目的，主体方面必须调动一切积极因素，充分发挥主观能动性，尽量避免失误，这样，汲取历史经验教训的问题便由此产生。《尚书》中的圣王贤相们个个达观向上，一阵忧愁过后便投入到积极的行动当中去，总结前人成败得失的经验教训遂成为这些行动的前奏。

我们从"殷盘周诰"中看到了许多强调尊重老成人、注重历史鉴戒作用的言论。这些言论都是在痛定思痛、深思熟虑之后讲出来的，而不是姑妄说之。周初政治中的一些基本准则——"明德""慎罚""勤政""保民""敬天""家天下"等等，差不多都是从历史经验教训中引申出来的。完全可以这样讲，历史鉴戒意识的主体性自觉在商周之际已经彻底觉醒，并开始在社会生活中发挥出巨大的指导作用。

这种觉醒表现在两个方面：其一是明确提出要把历史鉴戒作为行动的指南；其二是在实际行动中认真贯彻这一指导思想，十分注意汲取历史经验教训。两个方面互为依托，互相补充，共同构成殷周之际思想行动中以史为鉴的基本特征。《酒诰》是周公代替成王发布的一篇戒酒令。周人来自西北一隅，崇尚俭朴，反对酗酒。他们认为饮酒会败坏社会风气，殷商灭亡就是由此引起的。所以周公公开宣称：

> 古人有言曰："人无于水监（鉴），当于民监（鉴）。"今惟殷坠厥命，我其可不大监（鉴）抚于时（是）！

"以殷为鉴"遂成为周王朝施政的基本前提之一，其实质就是以史为鉴，汲取历史经验教训。在《召诰》中，召公也从总结历史经验教训的过程中得出结论说，我们必须敬修自己的德行，决不能重蹈夏、商灭亡的覆辙。他指出：

> 相古先民有夏，天迪从子保，面稽天若，今时既坠厥命。今相有殷，天迪格保，面稽天若，今时既坠厥命。今冲子嗣，则无遗寿耇，曰其稽我古人之德，矧曰其有能稽谋自天？

《尚书》与中国史学 | 303

在这种严峻的形势下,不小心翼翼能行吗?显然是不行的。因此,他说:

> 我不可不监(鉴)于有夏,亦不可不监(鉴)于有殷。我不敢知曰:有夏服天命,惟有历年;我不敢知曰:不其延。惟不敬厥德,乃早坠厥命。我不敢知曰:有殷受天命,惟有历年;我不敢知曰:不其延。惟不敬厥德,乃早坠厥命。

由此自然而然地得出一个结论:"王其德之用,祈天永命。"

"今惟殷坠厥命,我其可不大监抚于时";"我不可不监于有夏,亦不可不监于有殷"。这是周初最为响亮的两个口号。从这两个口号中可以看出来,以夏、商灭亡的惨痛教训为鉴戒已成为周初统治集团的一大共识。这又表现在两个方面。

其一是谆谆告诫,不厌其烦。例如在《康诰》中,周公就曾反复告诫卫康叔说:到达封地后,"汝丕远惟商耇成人宅心知训。别求闻由古先哲王用康保民",千万不要鲁莽行事。

其二是以古人注我。这是《尚书》中主人公们的惯用手法。明明是自己所希望的,偏要说成是古已有之的东西。这种手法在商王盘庚那里就已经能够运用自如了。任用旧人和敬天保民是他的基本政治主张,然而他却要倒过来说:"迟任有言曰：'人惟求旧，器非求旧，惟新'"，"古我先王，亦惟图任旧人共政"（《盘庚上》）；"古我前后，罔不惟民之承保"（《盘庚中》）。张口"先王"，闭口"前后"，以此来增加讲话的说服力和感染力，这种手法在周初诸诰中更为普遍。为了指摘商王纣"惟妇言是用"，周公首先征引"古人有言曰：'牝鸡无晨，牝鸡之晨，惟家之索。'"（《牧誓》）为了论证自己禁酒的正当性，周公宣称："我闻惟曰：在昔殷先哲王，迪畏天显小民，经德秉哲。自成汤咸至于帝乙，成王畏相惟御事，厥棐有恭，不敢自暇自逸，矧曰其敢崇饮。""文王诰教小子有正有事：无彝酒。"（《酒诰》）自己主张明德慎罚，则说"惟乃丕显考文王，克明德慎罚"（《康诰》）；自己主张勤政，也要引经据典一番，"我闻曰：上帝引逸。有夏不适逸，则惟帝降格，向于时夏。弗克庸帝，大淫泆有辞。惟时天……乃命尔先祖成汤革夏"（《多士》）。凡此种种，不一而足。古人注我是为了给"我"的所作所为增加一些合理性，历史经验教训正好从中得到了运用。

前面已经提到，《无逸》是一篇典型完整的历史鉴戒政论文。"君子所其无逸"，是本篇的中心思想。为了阐明这个中心思想，周公举出了正反两方面的例子作为论据。他说：殷王中宗、高宗、祖甲在位的时候，勤勤恳恳，不敢荒淫，于是能够长久享国，三人在位分别为七十五年、五十九年和三十三年。而祖甲以后的各位殷王,"生则逸,不知稼穑之艰难,不闻小人之劳,惟耽乐之从",所以他们大都早早地死去,"或十年,或七八年,或五六年,或四三年"。荒淫不但误国,而且缩短寿命,可见是行不得的,这个结论十分自然,令人信服。后面又用周族先王太王、王季和文王的例子加以补充,以增加论证的力度。全文有论点,有论据,正反两方面材料都讲到了,读后使人心灵震撼,不能不信服《无逸》篇中劝告的内容,因此我们说这是一篇十分成功的历史鉴戒论文。

以史为鉴的思想来源于社会生活,这是人类"本质力量的确证和表现"之一,源远流长,古已有之。然而这种思想在商周之际有了质的飞跃,上升到主体性自觉的形态上,这也是毋庸置疑的基本事实。飞跃来自严峻现实的推动,来自浓郁的忧患氛围。从此以后,"以殷为鉴""殷鉴不远"之类的话头便日益流行起来,这为历史学的存续和发展提供了依据,指明了方向。

传统史学中的鉴戒意识

西周以后,社会生产力缓慢发展起来,社会文明的整体水平也在不断提高,这就为人的全面解放准备了前提条件。然而古代社会的这种解放距离真正的自由王国还差得很远,许多困难尚无力克服，社会邪恶和不公正现象还比比皆是，直到今天我们仍然不能完全摆脱许多束缚，这不由得人们不忧心、焦虑——也许主客体之间的完全和谐、统一只是哲人们一种美好的愿望罢了。于是《尚书》中的忧患意识便以一种"获得性遗传"的方式传给了后世，我们读古代士大夫的作品，时常觉得他们似乎有一种忧患情结，其根子就在于对客体的无奈。不信的话，请看他们的自白吧！

在劝告自己国君的时候，晋国大臣魏绛引用了《尚书·无逸》篇中"居安思危"的话，并进一步解释说，"思则有备，有备无患"（《左传·襄公十一年》）。这是春秋中期一位贤大夫的忧思。

孔子宣称："德之不修，学之不讲，闻义不能徙，不善不能改，是吾忧也。"（《论语·述而》）他说："人无远虑，必有近忧"（《论语·卫灵公》）；"君子疾没世而名不称焉"（同上）；"君子忧道不忧贫"（同上）。浓浓忧思，时常挂在心上。

孟子说："天将降大任于是人也，必先苦其心志，劳其筋骨，饿其体肤，空乏其身，行拂乱其所为，所以动心忍性，曾（增）益其所不能。人恒过，然后能改；困于心，衡于虑，而后作；征于色，发于声，而后喻。入则无法家拂士，出则无敌国外患者，国恒亡。然后知生于忧患而死于安乐也。"（《孟子·告子下》）这是孟子对挫折、忧患和安乐的理解。

《易传·系辞下》篇指出：人们应该"安而不忘危，存而不忘亡，治而不忘乱"，这是战国时代解说《周易》的哲人们的忧思。

面对战乱，诗人杜甫感慨万千："国破山河在，城春草木深。感时花溅泪，恨别鸟惊心。烽火连三月，家书抵万金。白头搔更短，浑欲不胜簪。"这是一位忧国忧民的诗人的忧思。

宋代的大政治家、文学家范仲淹的忧思更为深刻。他在脍炙人口的《岳阳楼记》中写出了一段千古传诵的名句："居庙堂之高，则忧其民；处江湖之远，则忧其君。是进亦忧，退亦忧，然则何时而乐耶？其必曰：先天下之忧而忧，后天下之乐而乐欤？"这是何等宽广的胸怀！对于一个封建士大夫来讲，能有这样的胸怀尤为难能可贵。

面对着鸦片战争前大清王朝死气沉沉、缺乏生机的社会现状，具有良知和强烈责任感的士大夫龚自珍不禁大声疾呼："九州生气恃风雷，万马齐喑究可哀。我劝天公重抖擞，不拘一格降人才。"这首诗明确表达出作者的苦闷与忧思。

资产阶级改良派代表人物康有为也曾痛苦万分地写道："乱离日已久，忧思日已多。我欲托诗史，郁结弥山河。每读杜陵诗，感慨更摩挲：上念君国危，下忧黎元疴；中间痛身世，慷慨伤蹉跎。"

"诗言志，歌咏言"，很多诗歌充分地表达出华夏社会的痛苦情感。发展历程上的磕磕绊绊，为华夏民族营造了一个浓郁的忧患氛围。有人忧国，有人忧民，也有人感叹自己身世的不幸，企盼一个美好的未来。在这样一种文化氛围中培育出来的历史学，十分自然地承担起了历史鉴戒的任务，从而为社会分担了一些忧患和痛苦。《尚书》中的忧患意识和历史鉴戒意识由此在传统史学中扎根、开花并结果。

从公元前8世纪到公元前2世纪，也就是我们所谓的"元典文化"的凝练时期，中国历史上发生了空前剧烈的社会变革。尤其是秦汉之际，"五年之间，号令三嬗，自生民以来，未始有受命若斯之亟也"。如此急剧的变化是如何造成的？这个问题引起了汉初思想界的高度重视，贾谊的《过秦论》就是为回答这个问题而作的一篇著名的史学政论文章。它不但回答了秦汉之际社会变革的原因问题，而且向统治者发出了以秦为鉴的呼吁：

> 秦本末并失，故不能长。由是观之，安危之统相去远矣。野谚曰："前事之不忘，后事之师也。"是以君子为国，观之上古，验之当世，参之人事，察盛衰之理，审权势之宜，去就有序，变化因时，故旷日长久而社稷安矣。

这是在重申周公等人"以殷为鉴"的老调,只是贾谊对历史经验教训总结得更深刻,提法也更明确罢了。

思考还在继续。汉武帝在位的几十年间,社会经济从空前的繁荣一下子跌入了衰败的谷底,"天下虚耗,人复相食",这又是为什么?社会要求历史学做出明确的回答。具有"良史之材"的司马迁生当其时,面对着如此巨大的社会变故,他不可能无动于衷。于是他"网罗天下放失旧闻,考之行事,稽其成败兴坏之理,凡百三十篇,亦欲以究天人之际,通古今之变,成一家之言"(《汉书·司马迁传》),这就是千古传诵的史学名著——《史记》一书的成书背景。司马迁写作《史记》的目的之一在于"通古今之变",他明白宣称自己的这部著作与《诗》《书》《春秋》《离骚》《国语》《吕览》一样,是为了"述往事,思来者",而不是为了抒发思古之幽情。他宣称:

> 余于是因《秦记》,踵《春秋》之后……著诸所闻兴坏之端。后有君子,以览观焉。(《六国年表序》)
>
> 居今之世,志古之道,所以自镜也,未必尽同。(《高祖功臣侯者年表序》)

正是为了"自镜",为了让后世"君子"览观,《史记》具备鲜明的现实性品格。也正因为如此,中国史学史上对

《史记》的评价历来就有"谏书"和"谤书"之争,两家学说互不相让。今天看来,谏书也罢,谤书也罢,不用去管谁是谁非,但这个争论本身说明了这样一个问题,即大家都看到了《史记》鲜明的现实性品格。毫无疑问,司马迁绝不是为了写历史而写史书,他的目的在于总结历史经验教训,从而为当代社会提供借鉴,这也是一个显而易见的基本事实,《尚书》中的鉴戒意识成为《史记》中最为基本的一个指导思想。

史学界有一句戏言,叫作"读懂两司马,可以算作半个史学家"。虽属戏言,但也可以反映出两司马在中国史学史上的崇高地位。这"两司马"就是司马迁和司马光,二人各有一部足以使之不朽的著作——《史记》和《资治通鉴》传世。

后者单从书名上就可以看出其写作的目的来。元丰七年(1084),司马光在向北宋神宗皇帝所上的进呈《通鉴》表中,再次阐明了自己的写作意图,并叮嘱皇上要留心观看:

> 每患迁、固以来,文字繁多,自布衣之士,读之不遍,况于人主,日有万机,何暇周览!臣常不自揆,欲删削冗长,举撮机要,专取关国家盛衰,系生民休戚,善可为法,恶可为戒者,为编年一书,使先后有伦,精粗不杂,私家力薄,无由可成。……
>
> 臣今骸骨癯瘁,目视昏近,齿牙无几,神识衰耗,

目前所为，旋踵遗忘，臣之精力，尽于此书。伏望陛下宽其妄作之诛，察其愿忠之意，以清闲之宴，时赐省览，监前世之兴衰，考当今之得失，嘉善矜恶，取是舍非，足以懋稽古之盛德，跻无前之至治，俾四海群生，咸蒙其福，则臣虽委骨九泉，志愿永毕矣。

原来，这是一部专供人主茶余饭后"监（鉴）前世之兴衰，考当今之得失，嘉善矜恶，取是舍非"使用的书，所以叫作《资治通鉴》。从书中司马光所发的众多议论——"臣光曰"中，也可以看出司马光"资治"的强烈愿望。后世那些有所作为的封建君主对此书都爱不释手，原因就在于，这部著作为他们治理天下提供了一面明亮的镜子，通过历史这面镜子，可以照出自己政治的得失来。《尚书》中的历史鉴戒意识在司马光这里也得到了充分体现。

历史发展到近世，传统史学中的鉴戒意识不但没有被丢掉，反而更为增强了。史学大家梁启超在其名著《中国历史研究法》中，开宗明义就给历史学下了这样一个定义：

> 史者何？记述人类社会赓续活动之体相，校其总成绩，求得其因果关系，以为现代一般人活动之资鉴者也。其专述中国先民之活动，供现代中国国民之资鉴者，则

曰中国史。

这个定义讲到了史学目的——"现代一般人活动之资鉴"。对此他做了进一步解释：

> 质言之，今日所需之史，则"国民资治通鉴"或"人类资治通鉴"而已。史家目的，在使国民察知现代之生活与过去未来之生活息息相关，而因以增加生活之兴味，睹遗产之丰厚，则欢喜而自壮；念先民辛勤未竟之业，则蹙然思所以继志述事而不敢自暇逸；观其失败之迹与夫恶因恶果之递嬗，则知耻知惧，察吾遗传性之缺憾而思所以匡矫之也。夫如此，然后能将历史纳入现在生活界使生活密切之联锁；夫如此，则史之目的，乃为社会一般人而作，非为某权力阶级或某智识阶级而作，昭昭然也。

梁启超对史学目的的界定，表达了资产阶级对历史学的基本要求，自然与封建地主阶级专供帝王将相"资治通鉴"的目的有所不同。但毫无疑问，史学的鉴戒作用在他这里不但没有削弱，反而被进一步扩大和强化，这也是一个不争的事实。

总而言之,《尚书》中所提出的"以殷为鉴"——也就是以史为鉴的思想,在后世历史学的发展过程中得到了彻底的贯彻,这一思想是传统史学的基本指导思想之一,直接维系着中国历史学的延续和发展。纵观中国史学发展史可以发现,一切有成就的史学——例如两司马和梁启超等人,以及一切有价值的史学著作——例如《史记》和《资治通鉴》等,其成就和价值的取得,无一例外地都与其明确的目的有着密切的联系。鉴戒意识是中国传统史学的灵魂,其直接的源头来自《尚书》和那个时代的社会生活,此后便引导着中国史学向前发展。

以史为鉴观的简短评价

以史为鉴思想的提出,表明周初社会对历史本质和史学目的的认识已经跃上了一个新台阶。对于后世史学发展来讲,这一进步是十分重要的。

自其诞生之日起,人类便开始了自我认知的行程。随着社会实践的丰富和发展,这一认知也在不断地进步着。然而正如一位西方哲学家所说的那样,人类最缺乏了解的就是人类自身。这一认知过程将不断前进,永远也不会完结。为了更加深刻地认识现状,认识自身,从而更好把握未来,历史认识便逐渐提上了人类社会的议事日程。原始先民很早就产生了朴素的历史意识，这有许多考古学和民族学的资料可以作证。通过历史的积淀作用，这一意识不断深化，商周之际遂产生了一个质的飞跃，人们明确强调事事处处要以史为鉴，从而形成了历史意识的主体性自觉。这一飞跃表明，生活在这个时代的人们已经摸到了历史本质的边缘，这为史学功能的准确定位奠定了基础，"以史为鉴"遂成为后世史学发展的基本方向，传统史学实实在在地沿着这个方向前进，因此我们对《尚书》以史为鉴思想的提出应给予高度评价。

历史经验教训具有鉴戒作用，这种认识建立在人类社会具有共通性这个假设的基础上。对于这个假设，当代西方哲学家中有人持保留态度，但在古代中国它是畅行无阻的。可能许多人并没有把这种认识与社会本质联系起来，但他们却能自发地按照历史经验的指点行事，历史学于是摆在了一个崇高的位置上。正是从这个意义上看，我们说《尚书》对于历史和史学的定位推动了中国传统史学的发展。

黑格尔在《历史哲学》中曾经指出，"历史必须从中华帝国说起"，"中国'历史作家'的层出不穷，继续不断，实在是任何民族所比不上的。其他亚细亚人民虽然也有远古的传说，但没有真正的'历史'"。这个说法是很有道理的。从商周时代开始，中华民族的历史记载便连绵不断地延续下来，这在世界范围内是独一无二的。历史学在中国古代一直是一门十分显赫的学问,这也是一个不争的事实。从《隋书·经籍志》以后,四部分类法成为中国传统目录学中最为基本的分类法则,史部是四部中的一部,并且是数额最大、分量最重的一部,由此可见传统史学发达之一斑。史学发达的根本原因就在于它能够给社会大众提供教益,从而赢得了后者的信任和尊重。

在我们这个注重历史经验、尊重历史学的国度里,差不多每一位有点思想的政治家,都不能够摆脱这种文化氛围的影响。唐太宗反复强调,"人以铜为镜,可以正衣冠;以古为镜,可以见兴替;以人为镜,可以知得失"(《资治通鉴》卷一九六《唐纪十二》),道理就在这里。毛泽东一生更是酷爱历史,他反复强调"古为今用","历史的经验值得注意"。1938年10月,他在《中国共产党在民族战争中的地位》一文中明确指出:"指导一个伟大的革命运动的政党,如果没有革命理论,没有历史知识,没有对于实际运动的深刻的了解,要取得胜利是不可能的。"他说:"学习我们的历史遗产,用马克思主义的方法给以批判的总结,是我们学习的另一任务。""这对于指导当前的伟大的运动,是有重要的帮助的。"后来,在《改造我们的学习》一文中,毛泽东又严厉批评了某些人"对于自己的历史一点不懂,或懂得甚少,不以为耻,反以为荣",认为这是"极坏的作风"。他本人学贯古今,精通中国历史,"四书"、"五经"、"二十四史"、《资治通鉴》等置之床头和座右,时常浏览,从中获得了不少教益。这为他把握住中国国情和中国革命的本质特征提供了很大的帮助。

对于史学的鉴戒作用问题,黑格尔在《历史哲学》中还讲过一段意味深长的话:"人们惯以历史上的经验和教训特别介绍给各君主、各政治家、各民族国家,但是,经验和历史所昭示我们的,却是各民族和各政府没有从历史方面学到什么,也没有根据历史上演绎出来的法则行事。"这是说历史鉴戒对于一些人不起作用。同时,由于错误总结历史经验教训而办出错事的事例也有不少,例如汉初鉴于"亡秦孤立之败"而大封诸侯王,最终导致吴楚七国叛乱就是典型的一例。

不过,不起作用也罢,负面效应也罢,这些责任都不应该由《尚书》来负,《尚书》提出的以史为鉴的思想应该充分肯定,这一思想对传统史学发展的指引作用也是应该加以大力表彰的。

《尚书》在传统史学中的地位

平心而论,《尚书》还算不上十分成熟的史学著作,它不过是一部上古时代的历史资料汇编而已,然而由于它出现在中国史学史上一个非常关键的时期——口述史学虽然仍在流行，但文字史学已在萌动之中，后者显而易见是富有生命活力的东西——这就决定了这部书的锦绣前程，奠定了它在中国史学史上的鼻祖地位。这部书对中国史学发展的影响是多层面的，后世史学从《尚书》中获得了许多启迪和教益，这也是一个不争的事实。

一部标准的"上古史纲要"

从帝尧勤政爱民的故事开始，到秦穆公痛陈悔恨的誓词结束，《今文尚书》二十八篇述说了上古时代两千年间发生在东方大地上的一些重大历史事件。在漫长的两千年间，这块土地上到底发生了多少件事情，人世间悲欢离合的故事究竟有多少，恐怕谁也难以说得清楚。然而《尚书》只撷取了尧舜禅让、大禹治水、启伐有扈、商汤灭夏、盘庚迁殷、武王伐纣、西周立国、周公东征、成王传位、穆公悔过等社会生活片段，透过这些片段，后人可以窥见上古时代社会发展的大体走势，因此我们说《尚书》是一部"上古史纲要"。

然而这又不是一般的"上古史纲要"，独特的历史地位决定了它对古代中国史学发展的重要影响。按照传统说法，《今文尚书》二十八篇中属于"虞夏书"部分的有四篇，《商书》部分的有五篇，《周书》部分的有十九篇，约略透露出详近略远的编纂思想来。尽管这样编排可能出于无奈——由于文化事业不发达,上古时代的文献资料有限——但这项原则对后世史学产生了重大影响,这也是没有任何疑问的事情。"详近略远"遂成为后世史书编纂的基本法则之一。通览"二十五史"可以发现,除了第一部著作《史记》之外,哪一部不是作者那个时代的近代史乃至于当代史?这是"详近略远"原则的具体体现。直到今天,我们不是还在强调要"厚今薄古"吗?

在古代中国,《尚书》作为上古时代的一部"信史",其地位是十分稳固的。周秦时代对这部书的基本看法是:

> 疏通知远,《书》教也……疏通知远而不诬,则深于《书》者也。(《礼记·经解》)
> 《书》者,政事之纪也。(《荀子·劝学》)
> 《书》以道事。(《庄子·天下》)

这些话的口气非常坚定,不容置疑,它们表达出华夏社会对于《尚书》的崇高敬意。这种情绪十分自然地感染了历史学家,《左传》对六篇《尚书》的二十三次征引即可以作证。

汉人司马迁为我们留下了一部"史家之绝唱"——《史记》,这是他毕生功业之所在。在这部著作中,他谈到了自己对《尚书》的感受和理解:"《书》记先王之事,故长于政。"正是基于这样的理解,除佶屈聱牙的殷盘周诰外,《今文尚书》中的大多数篇章几乎一字不差地被他照录在自己的著作中:《尧典》录入《五帝本纪》中,《皋陶谟》《禹贡》和《甘誓》全文录入《夏本纪》中,《汤誓》和《西伯戡黎》全文、《盘庚》节录在《殷本纪》中,《牧誓》全文、《金縢》节选和周初诸诰的基本意思收在《周本纪》中,《洪范》全文收在《宋微子世家》中,《无逸》《金縢》和《费誓》全文收在《鲁世家》中,《秦誓》则录进了《秦本纪》中。周初诸诰没有被大段录入的原因在于它们的佶屈聱牙,许多地方司马迁也不太明白,所以只好忍痛割爱。《尚书》成为《史记》写作的基本素材。这个现象可以说明两个问题:

其一,《尚书》对《史记》的影响太大了,以至于司马迁述说上古历史时,只能按照《尚书》的说法来讲。

其二,司马迁对《今文尚书》二十八篇笃信不疑。因为他作史的基本原则为"阙则传阙,疑则传疑","考而后信,择善而从",一点也不敢武断,对于没有把握的说法他总是小心翼翼的。对《尚书》的整篇录入,说明他对这些材料的真实性是放心的。

唐代史学家刘知幾在《史通》这部中国史学史上第一部史学理论著作中,对《尚书》也作出了高度评价,并对其内容也笃信不疑。《史通》开篇将上古至唐代的史书分为"六家",并把《尚书》列在六家之首,这个定位是很高的。他

指出:

> 《尚书》家者,其先出于太古。《易》曰:"河出《图》,洛出《书》,圣人则之。"故知《书》之所起远矣。至孔子观书于周室,得虞、夏、商、周四代之典,乃删其善者,定为《尚书》百篇。

《尚书》各篇乃"虞、夏、商、周四代之典",又经过孔圣人的删定,这还会有什么差错?于是在刘知幾的心目中,这部著作真的也就没有什么差错了。尽管他也曾"疑古"和"惑经",也曾批评过《尚书》"为例不纯",但他绝不敢从根本上怀疑这部书在上古史学中的权威地位。

清代著名史学家章学诚的胆子则比刘知幾大得多。在经学隆盛的时代,他竟然喊出了"六经皆史"的口号,表现出他那敏锐深邃的洞察力。然而对于这些史籍的来头,他却没有任何疑问。他说:

> 古人不著书。古人未尝离事而言理。六经皆先王之政典也。(《文史通义·易教上》)
> 《尚书》《春秋》,皆圣人之典也。(《文史通义·书教下》)

"经"的地位要打个问号,"信史"则是不成问题的,这就是章学诚的潜台词。

从朱熹、吴棫以来,直到阎若璩、惠栋和王鸣盛等人,两眼紧紧盯住梅赜所上的《古文尚书》不放,直到把这部著作彻底定为伪书而后止,表现出古代学人的坚忍不拔与执着。然而他们对伏生《今文尚书》二十八篇大都笃信不疑。因此我们说,《尚书》是一部标准意义上的"上古史纲要",这种说法在中国古代基本上没有多大的问题。

近世兴起了疑古思潮,科学主义开始对传统史学进行甄别。特别是在"打倒孔家店"以后,"古史辨派"迅速崛起,历史研究由此被推上了一个新台阶。古史辨派以"大胆疑古"为指导思想,系统清理了上古时代古书与古史中的那些虚假伪造的成分,力争还历史一个本来面目,《尚书》自然而然地被纳入了他们的学术视野中。顾颉刚先生等人为此付出了艰辛的劳动,取得了丰硕成果。他们在前人研究的基础上,除了对"尚书"学探索中的三大障碍——伪古文、汉古文和道统说做了进一步清除之外,更把怀疑的目光瞄准了《今文尚书》二十八篇。顾先生在《古史辨》第一册写给胡适的信中,明确把这二十八篇文献分为三组:

第一组十三篇——《盘庚》《大诰》《康诰》《酒诰》《梓材》《召诰》《洛诰》《多士》《多方》《吕刑》《文侯之命》《费

誓》《秦誓》，顾先生说，"在思想上，在文字上"，这些"都可信为真"。

第二组十二篇——《甘誓》《汤誓》《高宗肜日》《西伯戡黎》《微子》《牧誓》《金縢》《无逸》《君奭》《立政》《顾命》《洪范》，顾先生认为"或者是后世的伪作，或者是史官的追记，或者是真古文经过翻译，均说不定。不过决是东周间的作品"。

第三组三篇——《尧典》《皋陶谟》《禹贡》，顾先生认为是"战国秦汉间的伪作，与那时诸子学说有相连的关系"。

顾先生的这一区分很快得到了学术界的认同。经过这样的区分之后，《今文尚书》二十八篇"上古史纲要"的地位不仅没有受到削弱，反而使人们在运用《尚书》的材料时更加放心，其地位从而也更加稳固了。后来学术界把顾先生的这一区分加以深化，对他所指出的战国秦汉间伪作的作品一一加以甄别，这些作品中的史料价值许多部分已经得到了学术界的重新肯定。今天我们仍然承认《尚书》在上古史研究中的不可替代的地位，因此我们说它是一部标准意义上的"上古史纲要"。

尧、舜、禹、汤、文、武的圣王地位，在《今文尚书》二十八篇中是确定不移的，《今文尚书》二十八篇对他们极尽歌颂之能事。战国时代刮起了托古之风后，逐渐涌现出"三

《尚书》与中国史学 | 323

皇""五帝"的名目，于是司马迁作《史记》就从《五帝本纪》写起。到《伪古文尚书》这里，为了解释"三坟""五典",《书序》遂指认说：

> 伏牺、神农、黄帝之书，谓之"三坟"，言大道也；少昊、颛顼、高辛、唐、虞之书，谓之"五典"，言常道也。

"三皇五帝"的说法由此正式确定下来，上古历史得到了系统的排列和整理，显得条理清晰可辨，从而也更加容易被社会大众接受。《伪古文尚书》以后，"三皇五帝至于今""五帝之后为三王"的说法遂牢不可破，由此可见《尚书》的影响有多大。当然，在今天看来，三皇五帝只能算作传疑时代的人物，其事迹中有许多内容是靠不住的，但"三皇五帝"说的影响无论如何也是抹不去的。

《尚书》真不愧为一部标准意义上的"上古史纲要"。

倒退史观的样本

周初诸诰强调历史鉴戒作用，号召全社会注重历史经验教训，由此营造出一个尊古崇古的社会氛围。这既是严峻现实压迫的结果，更是由于生产方式的不发达。正如马克思所说的那样，在这种"自然形成的不发达的状态中……传统必然起着非常重要的作用"。

一股托古之风于是从这种文化氛围中平地卷起,这是春秋中期以后的事情。到战国时代,这股风遂越刮越猛:

> 毋剿说,毋雷同,必则古昔,称先王。(《礼记·曲礼上》)
>
> 夫尊古而卑今,学者之流也。(《庄子·外物》)
>
> 世俗之人,多尊古而贱今,故为道者必托之于神农、黄帝而后能入说。乱世暗主,高远其所从来,因而贵之;为学者蔽于论而尊其所闻,相与危坐而称之,正领而诵之。(《淮南子·修务训》)

先王们在这种众口传诵声中日益神圣起来,大谈先王一时间成为一种社会时尚,这就是所谓的"托古之风"。战国诸子在立论时往往喜欢打着先王的旗号——"孔子祖述尧舜,宪章文武";"孟子道性善,言必称尧舜";墨家学派时常把"尧舜禹汤文武"挂在嘴边;庄子则奢谈黄帝、神农等,就是托古之风使然。

在"托古之风"的吹拂下,倒退史观随之出现,并风靡于春秋战国时代。这种历史观认为,社会发展呈现出下滑的态势,上古时代是人类社会的黄金时代,此后便越来越糟糕,春秋战国时代糟得简直已经没法再糟了。这是当时社会变革中产生的迷茫、痛苦和愤怒等情感交织起来后而出现的一种思想认识。这种思想认识的产生有自己的根据，因为地主阶级的改革不可能阳光普照，许多人免不了要承受社会变革的巨大阵痛。

《尚书》中的"虞夏书"部分，特别是其中的《尧典》《皋陶谟》和《禹贡》篇，就深受倒退史观的影响，处处流露出倒退史观的思想气息。换句话说，尽管我们也承认它们保存了一些十分珍贵的历史传说资料，但这些篇章是在倒退史观的指导下写定的。

从《尧典》《皋陶谟》和《禹贡》篇中可以看出，虽然天下并不太平——洪水泛滥、四凶捣乱，搞得尧、舜、禹等人手忙脚乱，但总起来看，它毕竟还是一个美好时代。在圣王贤相的治理下，一切都显得那么井然有序。

首先是政治清明。因为那个时代君主圣明，大臣良善。据载，帝尧"钦明文思安安。允恭克让，光被四表，格于上下。克明俊德，以亲九族。九族既睦，平章百姓。百姓昭明，协和万邦，黎民于变时雍"（《尧典》）。帝尧知人善任，选官得当，贤才各得其所；他勤劳民事，殚精竭虑，政事井井有条。

帝舜"以孝烝烝，乂不格奸"，"慎徽五典，五典克从。

纳于百揆，百揆时叙。宾于四门，四门穆穆。纳于大麓，烈风雷雨弗迷"（《尧典》），他也是一位品德高尚、天资超人的圣君。他即帝位后，认真选拔官员，人尽其才，物尽其用。而大禹则"随山刊木，奠高山大川"（《禹贡》），为治理洪水耗尽了心血。这是圣君们的所作所为。

贤臣们的行为也不差。尧舜在位的时候，禹任司空，弃任后稷，契任司徒，皋陶作士，垂任共工，伯益任虞官，伯夷作秩宗，夔典乐，龙任纳言，这些人都是英俊之才。他们辅佐尧、舜，努力从事自己的本职工作，从而使得政治十分清明。

其次，圣君贤佐治理下的社会秩序十分和谐。由于帝尧勤劳民事，他死之后，"百姓如丧考妣，三载，四海遏密八音"，君民之间已经达到亲密无间的程度。因此，每当出现一个职位空缺时，被推荐者都要谦让一番，这与后世千方百计投机钻营的做法截然不同：

> 帝曰："畴若予工？"佥曰："垂哉！"帝曰："俞，咨！垂，汝共工。"垂拜稽首，让于殳斨暨伯与。帝曰："俞，往哉！汝谐。"
> 帝曰："咨，四岳！有能典朕三礼？"佥曰："伯夷。"帝曰："俞，咨！伯，汝作秩宗。夙夜惟寅，直哉惟清。"

伯拜稽首,让于夔、龙。帝曰:"俞,往钦哉!"(《尧典》)

在谦让的过程中形成了和谐,这种和谐甚至能把天人有机地融为一体:"八音克谐,无相夺伦,神人以和。"(《尧典》)据说舜的乐官夔"击石拊石,百兽率舞"(《尧典》),"鸟兽跄跄,《箫韶》九成,凤皇来仪"(《皋陶谟》),这是一个多么美妙的境界啊!

《尚书》中的这些文字,赋予倒退史观以形象和直观,尽管许多内容与历史事实不相符合,因为上古时代并非如此美好,它也存在着种种艰辛与不和谐,但是这些文字一旦写定并在社会上传播开来,立即又为倒退史观提供了强有力的佐证,从而推动了倒退史观的传播。

先秦诸子大都慨叹今不如昔,对自己生不逢时十分伤感,这是倒退史观作祟的结果。孔子如此,老子如此,墨子如此,孟子如此,庄子更是如此。

> 子曰:"大哉尧之为君也!巍巍乎!唯天为大,唯尧则之。荡荡乎!民无能名焉!巍巍乎!其有成功也;焕乎,其有文章!"(《论语·泰伯》)
>
> 孔子曰:"……周之德,其可谓至德也已矣。"(同上)

子曰:"甚矣吾衰也! 久矣吾不复梦见周公。"(《论语·述而》)

孔子蚤作,负手曳杖,消摇于门,歌曰:"泰山其颓乎! 梁木其坏乎! 哲人其萎乎! ……夫明王不兴,而天下其孰能宗予? 予殆将死也!"(《礼记·檀弓上》)

昔者三代圣王既没,天下失义。(《墨子·节葬下》)

周成王之治天下也,不若武王;武王之治天下也,不若成汤;成汤之治天下也,不若尧舜。(《墨子·三辩》)

子墨子曰:"……凡言凡动,合于三代圣王尧舜禹汤文武者为之;凡言凡动,合于三代暴王桀纣幽厉者舍之。"(《墨子·贵义》)

孟子曰:"尧舜既没,圣人之道衰,暴君代作,坏宫室以为污池,民无所安息;弃田以为园囿,使民不得衣食;邪说暴行又作,园囿、污池、沛泽多而禽兽至。"(《孟子·滕文公下》)

王者之不作,未有疏于此时者也;民之憔悴于虐政,未有甚于此时者也。(《孟子·公孙丑上》)

失道而后德,失德而后仁,失仁而后义,失义而后礼。夫礼者,忠信之薄而乱之首。(《老子·三十八章》)

何如德之衰也! 来世不可待,往世不可追也! 天下

有道，圣人成焉；天下无道，圣人生焉；方今之时，仅免刑焉。(《庄子·人间世》)

世丧道矣，道丧世矣，世与道交相丧也。(《庄子·缮性》)

从上引儒、墨、道三家的这些话语中可以看出来，其历史观呈现出明显的倒退色彩。在他们看来，三代圣王在位的时候，世道公平合理，人民和睦相处，一切都是那样美好。可惜"三代圣王既没，天下失义"，社会陷入混乱无序的状态中，他们自身就生活在一个衰乱的时代里。显而易见，这种认识受了"虞夏书"的影响。尽管在孔孟和老庄生活的时代里，《尧典》等篇尚未最终写定，但它们早已在社会上流传着是不成问题的，于是这几篇文献就为这群愤世嫉俗的下层士人提供了批判现实的武器，他们就以尧舜时代的虚拟美好来攻击现状的实际缺憾，"虞夏书"倒退史观的影响在百家争鸣中初步显现出来。

当然，对于这种历史观，也有人持不同的看法。战国末年的韩非就曾批判道：

上古之世，人民少而禽兽众，人民不胜禽兽虫蛇；有圣人作，构木为巢，以避群害，而民悦之，使王天下，号之曰有巢氏。民食果蓏蚌蛤，腥臊恶臭而伤害腹胃，民多疾病；有圣人作，钻燧取火，以化腥臊，而民说（悦）之，使王天下，号之曰燧人氏。中古之世，天下大水，而鲧、禹决渎。近古之世，桀、纣暴乱，而汤、武征伐。今有构木钻燧于夏后氏之世者，必为鲧、禹笑矣；有决渎于殷、周之世者，必为汤、武笑矣。然则今有美尧、舜、汤、武、禹之道于当今之世者，必为新圣笑矣。（《韩非子·五蠹》）

他讽刺倒退史观就像守株待兔一样愚蠢可笑，然而这种批判之声在战国时代的思想界是弱小的声音，占据主导地位的是那种美化上古以非当世的倒退史观。在以后的历史发展中，倒退史观逐渐融入了华夏民族潜意识中，恢复尧舜圣治遂成为历代封建君主和士大夫们口头上孜孜以求的终极目标。此类记载在传统史书中俯拾皆是，这里仅举一个例子加以说明。

公元前140年，刚刚即位的汉武帝策问贤良文学之士。他说，听说虞舜在位的时候十分悠闲，却把天下治理得井井有条；而周文王忙忙碌碌，也把天下治理得很好，难道说帝王之道不相连贯吗？为什么劳逸有这么大的差别呢？董仲舒的回答是：

> 臣闻尧受命，以天下为忧，而未以位为乐也，故诛逐乱臣，务求贤圣，是以得舜、禹、稷、卨、咎繇。众圣辅德，贤能佐职，教化大行，天下和洽，万民皆安仁乐谊，各得其宜。(《汉书·董仲舒传》)

关键在于贤人的辅佐。现在如果兴太学以养贤士，设机制以拔俊才，那么就可以得到天下的贤才之士了：

> 遍得天下之贤人，则三王之盛易为，而尧舜之名可及也。(《汉书·董仲舒传》)

名追尧舜是汉武帝和董仲舒共同追求的终极目标，也是后世历代封建君臣们的最高理想。当然，他们更多的时候是停留在口头上，如何名追尧舜，即使心中有数，这些封建君臣们也并没有付诸行动，喊一阵子、做个姿态也就罢了。

历史观包括在广义历史学的范畴之内。作为上古时代十分流行的一种历史观——倒退史观，对后世社会生活产生过深刻的影响。而在这种观念最终确立的过程中，《尚书》中的"虞夏书"又曾发挥过独特的作用。因此，探讨《尚书》对传统史学的影响时，其中蕴涵的倒退史观也是值得我们注意的一个方面。

《尚书》与传统史书的编纂

对于《尚书》的体例问题，《史通·六家》篇曾经评论说：

> 盖《书》之所主，本于号令，所以宣王道之正义，发话言于臣下，故其所载，皆典、谟、训、诰、誓、命之文。至如《尧》《舜》二典直序人事，《禹贡》一篇唯言地理，《洪范》总述灾祥，《顾命》都陈丧礼，兹亦为例不纯者也。

这段话包含了两层意思：其一是说，《尚书》是一部记言体史书，其内容尽是些典、谟、训、诰、誓、命之类的记言体材料；其二是说，《尚书》"为例不纯"，有些篇章超出了记言体的范围。如果单从史书体例方面看问题，应该承认刘知幾的批评很有道理，因为《尚书》不过是一部史料的杂编罢了，它算不上体例严谨、叙事简洁的成熟史学著作。

然而我们这里需要注意的是它对后世史学发展的影响问题。事实上，刘知幾所说的两层意思对后世史学都显示了启迪意义，因为《尚书》产生的时代毕竟太早了，"为例不纯"也能启示后人，也许这就是所谓的"歪打正着"吧！

按照《史通·六家》篇的说法，周秦汉魏时代，与《尚书》性质相同的著作没有出现一部,《尚书》家后继乏人。东晋初年,孔子第二十二世孙、广陵相孔衍有鉴于此,决心改变这种局面。他认为国史是为了"表言行,昭法式",一般人间琐事,不值得一一加以记载。

> 乃删汉、魏诸史,取其美词典言,足为龟镜者,定以篇第,纂成一家。由是有《汉尚书》《后汉尚书》《魏尚书》,凡为二十六卷。

《尚书》家终于有了直接的后来者,孔衍不愧为孔门后人中的佼佼者。刘知幾接着写道:

> 至隋,秘书监太原王劭,又录开皇、仁寿时事,编而次之,以类相从,各为其目,勒成《隋书》八十卷。

刘知幾说,这部著作与孔衍的三部著作一样,"寻其义例,皆准《尚书》"。也就是说,这些都是《尚书》的仿制品,《尚书》对它们产生了重要影响自不待言。可惜由于各种体裁的史书风行于世,单一的记言体史书已很难吸引住读者,所以孔衍和王劭的著作今天全都失传了。虽然如此,这并不能抵销《尚书》对后世史学的影响。后世有人模仿,说明《尚书》这种编纂体例仍然具有一定的影响力。

《六家》篇的着眼点在于体例,所以刘知幾只看到了《汉尚书》《后汉尚书》《魏尚书》和《隋书》对《尚书》的继承。其实,只要我们把眼界稍微放宽一点,就可以看到更多的继承关系存在。

上古时代是否真的言事分记,这在史学史上是一个纠缠不清的老问题,这里不去管它。但从《左传》以后,史家十分关注对嘉言善语的记载,这也是一个不争的事实。打开"二十四史"可以看出,史书中关于奏议、谈话、议论的记载比比皆是,难道说这没有受《尚书》的一点影响吗?

清代史学家赵翼在《廿二史劄记》中有一个条目叫作"《汉书》多载有用之文"。在这个条目中,他批评了晋人张辅用篇幅的短长来比较《史记》《汉书》优劣的做法,他指出:

> 盖(司马)迁喜叙事,至于经术之文,干济之策,多不收入,故其文简。(班)固则于文字之有关于学问,有系于政务者,必一一载之,此其所以卷帙多也。

对于赵翼的说法如何评价姑且不论,但赵翼揭示出一个基本事实,这则是不成问题的。"《汉书》多载有用之文",整篇整篇地录入,不惮其烦,难道说这中间就没有《尚书》的一点影响吗?后世史书沿袭了班固的这一做法。对这一写法追根溯源,本源在于《尚书》。

如果我们的视野再开阔一点,我们还会看到《尚书》之后的许多记言体著作都或多或少地受了《尚书》的影响。

《国语》所录尽是些事关"邦国成败"的"嘉言善语"。

《周书》乃"周时诰誓号令也,盖孔子所论百篇之余也"(《汉书·艺文志》著录"《周书》七十一篇,周史记"注引刘向语),刘向的这种说法固然靠不住,但说《周书》的主干部分为"诰誓号令"则是不错的——这也是一部记言体史书。

"《论语》者,孔子应答弟子时人及弟子相与言而接闻于夫子之语也。当时弟子各有所记。夫子既卒,门人相与辑而论纂,故谓之《论语》。"(《汉书·艺文志》)

孟子在游说诸侯一再失败之后,晚年"退而与万章之徒序《诗》《书》,述仲尼之意,作《孟子》七篇"(《史记·孟子荀卿列传》),这就是《孟子》一书的来历。

类似的著作不胜枚举,后世又兴起了"语录体"之类的书,如《朱子语类》即是。按照传统的四部分类法,这些书有些归入了"经部",有些归入了"史部",有些则归入了"子部",今天看来都是研究历史的基本素材,因此都可以算作史书。作为记言体著作的鼻祖,《尚书》对它们都或多或少地产生了一些影响,从它们身上都能找出一些受《尚书》影响的痕迹来。

刘知幾批评"为例不纯"的几篇，对后世史学同样显示了重要的启迪意义，这正是鼻祖地位的独特之处。

《洪范》篇讲述五行和灾异，这启发了后世史学家的才智。据粗略统计，除了没有志书的八部著作外，"二十五史"中凡有志、书的十七部著作都列出专篇来讲述五行和灾异，它们分别以《天官书》《五行志》《灵征志》《符瑞志》等来标目。最令人惊异的是辛亥革命后匆匆成书的《清史稿》，五百二十九卷的篇幅竟然开列了五卷《灾异志》，大讲特讲灾异迷信。经历了近八十年欧风美雨、科学主义洗濯之后的作品尚且如此，其他著作更可想而知了。由此反映出《洪范》篇对后世史书编纂的影响是多么深刻。

《顾命》篇讲述了成王临终托孤给顾命大臣的故事，其中大部分篇幅在讲成王的葬礼，所以遭到刘知幾的批评。后世史书对"礼"倾注了特别的关注，"二十五史"中有十六部专门列出《礼志》或《礼乐志》来述说一个朝代的礼仪制度，其他的礼书专著如《通典》《续通典》和《清通典》等就不用再说了。礼仪引起史家的关注，礼学家的鼓噪固然起了十分重要的作用，但《尚书》的启迪作用也是不容抹杀的。

至于《禹贡》对后世地理学和历史学的影响，更是一望而可知的基本事实。在"二十五史"中，凡有志、书的十七部都有《地理志》或《郡国志》,或《州郡志》,或《州县志》,《清史稿》的《地理志》竟占了二十九卷的篇幅,其地位在该书编者的心目中可谓高矣。《禹贡》篇被《史记·夏本纪》和《汉书·地理志》全文收入,更可看出这篇文献对历史学的影响来。晋代政治家、地理学家裴秀是熟读《禹贡》的人,他担任司空之后,"以《禹贡》山川地名,从来久远,多有变易。后世说者或强牵引,渐以暗昧。于是甄摘旧文,疑者则阙,古有名而今无者,皆随事注列,作《禹贡地域图》十八篇,奏之,藏于秘府"。其序曰:

> 今上考《禹贡》山海川流,原隰陂泽,古之九州,及今之十六州,郡国县邑,疆界乡陬,及古国盟会旧名,水陆径路,为地图十八篇。(《晋书·裴秀传》)

裴秀的十八幅地图,严格按照比例尺和方位绘制而成,代表了那个时代地理学和地图学的最高成就,而他却把自己的地图称为《禹贡地域图》,承认自己的作品是《禹贡》的派生物,由此可见《禹贡》篇影响之一斑。

总而言之,不管是正面的还是侧面的,也不管是直接的还是间接的,《尚书》从不同的角度向后世史学传递着自己的信息,显现出自己的存在。而后世史学也在不同层面上向

《尚书》学习，认可了它的鼻祖地位，《尚书》从而成为传统史学不折不扣的样本和楷模。

　　《尚书》是封建社会的政治教科书。经过大起大落之后，它早已恢复了自己的本来面目，但这部文化元典对传统政治（包括法制）、传统思想和传统文化的深刻影响无论如何也是抹不去的。其袅袅余音，今天仍然依稀可辨。这中间有该听的，也有不该听的，历史学的责任之一就是帮助社会大众区分这该与不该。上面所做的这些文化阐释，目的就在这里。

主要参考书目

《尚书正义》 孔颖达疏,《十三经注疏》本,中华书局1980年影印。

《尚书今古文注疏》 孙星衍撰,中华书局1986年版。

《今文尚书考证》 皮锡瑞撰,中华书局1989年版。

《尚书覈诂》 杨筠如著,陕西人民出版社1959年版。

《尚书正读》 曾运乾著,中华书局1964年版。

《尚书易解》 周秉钧著,岳麓书社1984年版。

《尚书译注》 王世舜著,四川人民出版社1982年版。

《尚书今注今译》 屈万里注译,台湾商务印书馆1969年版。

《〈尚书·大诰〉今译》 顾颉刚撰,《历史研究》1962年第 4 期。

《洪范疏证》 刘节著,见《古史辨》第五册,上海古籍出版社 1982 年版。

《尚书古文疏证》 阎若璩著,上海古籍出版社 1987 年版。

《经学历史》 皮锡瑞著,中华书局 1959 年版。

《经学通论》 皮锡瑞著,中华书局 1954 年版。

《尚书引论》 张西堂著,陕西人民出版社 1958 年版。

《尚书通论》 陈梦家著,中华书局 1985 年版。

《十三经概论》 蒋伯潜著,上海古籍出版社 1983 年版。

《尚书学史》 刘起釪著,中华书局 1989 年版。

《尚书与古史研究》 李民著,中州书画社 1983 年版。

《史记》 司马迁著,中华书局标点本 1959 年版。

《汉书》 班固著,中华书局标点本 1962 年版。

《后汉书》 范晔著,中华书局标点本 1965 年版。

《史通通释》 刘知幾撰,浦起龙释,上海古籍出版社 1978 年版。

《中国古代政治思想史》 刘泽华主编,南开大学出版社 1992 年版。